KB193905

전장의 기억

전장의 기억

도미야마 이치로 지음 / 임성모 옮김

이산

전장의 기억

2002년 8월 10일 초판 1쇄 발행
2017년 7월 15일 초판 2쇄 발행
지은이 도미야마 이치로
옮긴이 임성모
펴낸이 강인황
도서출판 이산
서울특별시 중구 필동로8가길 10
Tel : 334-2847/Fax : 334-2849
E-mail : yeesan@yeesan.co.kr
등록 1996년 8월 8일 제2-2233호

편집 문현숙·엄정원
인쇄 한영문화사/제본 한영제책

ISBN 89-87608-26-3 03910
KDC 913(일본역사)

가격은 뒤표지에 있습니다.

www.yeesan.co.kr

차례

일러두기

1. 이 책은 富山一郎의 『戰場の記憶』(日本經濟評論社, 1995)을 완역한 것이다.

2. 일련번호가 붙은 주 가운데 (1) (2)……로 표시된 것은 지은이 주이며, 모두 후주로
   처리했다.

3. 옮긴이 주 중에 짧은 것은 해당부분에 *†#☆ 등의 기호를 붙이고 각주로 처리했
   으며, 대체로 긴 것은 1) 2)……로 표시를 하고 후주로 처리했다.

4. 본문에 〔 〕 표시된 부분은 옮긴이가 덧붙인 것이다.

5. 일본의 지명·인명은 외래어 표기법에 따라 표기했고, 해당 고유명사가 처음 나올
   때 ( ) 안에 한자를 병기했다.

한국어판 서문

한국어판을 간행하면서 새로운 서문에 무엇을 써넣어야 할지 최근 몇 달간 줄곧 생각해 왔다. 그것은 내가 썼던 것을 독자의 입장에서 다시 읽으면서 내가 무엇을 썼는지 재차 확인하는 작업이기도 했다.

1995년에 간행된 일본어판에 대한 반응은 다양했는데, 대부분 기억이라는 영역에 대한 역사학의 문제로 읽혔던 것 같다. 그리고 그런 독해방식은 지금도 계속되고 있다. 하지만 내 마음속에는 이 책이 '기억의 역사학'이라는 거창하고도 안전한 주제로 분류된 데 대한 위화감이 늘 앙금처럼 남아 있다. 아무래도 여기서 이 앙금에 관해 말해 두는 편이 나을 것 같다.

한국어판 간행에 즈음해서 또 하나 언급해 두고 싶은 것은 한반도에 대한 일본제국의 식민지 지배다. 이 책에서 고찰한 전장과 거기에 이르는 도정에서 오키나와와 조선은 연관된 문제로서 어떻게 그려져야 할 것인가? 이 물음은 오키나와에서의 식민주의를 어떻게 설정할 것인가 하는 문제와도 직결된다. 이 책에서 오키나와 전투를 당시 남양군도(南洋群島)의 전투와 연관되는 사태로 논의해야 한다고 생각했던 까닭도 오키나와 전투에서 식민주의라는 논점을 설정하려 했기 때문이다. 오키나와 출신자가 식민자(植民者)로서 건너가 싸웠던 남양군도의 전투를 오키나와 전투와 함께 고찰하지 않는다면 오키나와에서의 식민주의를 문제삼기가 어렵다고 생각했던 것이다.

오키나와 전투에서 조선인의 존재는 종래에도 거론되어 왔다. 구메

(久米) 섬에서의 학살*과 관련된 조선인 일가 학살사건은 잘 알려져 있다. 오키나와 구시촌(久志村) 출신의 여성과 결혼한 부산 출신의 구중회(具仲會)는 다니가와 노보루(谷川昇)라는 이름으로 구메 섬에서 행상을 하며 살았다. 1945년 8월 20일 밤, 구메 섬에 주둔하고 있던 시카야마(鹿山) 부대는 구중회 일가를 급습해 전원을 '스파이'라는 혐의로 학살했다. 구중회 일가의 유골은 1977년 부산으로 귀환했다.

* * *

오키나와 전투 와중에 일어난 이 구메 섬의 학살사건을 오키나와도 조선도 식민지 지배를 받고 있었기 때문이라는 식으로만 말한다면 그것은 너무나도 미흡한 표현일 것이다. 이 사건은 이 책에서도 인용한 오키나와 소학교 교사의 다음 발언과 더불어 생각하지 않으면 안된다.

> 대진재 때 표준어를 쓰지 못한다는 이유만으로 수많은 조선인이 살해당했다. 너희들도 오해받아 목숨을 잃는 일이 없도록.(본문 81쪽)

이 발언은 1923년 9월의 간토 대진재(關東大震災) 당시 도쿄에 있었던 히가 슌초(比嘉春潮)†의 대화를 상기시킨다. 그의 자서전 『오키나와의 세월』(沖繩の歲月, 1969)에 나오는 대화로서, 지진이 일어나고 며칠 뒤 한밤중에 무장한 자경단이 히가의 집으로 들이닥쳤을 적의 일이다.

> 조센진이지!
> 아니오!
> 말투가 좀 다른데 뭘—
> 그거야 당연하죠. 난 오키나와 사람이니 당신들이 쓰는 도쿄 말과

---

* 이른바 '시카야마 사건'으로 섬 주민 5가족 22명이 희생되었다.
† 1883~1977. 오키나와 출신의 향토사가.

다를 수밖에요.

히가의 '아니오!'라는 발언에서 곧바로 식민지배의 계층구조라거나 일본에 대한 오키나와의 동화라거나, 오키나와 역시 조선처럼 식민지라고 하는 식의 난폭한 유형론을 도출해서는 안된다. 오히려 이 발언에서는 우선 살해당할지도 모른다는 절박감, 그리고 언어행위를 통해 폭력을 모면하려는 극한적인 도박을 감지해내야 한다. 압도적으로 불리한 비무장상태에서 이루어진 언어행위 속에서 발견해내야 할 것은 지배구조의 배치도가 아니라 말이 폭력과 대치할 가능성의 임계다. 말의 이런 극한적 도박 속에서 폭력의 예감이 초래할 위기는 일단 허공에 매달릴 것이다. 또 이 말의 도박은 바로 옆에서 폭력이 이미 자행되고 있음을 암시하는 법이다. 따라서 '아니오!'라는 말은 살해당한 자 바로 곁에 있는 사람의 부르짖음이다. 그리고 이 말이 암시하는 폭력은 자기 가까이에서 행사되고 있지만 이미 남의 일일 수가 없다. 이 책에서 거론한 스파이 학살은 바로 그런 폭력인 것이다.

살해당한 시체 옆에 있는 자는 살해하는 쪽의 공범자가 될지도 모른다. 하지만 거기서는 살해당할지도 모른다는 절박감을 회로로 해서 살해당하는 쪽과의 일체화가 이루어지는 법이다. 어쩌면 그도 똑같이 살해당하는 쪽이 될지 모르지만 아직 곁에 있는 한 시체는 아니다. 그리고 바로 그 시체 옆에 있다는 절박성을 띤 말의 임계로부터, 다시 말해 폭력으로 향할 위기가 허공에 매달린 그 순간으로부터 폭력에 대항할 가능성을 찾아내야만 한다. 그것도 말로서 말이다.

이 책에서 생각하려 했던 것은 기억 일반이 아니다. '기억의 역사학'이나 '역사를 이야기하는 방식'이라는 너무나도 학문적인 주제도 아니다. 단도직입적으로 말해서 이 책의 주제는 군사적 폭력에 대항할 가능성이다. 그것도 과거의 전장에 한정하여 모색하는 대항의 가능성이 아

니라, 일상이 전장으로 만들어져 가는 현실세계 속에서 모색하는 반군
투쟁의 가능성이다. 기억이란 이 가능성을 말로 사고하려 할 때 직면하
게 될 안개이자 개입해야 할 상황이다. 기억 자체가 가능성은 아닌 것
이다.

오키나와와 조선을 유형론적인 제국의 계층구조 속에서 이해해 버린
다면, 이 또한 그 가능성을 계산된 억압의 강약 정도로 대치해 버리는
것과 마찬가지일 것이다. 저항을 과거의 식민지라는 타자에게 떠넘기
지 말고 지금 자신이 살고 있는 보통의 일상에서 표현하는 것, 필요한
것은 바로 이것이다. 군사적 폭력은 차츰 이 세계를 위압하고 일상을
구성하는 힘으로 군림해 나가고 있기 때문이다. 전장을 일상과 분리시
키거나 식민지 지배를 타자의 문제로 이해하는 것은, 설령 그것이 아무
리 양심적인 심성에 근거한 것일지라도 거부하지 않으면 안될 것이다.

* * *

살해당한 시체 옆에 있는 자가 획득해야 할 반군투쟁의 가능성, 바로
그것은 서술이라는 행위로서 제시되어야 한다. 그리고 거의 모든 사람
들이 시체 옆에 있다. 우리는 시체와 일체화될 수도, 신들린 망령에게
서 도망칠 수도 없다. 그런 의미에서 세계는 항상 가능태이기도 하다.
우리의 언어행위가 놓여 있는 기본적인 상황이란 이런 세계일 것이다.
또한 시체는 말하지 않는다. 이 저주받은 세계에서 베를 짜듯이 주의
깊게 말을 자아내어 폭력에 대항할 가능성을 우리의 가능성으로서 사
고하는 것, 그것이야말로 누구의 말이든지 간에 말에 접할 수 있는 사
람들이 해야 할 몫이다.

다카하시 가즈미(高橋和巳)*의 작품 가운데 「죽은 자의 시야에 있는
것」(死者の視野にあるもの)이라는 에세이가 있다. 이 글은 1960년대 경

* 소설가. 1931~1971. 일본 전후 학생운동을 묘사한 『우울한 당파』(憂鬱なる黨派, 1965)로 유명한
  1960년대의 대표작가.

찰권력에 의해 희생당한 사람들을 다룬 평론집*의 서장인데, 학생시절에 읽고 아직도 선열한 인상으로 남아 있다. 거기에는 목숨을 잃은 사람들의 시체의 망막에 최후의 영상이 남아 있다고 하는 우화가 등장한다. 시체는 말을 걸지 않는다. 그저 바라볼 뿐이다. 시체는 죽음의 순간 망막 위에 인화된 영상을 계속 간직한 채 있을 수 있다. 그리고 이 망막에 인화된 영상에 등장하는 자는 설령 시체 옆에 있다 할지라도 아직 시체는 아니다.

총살을 기다리는 사람들이 늘어선 줄에서 이미 총을 맞은 자가 죽는 순간에 다음번 총살을 기다리는 이의 얼굴을 망막에 포착했다고 해도 그 옆모습은 역시 시체는 아니다. 또 그것은 예정된 죽음의 그림자가 운명처럼 드리워진 얼굴도, 더욱이 총살을 완전히 모면해 생기를 되찾은 얼굴도 아니다. 폭력에 대항할 가능성을 사고하려면, 우리는 바로 죽은 자의 망막에 포착된, 이 곁에 있는 사람의 얼굴에서부터 시작해야 한다. 시체 옆에 있는 자는 항상 응시의 대상이며, 그런 의미에서 총살을 기다리는 사람들조차도 아직 결판이 난 것은 아니다. 망막에 각인된 그 영상은 나의 얼굴이자 당신의 얼굴일 것이다. 미흡하지만 이 책은 이런 사고의 궤적이다.

결코 쉽게 읽힌다고는 할 수 없는 나의 글을 번역해 주신 임성모 님, 그리고 번역을 추천해 주신 후지이 다케시 님께 감사를 드린다. 끝으로 이 책을 다시 읽는 가운데 '4·3사건'에 관한 김성례 님의 일련의 사색이 항상 곁에 있었음을 밝혀 두고 싶다.

2001년 7월
타이베이에서

---

* 高橋和巳 編, 『明日への葬列 : 60年代反權力鬪爭に斃れた10人の遺志』, 合同出版, 1970.

지은이의 말

이 책의 각 장은 지금까지 전장에 대해 고찰해 왔던 다음 논고들을 토대로 한 것이지만, 1장과 4장은 기본적으로 새로 쓴 것이다.

<u>1장 전장을 사고하는 것</u>: 「戰爭動員」(『脈』44, 那覇: 脈發行所, 1992)

<u>2장 전장 동원</u>: 「戰爭動員と戰場體驗」(『日本史硏究』355, 1992); 「ミクロネシアの'日本人'」(『歷史評論』513, 1993)

<u>3장 전장의 기억</u>: 「忘却の共同體と戰場の記憶」(『寄せ場』6, 1993); 「記憶の政治學」(『aala』95, 1994); 「戰場の記憶」(『現代思想』23-2, 1995)

<u>4장 기억의 정치학</u>: 「CD評 OKINAWA JINTA」(『インパクション』89, 1994)

하나로 엮기 힘든 이 논고들을 한 권의 책으로 묶게 된 데는 아무래도 이 책이 발간될 1995년이 바로 전후 50년이라고 하는 점이 작용했다고 할 수 있다. 이 역사적인 매듭을 계기로 등장하게 될 수많은 전쟁이야기 속에, 지금까지 내 자신이 생각해 왔던 것을 자리매김하고 싶은 생각이 들었다. 따라서 이 책의 출판은 연구성과의 정리라기보다는 다소 전략적인 행위라고 할 수 있다.

물론 나의 연구사 속에서 이 책은 지난 번 저작 『근대 일본사회와 '오키나와인': '일본인'이 된다고 하는 것』(1990)과 연속선상에 있다. 그 책에서 오키나와를 다루고 나서부터 줄곧 오키나와 전투 이야기를 빼놓고 오키나와를 말할 수 없다는 생각에 사로잡혀 왔다. 어쨌거나 이 책을 묶어낼 수 있게 되어 일단 한숨은 돌릴 수 있었다는 게 내 솔직한 심정이다. 하지만 지금 생각해 보면 최근 몇 년 동안 일본의 전후 50년이나 내 자신의 연구사와는 상관없이 전쟁이나 전사(戰死)라는 주제의 호출을 받고 글을 써왔던 게 아닐까 싶다는 말이다.

1990년 말부터 1991년에 걸쳐서 일어난 저 걸프전은 과장된 전쟁수행 명분과는 달리 전쟁이 얼마나 진부한 것인지를 폭로하고 말았다. 걸프전에서 텔레비전의 브라운관을 보던 우리의 시선은 이라크를 공격하는 미군 비행사의 시선과 너무나도 쉽게 겹쳐져 버렸다. 전쟁을 이야기하는 데 어떤 특별한 윤리나 이유도 필요 없고 그저 전자오락을 즐길 때처럼 익숙한 흥분 속에서 전술을 논하면 그뿐이라는 것도 들통나고 말았다. 걸프전은 그 정도로까지 일상에 매몰되어 있었던 것이다. 엄청난 사망자 수에도 불구하고 변함 없는 일상 속에서 이 전쟁은 즐겁게 이야기되고 이내 잊혀져 갔다. 거기에는 마치 GAME OVER 표시처럼 디지털화된 죽음이 있었다. 죽음에 대한 실감이 너무 희박했기 때문에 '걸프전은 없었다'고 말하는 사람조차 있다.

물론 미국은 중동에 군사적 발판을 만들었고, 그것은 정치적으로는 아랍 온건파를 포섭하는 것으로 전개되었다. 또한 부시 대통령은 믿기힘들 정도의 지지율을 얻었다. 하지만 우리의 일상에는 예상했던 만큼 별다른 변화는 일어나지 않았다. 오히려 전쟁은 간단히 수행되어 버렸다고 말하는 편이 더 적합할지도 모른다. 하지만 거꾸로 말하면 그것이 의미하는 바는 전쟁은 언제나 어디서나 수행 가능하다는 것이다. 일상은 먼 옛날부터 이미 전장에 있었던 것이다. 이 책의 모티프, 곧 일상에서 전장을 끄집어내고 전장이라는 임계영역(臨界領域)으로부터 일상을 재구성해 낸다고 하는 모티프의 저류에는 이런 걸프전의 기억이 자리잡고 있다.

1995년 초 베이징(北京)에 머물고 있을 때 베이징 대학에서 역사학 연구자와 이야기를 나눌 기회가 있었다. 그때 중국에서 일본 제국주의 침략사 연구의 주요 주제 가운데 하나가 일본의 식민주의 속에서 현재로 이어지는 근대화를 발견해 내는 작업이라는 것을 알게 되었다. 특히 이런 시각은 타이완과 중국 동북지방 연구에서 두드러진다고 한다. 좀 거칠게 표현하자면 근대화(중국식 표현으로는 '현대화')가 부동의 지상명제가 되어 가면서 과거의 기억에 덧칠을 해나가고 있는 것이다. 그러나 중요한 것은 식민주의에서 근대를 찾아내는 것보다 근대 속에서 식민주의를 찾아내는 작업이라고 생각한다. 다시 말해 전전(戰前) 시기 일본에서의 타자에 대한 배타주의나 폭력을 단순히 과거의 흉포한 제국주의의 문제로만 국한해 버려서는 안된다는 것이다. 폭력은 평화국가 일본의 내부로도 이월(移越)되어 있다.

오늘날 노골적인 폭력이 정치의 주류가 되어 가고 있는 듯하다. 지금까지는 비폭력의 정치가 존재했다는 말은 물론 아니다. 그러나 베네딕트 앤더슨이 말한 '원격지 내셔널리즘'[1)1)]은 세계적인 규모로 확대되고 있는 이동, 국경선을 넘는 사람들의 이동(이른바 이민·난민)이 국민국가를 무질서하게, 그것도 폭력적으로 해체해 나갈 것임을 암시한다. 특히 이 이동은 식민지를 지배해 본 경험이 있는 나라들에서 제국의 기억이 되살아나는 것과도 관련이 있다. 일찍이 제국의 중심에 자리잡고 있던 나라들에서의 포스트콜로니얼한 상황이란, 새롭게 전개되고 있는 국민국가의 동요 속에서 다문화주의가 등장한 것이라기보다는, 전후의 제국의 소멸이라고 하는 믿음이 서서히 폭로되어 가는 사태라고 하는 편이 옳을 것이다.

따라서 확대되는 이민이나 난민의 이동 속에서 논의해야 할 것은 문화의 다원성보다 옛 제국의 식민주의의 연속성이 아닐까? 특히 예전의 식민주의가 갖고 있던 폭력성을, 이른바 포스트콜로니얼이라고 불리는 오늘날의 상황 속에서 어떻게 다시 설정할 것인가 하는 문제야말로 긴급한 임무라고 생각한다. 다시 말해서 문화다원주의적 상황의 배후에는 항상 폭력적으로 결정된 이분법이 도사리고 있고, 이런 이중상황이 이 책의 이론적 문제의식과 연관되어 있는 것이다. 이 이중상황에 대해서는 앞으로도 이론적인 차원에서 계속 논의를 해나가야 한다고 생각하지만, 이 책에서도 서술했듯이 신체성과 기억이라는 문제가 앞으로의 고찰에서 초점이 될 것 같다.

* * *

교토(京都) 대학 학사 산악회와 중국 등산협회의 합동 등반대가 메이리쉐(梅里雪) 산*에서 연락이 두절되었다는 소식을 접한 것도 걸프전이 한창이던 1991년 1월 상순이었다. 한밤중 대학에서 택시를 타고 귀가하던 중 라디오 보도를 듣고서, 이 등반대에 내 친구들이 여럿 참가하고 있었음을 알게 되었다. 그 뒤 1월 25일에 수색작업이 종결되고 17명 전원이 조난당했음이 확정적인 사실로 받아들여졌다. 나는 현실적인 확증을 얻지 못한 채 학사 산악회의 발표와 신문 보도가 되풀이되는 가운데, 사태는 '연락 두절'에서 '전원 조난'으로 전개되고 있었다. 고아(친구의 별명)는 어느새 죽어 버린 것이다. 이 과정에서 느꼈던 위화감은 지금도 선명하게 기억에 남아 있다.

이 위화감은 그 뒤에 열린 추도식 때 나의 내부에서 급격하게 커졌다. 특히 그 죽음에 대해 '일·중 우호의 초석'이라는 그럴싸한 수식 문구가 붙여졌을 때, '뭐, 그런 거지' 생각하면서도 감상적인 분노를 느끼고 말았다. 이런 가운데서 나는 '일·중 우호의 초석'과는 다른 고아의 죽음을 탐색하기 시작했던 것 같다. 그것은 어쩌면 [3장에서 보듯이] 야

---

* 중국 윈난(雲南) 성에 있는 산으로 최고봉은 해발 6,740m이다.

스다 다케시와 도쿠스미 마사시의 대화 같은 것이었는지도 모른다. 역시 하시카와 분조의 말대로 친구의 죽음이 아니라 죽은 친구가 문제였던 것이다.

'전원 조난'이 확실해져 가는 가운데 고아의 친구들 사이에는 고아의 유령 이야기가 화제가 되었다. 당시 고아의 한 친구가 타이 북부 농촌으로 조사를 하러 나가 있었는데, 그 친구의 부인이 수색작업이 종결된 1월 25일에 꿈속에서 고아를 만났다는 것이다. 메이리쉐 산과 타이 북부의 국경 부근은 지리적으로 아주 가깝다. 꿈에서 고아를 본 그녀는 고아를 만난 적도 없고 얼굴도 모른다. 그런데 훗날 신문 보도에서 자기가 본 것은 분명히 고아였다고 했다. 덧붙이자면 꿈에서 고아는 타이 북부 산악 민족의 의상을 입고 있었다고 한다.

오키나와에는 오키나와 전투와 관련된 괴담들이 많이 있다. 전기물로 활자화되지 않은 전장의 기억은 오키나와 도처에 괴담을 낳았던 것이다. 이 책에서 언급할 지넨 쓰토무의 이야기도 기본적으로는 유령 이야기다. 여기서는 주제로서 다루지 못했지만, 빙 둘러앉아 아와모리(泡盛)*를 마시면서 들었던 그 오싹한 유령 이야기를 언젠가 전장의 기억이라는 문제로서 다뤄 봤으면 싶다.

물론 메이리쉐 산에서의 친구의 죽음을 전장과 직결시켜서 말하려는 것은 아니다. 야스다 다케시는 전중파(戰中派)답게 자신의 전쟁 체험과 대비시키면서 산에서 조난당한 젊은이를 '무모한 죽음'이라고 비판하고 있지만, 당연하게도 산에서의 조난과 전장에서의 죽음은 별개의 문제다. 하지만 떠들썩한 걸프전 보도 속에서 연출되고 있던 또 하나의 죽음이 나에게 이 책을 집필하게 만든 것만은 분명하다.

이 책은 1995년 2월부터 4월 상순까지 중국 베이징에 있을 때 집필

---

* 좁쌀이나 쌀로 담근 류큐식의 독한 소주.

한 것이다. 베이징에 도착한 지 얼마 안되어 오랜 친구인 가나자와(金澤) 대학의 아사노 준이치(淺野純一) 씨가 베이징 외국어 대학의 일본학 연구센터에 있음을 알게 되었다. 내가 묵고 있던 베이징 대학 사오위안(勺園) 4호루(樓)와 그가 머물고 있던 우의빈관(友誼賓館)*과는 무리하면 걸어갈 수 있는 거리여서 틈날 때마다 사오위안 4호루와는 비교도 안될 만큼 훌륭한 그의 방에 쳐들어가서 밤늦도록 담소를 나누는 게 일과가 되었다. 둘 다 술을 좋아해서 처음에는 베이징 맥주에서 시작했다가 흥이 나면 창청(長城) 와인, 라오추주, 마오타이주로 이어져 번번이 그의 방에서 잠을 청하곤 했다.

이 책의 내용과 구성에는 이 일박 여행을 거듭하면서 중국 문학 전문가인 그와 나누었던 논의들이 반영되어 있다. 그와 논의한 것이 식민주의나 전쟁에 관한 것만은 아니었다. 아사노 씨는 메이리쉐 산 제1차 구원대의 멤버였기 때문에 화제는 자연스레 메이리쉐 산 이야기로 넘어가게 마련이었다. 오키나와, 전쟁, 중국, 식민주의, 메이리쉐 산, 고아의 이야기 등이 술과 함께 빙글빙글 돌면서 이 책의 기본적인 틀을 만들어 냈다고 해도 좋을 것이다. 함께 논의해 준 아사노 씨에게 감사의 말을 전하고 싶다. 본인이야 어떻게 생각할지 모르지만, 1장과 4장은 그와의 공동작업인 셈이다. 그 밖에 우리들의 논의에 휩쓸려 들고 만 베이징 대학 유학생 하마다 마야(濱田麻矢) 씨와 가토 구미코(加藤久美子) 씨에게도 고마움을 전한다.

청명절(淸明節)인 4월 1일, 아사노 씨의 발의로 베이징 교외에 있는 메이리쉐 산 위령비에 참배를 가게 되었다. 교토 대학 산악부에 속해 있던 교도(共同) 통신사 베이징 지국의 나카가와 기요시(中川潔) 씨, 교토 대학 대학원생으로 베이징 대학에 유학 중이던 스에나가 다카야

* 외국인 전용 숙소.

스(末永高康) 씨도 동행해서 마이크로 버스를 전세 내어, 위령단처럼 인공호수 부근에 자리한 위령비로 향했다. 맑게 갠 그날 처음 본 위령비에는 메이리쉐 산의 이름도 고아의 이름도 없었다. 그래도 우리는 이 무명전사의 묘 앞에서 고아 등과 함께 산의 노래를 부른 뒤 베이징으로 돌아왔다.

이번에도 일본경제평론사의 미야노 요시카즈(宮野芳一) 씨에게 신세를 졌다. 진심으로 감사드린다. 이 책을 아내 사쿠라 그리고 아들 고타로와 딸 하나에게 바친다.

1995년 5월 어느 날 밤
미국 뉴욕 주 이사카(Ithaca)에서
도미야마 이치로

1부

전장의 기억

1장 전장을 사고하는 것

그들은 역사를 달리하는 자들이며
다른 인생계획표대로 살아가는 자들이다.
그들은 역시 어쩔 수 없는 '타자'다.
그러나 그 타자성의 의미는 긍정적이고 창조적이다.

— 로버트 F. 머피[1]

1. 일상에서 전장으로

내가 관동군 731부대의 본부 건물터를 방문했을 때 겪었던 일에서부터 이야기를 시작하자. 하얼빈 교외에 있는 이 꺼림칙한 건물은 이제 세균부대 죄증(罪證) 진열관으로 보존되어 입장료 3위안만 내면 들어가 볼 수 있다. 어둠침침한 건물 안에는 사진과 실험기구 같은 것들이 엉성하게 전시되어 있다. 인사치레로라도 결코 훌륭하다고는 말할 수 없는. 전시실 한편에는 세균무기 개발과 인체실험에 관여했던 군속(軍屬)들의 자필 진술서가 놓여 있다.

이런 문서가 역사자료로서 어떻게 다루어져야 할지에 대해서는 물론 논란의 여지가 있겠지만, 여기서 그것을 문제삼으려는 것은 아니다. 문제는 진술서를 읽어 내려가던 내 눈길이 한순간에 멎어버린 바로 그 대목이다. 거기에는 '동아(東亞)의 평화'를 이룩하자는 낯익은 슬로건과 함께 '출세'라는 글자가 인체실험의 이유로서 적혀 있었다.

근대 일본이 지금까지도 줄곧 유지해 오고 있는 '출세'라는 가치관이 '동아'의 뒤켠에 도사리고 있었던 것이다. 또 거칠게 말해서 이 부정하기 힘든 가치관이 인체실험을 초래했다고도 할 수 있으리라. 따라서 이 책에서 우선 전제로 해두고 싶은 점은 전장(戰場)으로 나아가는 과정이 지극히 당연한 일상세계에서 시작되고 있다는 점이다. 전장은 결코 비정상적인 사태가 아닐뿐더러 일상생활과 동떨어진 광기도 아니다. 전장은 바로 나날의 진부한 삶 속에서 준비되고 있다. 우리의 일상을 전장의 반대편에서 상상하는 일은 그만두고 싶다.

볼품없는 전시였지만 나는 약간 주눅이 든 채 밖으로 나왔다. 그런 나를 기다리고 있는 것은 접수대에 앉은 여자가 내민 대학 노트였다. 전시를 본 감상을 노트에 적어 달라는 거였다. 그 자리를 대충 빠져나오기란 그리 어렵지 않을 것 같았다. 참회하고 문상(問喪)하는 마음으로 평화를 기원하기만 하면 될 테니까. 아마 '두번 다시 용서하지 않으리라'고 쓰면 될 게다. 그런 생각을 하면서 주위를 둘러보는데 언뜻 눈에 들어오는 글자가 있었다. '히로시마'. 놀랍게도 731부대 바로 옆에 히로시마 전시 코너가 딸려 있었던 것이다. 마치 참혹한 상황을 늘어놓고 그 앞에서 평화의 맹세라도 하면 된다는 것일까? 문제는 참혹함이 아니라 참혹함을 앞에 두고 맹세를 할 장소가 마련되어 있다고 멋대로 생각해 버리는 것이다. '출세'라고 하는 진부한 발상 앞에서 우리는 과연 무엇을 이야기할 수 있단 말인가?

그래도 뭔가 써야겠다는 생각 때문에 결국 나는 문상용 글귀를 적어 놓고 말았다. 갑자기 접수대의 여자가 731부대가 사용했던 군표(軍票)를 꺼내어 설명을 해준다. 나는 이제 몇 번이라도 참회할 기분이 되었고, 그럴 요량으로 그녀에게 다가서려 했다. 그런데 그녀는 군표에 대한 설명을 끝내고 마지막에 다음과 같이 말했다.

"이건 아주 귀한 거예요. 값은 100위안이나 하지만 일본에 갖고 돌아가시면 더 비싸게 팔 수 있을 걸요."

참회하고 문상하는 마음으로 평화를 기원해서 그녀와 조금이나마 같은 입장이 되어 보려고 했던 나의 의도는 한순간에 물거품이 되고 말았다. 쳐놓은 덫에 감쪽같이 걸려든 교활한 여우 같은 꼴이었다.

이제 더 이상 이야기를 얼버무리지 말자. 전장이 비정상적인 상태가 아니고 일상생활과 동떨어진 광기도 아니며 바로 나날의 진부한 삶 속에서 준비되고 있는 것이라고 한다면, 우리는 지나간 전장의 기억을 과연 어떻게 이야기할 수 있는가? 질문을 던져야 할 것은 바로 그 점이다. 그 질문은, 언뜻 보기에 전장과는 아무 관련도 없는 것 같은 진부한 일상 속으로 전장의 기억을 갖고 들어가는 일이기도 하다. 전장에 일상을 갖고 들어감으로써 일상과 동떨어진 위치에서 전장의 기억을 이야기하는 말투를 추궁하고, 이번에는 거꾸로 일상 속에서 전장을 발견해 내는 왕복운동. 필요한 것은 바로 그 운동이다.

　이 책에서는 이른바 오키나와(沖縄) 전투를 주제로 삼으려 한다. 미리 논점을 밝혀 두자면 이 주제에는 두 가지 과제가 얽혀 있다. 즉 전장의 광경을 분석적으로 이야기하는 작업과 전장의 기억을 말한다는 것이 과연 무엇인지를 묻는 작업이다. 이 두 가지 작업은 서로 별개일 수없다. 둘 사이의 관계는, 전장을 말함으로써 이야기하는 위치 자체가 추궁받게 되고, 이번에는 거꾸로 이야기하는 위치가 이동함으로써 새로운 이야기가 도출되는 그런 관계다. 이런 왕복운동이 바로 이 책에서 내가 시도하려는 작업이다. 그러므로 나는 여전히 덫에 걸린 교활한 여우의 역할을 맡아야 하는 것이다.

2. '일본인' 되기

잘 알려진 바와 같이 일본의 근대는 류큐(琉球), 아이누 모시리,* 타이완, 조선, 미크로네시아(남양군도), 중국 동북부(만주), 그리고 '대동아공영권'으로 확대된 제국(帝國)의 역사이기도 하다. 근세 도쿠가와(德川) 시기에 이미 사쓰마(薩摩) 번에 침략당했던 류큐 왕국은 1872~1879년의 이른바 '류큐 처분' 과정에서 군대와 무장경찰에 의해 일본으로 강제 병합되었다. 그 병합과정을 살펴보면 '류큐 처분'은 분명히 근대 일본이 제국주의로 나아가는 첫걸음이었다.

　그러나 제도적인 측면에서 보자면 류큐는 식민지 지배를 받은 타이완이나 조선과는 판이하게 다르다. '류큐 처분' 이후 류큐는 일본 내의 다른 행정구역들과 제도적인 동질화가 진전되어 1921년경에는 제도적

---

* 선주민족 아이누의 거주지 홋카이도(北海道)를 가리킨다. 아이누란 아이누어로 '인간'을 가리키며, 아이누 모시리란 '인간의 대지'라는 뜻이다.

인 측면에서 차이는 사라진다. 류큐는 이제 명실공히 오키나와 현이 된
것이다. 특히 1898년에 이미 징병제가 시행되었다는 점은 타이완이나
조선과 비교할 때 결정적으로 다른 점이다. 앤서니 기든스(Anthony
Giddens)가 말했듯이 국가에 의한 폭력의 독점은 근대국가라는 범주
를 생각할 때 중요한 지표가 되기 때문이다.[2]

　기든스는 국민군이 대외적으로 군사력을 전개하는 과정에서 국내적
으로는 폭력적인 군사적 질서가 감시와 규율에 기초한 경찰적 질서로 전
환되는 것을 밝혀내고자 했다. 이런 지표를 기계적으로 대입시킬 경우,
징병제가 일찌감치 적용된 류큐는 국내라고, 장기간 무력저항운동이 전
개되었던 타이완과 조선은 식민지라고 규정지을 수도 있을 것이다.

　그러나 제도적인 동질화가 이루어졌다고 해서 곧바로 '상상의 공동
체'[3]로서의 '일본인'이 탄생하는 것은 아니다. 오키나와 사람들에게
'일본인'이 된다고 하는 것, 바꿔 말해서 자기 마음속에 '일본인'이라는
'상상의 공동체'를 떠올리고 거기에 자신을 동일화시켜 나가는 과정이
란 도대체 어떤 것이었을까? 이 책에서 오키나와 전투를 거론하는 근본
적인 이유는 바로 여기에 있다.

　예컨대 오키나와 출신의 한 일본군 사병은 아들 생일날 부겐빌* 전
선에서 아들에게 보낸 편지에 이렇게 썼다.

　　　이 대동아전쟁에서 승리하고 나면, 우리 오키나와인은 일본인과
　　똑같은 대우를 받을 거다. 그러니 전쟁에서 이기면 우리도 일본으로
　　가서 화기애애하게 살 수 있을 게야.[4]

이 짧은 글 속에 이 책에서 고찰하려는 것들이 다 응축되어 있다고

---

* 남태평양의 섬. 적도 남쪽 뉴기니와 과달카날 사이에 있다. 본문 58쪽 지도 참조.

해도 과언이 아니다. 이 글에는 이중적인 의미에서 '일본인'이 된다는 것이 묘사되어 있다. 하나는 일본군으로서 전장에 동원된다는 것, 또 하나는 '가족의 화기애애한' 생활이다. 다시 말해서 '일본인'이 된다고 하는 것을 둘러싸고 전장 동원과 평범한 일상생활이 연결되어 버리는 것이다. '일본인'이 된다는 것은 그저 마음속으로 상상하는 데 그치는 것이 아니라 일상생활과 전장 동원이 하나로 연출되어 나가는 과정, 바로 그것이다.

원래 일상생활과 전장 동원은 분명 별개의 것이다. 그래서 쓰루미 슌스케(鶴見俊輔)[1]는 "부엌에서 보자면 1945년 8월 15일로 역사가 단절되지는 않는다"고 말했다. 단절 없는 집안(家)의 입장을 동원에 대한 저항의 장으로서 중시한 것이다.[5] 그러나 쓰루미의 주장에 전적으로 동의하면서도, 아니 오히려 동의하기 때문에 질문을 던질 수밖에 없는 구석이 있다. 대다수의 사람들이 집안에서부터 '황군'(皇軍) 병사로 출정했다는 점은 과연 어떻게 설명할 것인가? 앞서 731부대원의 진술서에 나타났던 문제가 여기에도 똑같이 가로놓여 있다.

대동아전쟁에 패배하고 오키나와 출신의 황군 병사는 전사함으로써, 결국 '일본인'이 되려고 하던 과정은 실패로 끝났다. 그것은 '천황제 이데올로기'의 죽음도 아니며 '초(超)국가주의'의 죽음도 아니다. 무엇보다 생활의 죽음이며 부엌의 죽음인 것이다. 생활은 8월 15일로 단절되지 않는다. 그러나 그 연속성은 생활의 죽음 가운데서부터 도출되지 않으면 안될 것이다. 기억 속에 전장 동원을 아로새긴 생활의 죽음은 과연 어떻게 이야기될 수 있을까?

이 질문을 오키나와에 대해서 설정한다면 어떻게 될까? 앞서 말한 왕복운동, 즉 진부한 일상의 연장선상에서 전장을 말함으로써 전장의 기억을 이야기하는 말투 자체를 추궁하고 그 추궁이 다시 일상을 말하는 새로운 이야기의 위치를 만들어 나간다고 하는 왕복운동은, 바로 '일본인'이 된다고 하는 것과 오키나와 전투의 기억을 이야기하는 말투 사이의 왕복운동이 될 것이다. 다시 말해서 그것은 전시가 아닌 평시(平時)에 '일본인'이 된다고 하는 일상적인 삶과 결코 동떨어지지 않은 곳에서 오키나와 전투를 그려내는 작업이다. 그리고 이 작업에 의해서 전후(戰後)에 생겨난 오키나와 전투 이야기, '히메유리' 2)를 중심으로 등장하는 오키나와 전투 이야기를 되묻는 일이기도 하다.(6) 더욱이 그것은 전장의 기억을 '일본인'이 된다고 하는 나날의 영위 속으로 끊임없이 가져오는 일이기도 하다.

그런데 일상적 영위와 전장을 연결시킬 때 반드시 짚고 넘어가야 할 점이 있다. 일상생활이란 관습적인 행위로 구성되는 공간이며 그 공간에는 무의식적인, 다시 말해 신체화된 다양한 실천들이 존재하게 마련이라는 점이다. 앞서 본 부겐빌 전선에서 온 편지에서도 알 수 있듯이 '일본인'이라는 정체성은 이런 신체화된 실천들 속에서 상상되고 검증되며 확인되어 간 것이다.

그러나 일상을 구성하는 신체화된 다양한 실천들 모두가 '일본인'이 된다고 하는 것으로 이야기되지는 않는다. '상상의 공동체'로서의 '일본인'이 이런 실천들 속에 확인된다고 하는 것은, 곧 '일본인'으로 회수(回收)될 수 없는 임계영역이 끊임없이 생겨나고 있다는 말도 되기 때문이다. 호미 바바(Homi Bahbah)가 지적했듯이 이런 영역은 '상상의 공동체' 내부에서는 이야기할 수 없는 존재, 말하자면 타자성을 띤 존재로서 양성된다.(7)

다음 장에서 고찰하겠지만, '일본인'이 된다는 것은 종래 '지배자'와 '피지배자' 또는 '일본인'과 '오키나와인'이라는 이분법적 세계를 전제로 해서 '황민화'(皇民化)나 '동화'(同化)라는 말로 표현해 왔던 그런 과정이 결코 아니다. 어떤 균질적 정체성에서 다른 균질적 정체성으로 이행하는 과정이 아니라는 말이다. 중요한 것은 자기와 타자가 분할된 공간을 전제로 하는 게 아니라 '일본인' 되기를 시작한 순간부터 타자성이 자기 내부로 슬며시 다가온다고 하는 양의적인 정체성의 양상이다.

이런 국민적 정체성(national identity)의 양상을, 호미 바바는 오늘날 이민과 난민이 늘어나서 국경선을 넘어오는 무수한 사람들을 떠안고 있는 국민국가에서의 정체성이라는 문제로서 고찰한다.[8] 또 그것은 프란츠 파농(Frantz Fanon)이 프랑스 식민지 알제리의 상황을 묘사하면서, 흑인이 백인사회 내부로 들어가면 들어갈수록 흑인 모델이 "마신는 바나냐 잇서요" 하고 [어설픈 프랑스어로] 외쳐대는 광고* 속의 '검둥이' 이미지를 자기 신체에서 발견하게 된다고 하는 편집증이기도 하다.[9]

'일본인'이 된다고 하는 것은 바로 자기 내부로 침투해 오는 타자에게 가위눌림을 당하면서 그 타자를 의식세계나 의미세계의 임계영역으로 밀어내는 작업이다. 이렇게 타자성을 배제함으로써 일상을 구성하는 신체적 실천이 '일본인'이라는 '상상의 공동체' 속에서 의미를 획득하게 되는 것이다. 그리고 이 '일본인'이 된다는 일은 전장과 이어져 있다.

> 생각해 보면 우리나라의 부현(府縣)들 가운데서 직접 전장이 되어 전부를 잃어버린 곳은 오키나와 현뿐입니다. 말 그대로 국가의 방파제가 되어 온 국민을 대신했던 오키나와 현은 고귀한 10만여 영령(英靈)과 함께 나무 한 그루, 풀 한 포기까지 순국(殉國)했던 것입니다.[10]

이 전형적인 오키나와 전투 이야기에 담겨 있는 것은 극도로 균질적인 내셔널리즘이다. 양의적인 정체성이나 편집증 같은 것은 찾아보려 해도 볼 수가 없다. 그러나 이 책에서 '일본인'이 된다고 하는 일상적인 영위의 연장선상에 전장을 설정하려는 의도는 임계영역으로 밀려나간

---

* 1950년대 후반까지 프랑스의 영화관에서 볼 수 있었던 광고. 흑인 모델이 "Ya bon banania"라고 말했다고 한다.

타자의 행방을 전장에서 다시 한번 문제삼자는 데 있다. 그것은 균질적
인 내셔널리즘으로 수렴되어 가는 오키나와 전투 이야기 속으로 회수
되지 않을 새로운 이야기가 가능한지를 탐색하는 작업이기도 하다.

3. 전장 동원

앞서 말했듯이 '일본인'은 마음속에서뿐만 아니라 생활이라는 신체적
실천 속에서 상상되고 확인된다. 여기서 동원이라는 문제를 다시 한번
생각해 볼 필요가 있겠다. 동원이란 의식이나 정체성이 아니라 무엇보
다도 신체적 실천이다. 일상과 전장은 이어져 있지만, 동원이라는 데
주목할 경우에는 이렇게 바꾸어 말해야 할 것이다. 일상을 구성하는 신
체적 실천이야말로 '일본인'으로서의 전장 동원으로 이어진다고, '일본
인'이 신체적 실천들 가운데 이야기됨으로써 '일본인'의 동원이 실현된
것이라고, 그리고 다양한 실천들이 〔'일본인'이라는〕 유적(類的) 존재로
회수되는 것과 폭력이 발생하는 것은 일련의 사건으로서 고찰되어야
한다고 말이다.(11)

그런데 진부한 일상이 〔신체적〕 실천이라는 점에서 전장과 이어져 있
다고 한다면, 도대체 평시 같으면 있을 수조차 없는 명령과 거기에 복
종하는 군율(軍律)이 어째서 전장이라는 장에서는 성립하는 것일까?
평시에도 물론 명령이나 규율은 존재한다. 그러나 전장에서의 명령은
평시의 명령과는 본질적으로 다르다. 죽음으로의 동원을 내포하고 있
기 때문이다.

어떻게 하면 매일매일 내려지는 명령에다 사형판결을 포함시키는 것
이 가능할까? 그저 자결하라는 명령도 아니다. 죽을 것을 뻔히 알고 있
는 상황 속으로 사람들을 동원하는 명령이다. 예컨대 포탄이 비오듯 퍼

붓는 참호 밖으로 동원명령을 내리는 경우처럼 말이다. 그렇다면 우리는 전장에서 죽음으로의 동원을 가능하게 하는 군율이야말로 전장에 특유한, 그리고 전쟁상태를 결정짓는 핵심적인 사안임을 알 수 있다. 죽음으로의 동원이 불가능할 때 전장은 성립될 수 없기 때문이다.

본래 이런 동원은 전투원인 병사로서의 동원이지 비전투원에게는 성립되지 않는다. 죽음으로의 동원을 실현시키는 군율은 일상생활과는 격리된 전장이라는 공간에서만 존재하기 때문이다. 그러나 전쟁이 총력전(總力戰)으로 치러지고 융단폭격이나 원폭으로 상징되는 무차별 대량살육이 등장한 근대전에서 전투원과 비전투원 사이의 구분은 매우 애매해질 수밖에 없다.

야마노우치 야스시(山之內靖)는 총력전 상황 아래서 전쟁 동원이 종래의 전장뿐만 아니라 '국내 전선'이라는 새로운 전장을 준비한다고 지적한 바 있다.[12] 이 지적이 뜻하는 바는 무엇인가? 일찍이 오코우치 가즈오(大河內一男)[3]가 전시 노동입법 속에서 평시에는 있을 수 없는 합리성을 찾아냈듯이,[13] 전쟁을 수행하기 위해서 국내의 각종 기능을 효율적으로 조직해 내는 것만을 뜻하는 걸까? 아니다. '국내 전선'의 등장이란 일상과 동떨어져 있는 전장의 규율과 '국내 전선'의 규율이 비슷해져 가는 상황, 다시 말해서 인간의 일상적인 영위가 전장에서의 영위와 비슷해지는 사태를 예고하는 것이다.

근대의 전쟁 동원 속에는 모든 공간이 전장이 되고 모든 인간이 병사가 될 가능성이 내포되어 있다. 『총동원』이나 『노동자』에서 미래의 동원의 모습을 그려낸 바 있는 에른스트 윙어(Ernst Jünger)[4]가 제1차 세계대전이라는 전장에서 발견해 내고 기뻐했던 것도 바로 이런 가능성이었다. 그리고 그것은 모두를 전투원으로 말살하는 무차별 폭격이나 핵공격(함포사격도 포함시킬 수 있으리라)을 정당화하는 사상과도 밀접하게 결부되어 있다. 전장이 일상화되고 전투원과 비전투원의 구분이 사라져 모든 인간을 죽음으로 이끄는 이런 동원을 여기서는 '전장 동원'이라 부르기로 한다. 전쟁 동원이란 항상 전장 동원의 가능성을 내포하고 있는 것이다.

그런데 이렇게 거창한 이야기를 한 까닭은 다른 뜻이 있는 게 아니다. 주민들에게 군율이 조금씩 확대되어 간 오키나와 전투를 전쟁 동원이 전장 동원의 성격을 띠게 되는 과정으로서 생각해 보기 위해서이다. 자세한 것은 다음 장으로 미루겠지만, 여기서의 논점은 평시의 규율이 국내 전선의 규율이 되고 궁극적으로 죽음으로의 동원을 담당하는 전장의 규율로 나아갈 때, 그 규율을 수용하는 사람들의 모습이 어떻게 변하고 있었는가 하는 것이다. 오해가 없도록 덧붙이자면, 죽음으로의 동원이 완전히 이루어졌다는 말은 아니다. 문제는 죽음으로의 동원을 지향하는 와중에 어떤 일이 벌어졌는가에 있지, 전장 동원은 어디까지나 지향되었을 뿐이다. 동원이라는 실천은 죽음 앞에서 다시 검토되어야만 한다.

부겐빌 전선에서 온 편지를 다시 떠올려 보자. 평시의 규율을 추진한 의지는 황민화 이데올로기의 교의(敎義)처럼 '죽을 수 있는 신민(臣民)'이 되는 것이 아니라, 훌륭한 '일본인'이 되어 '화기애애'한 생활을 누린다는 꿈이었다. 따라서 그 의지는 본래 전장 동원으로 직결되는 것은 아니었을 터이다. 그러므로 군율이 평시의 규율과 서로 공명(共鳴)하면서도 차츰 틈새를 벌리면서, 규율을 성립시키는 요인이 일상적 감시에서 노골적인 폭력으로 작동하는 과정에서, 사람들의 의지와 군율이 결정적으로 대립할 수밖에 없게 되는 순간, 바로 그 순간을 포착해 낼 필요가 있다. 그것은 군율이 신체적 실천으로 침투해 들어가는 가운데, 이제 더 이상 그 실천에 꿈을 투영할 수 없게 되는 순간이다.

죽음이 꿈을 가로막는 순간, 사람들은 과연 어떤 주체를 발견하는 것일까? 이 물음은 결코 죽은 자들만의 문제가 아니다. 전장에서 살아 돌아온 사람들이 남긴 전기(戰記)에는 살아남은 자들이 죽은 자와 공유하고 있던 과거의 시간 속에서 현재의 자기를 확인하려는 의도가 엿보인다.[14] 이 산 자들은 죽은 자와 함께 있으며, 죽음이 [삶을] 가로막는 순간에 발견했어야 했던 것을 아직도 계속 찾고 있다. 그리고 대부분의 경우 그것을 여전히 발견하지 못하고 있다. 그리하여 발견할 수 없다는 사실이 이들을 다시금 과거의 시간으로 고착화시킨다. 과연 과거의 그 전장의 순간에 어떤 시간을 만들어내면 좋을까? 이 물음을 짊어진 채 산 자도 죽은 자도 여전히 멈춰 서 있다.

소노 아야코(曾野綾子)[5]는 집단자결에서 죽음을 향했던 사람들이 어디까지나 주체적으로 죽음을 선택했다고 하면서 거기에 윤리적인 가치를 설정한다. 이 주장이 멈춰 서 있는 산 자와 죽은 자를 윤리적으로 회수하려는 시도임은 너무나도 명백하다.[15] 하지만 반대로 소노의 주장을 반박하면서 집단자결로 나간 사람들의 죽음을 황민화 교육의 결과라고만 단정지어 버릴 경우, 결과적으로 그들이 멈춰 서 있는 순간의 시점을 놓쳐 버리게 된다. 그들은 결코 '죽을 수 있는 신민'으로서 전쟁 동원에 참가했던 게 아니다. 그럼에도 불구하고 그 참가는 군율의 확대를 촉진함으로써 그들에게 죽음을 요구했다. 그때 과연 그들은 무엇을 보았을까? 소노 아야코의 시도와 대결하려면 이런 지평을 확보하지 않으면 안된다.

4. 전장을 말한다는 것

쓰루미 슌스케는 오키나와 전장으로 향하는 도중에 격침된 전함 '야마토'(大和)호에 레이다 부(副)조종사로 승선했던 요시다 미쓰루(吉田滿)[6]의 모습에서 군인의 전향(轉向)을 본다. "외부세계에서 옛 계층질서가 붕괴됨을 인식하면서도, 자기 내부세계에서는 이제 외부세계와 맞지 않는 옛 계층질서의 예의범절에 매달리고" 있는 모습을 말이다.[16] 해군에서 전장 동원을 담당했던 규율은 전후에 은행원으로서의 규율로 고스란히 살아남았던 것이다. 생활은 규율을 낳고 규율은 동원으로 이어졌다. 규율이 전후에 계승되어 나가는 전향의 양상에서는 먼저 전향을 가능하게 한 생활의 연속성이 지적되어야만 한다. 그래서 쓰루미는 군인이 전향하는 모습을 통해서 전후 사회에 대해 다음과 같이 날카로운 지적을 하고 있다.

> 전후에 일본 국민은 군인보다 회사원과 문관이 훨씬 더 많아졌다. 하지만 그렇다고 해서 일본이 군국주의에서 평화주의로 변했음을 보증하는 것은 아니다.[17]

이 지적을 좀더 부연할 필요가 있다면, 그것은 군인에서 은행원으로 연속적으로 나아갔던 요시다 미쓰루 자신이 이런 연속성에 당혹해하면서 멈춰 서고자 했다는 것, 또 그 당혹과 정지(停止)가 그를 '전기문학'의 집필로 내몰았다고 하는 것이리라. 요시다를 포함해서 전장의 기억을 말하려는 영위의 전제조건은, 전전(戰前)과 놀라울 정도의 연속성을 유지하면서 전후로 이행하고 있던 신체적 실천이다. 동시에 그 연속성으로 회수되지 않을 전장의 기억을 발견해 내고 설명하고자 하는 생각도 존재한다. 그리고 다시 말해 두건대 이 연속된 실천은 여전히 전장 동원으로 이어지는 실천이다. 전장의 기억은 어떻게 이야기되는 것인가, 또는 어떻게 망각되는 것인가?

부겐빌에서 아들에게 편지를 쓴 '황군' 병사는 전사했다. '화기애애'한 생활은 '일본인'이 된다고 하는 것으로 표상되었지만, 최종적인 결말은 예정되어 있던 대로 신체의 소멸이었다. 여기서 다시 한번 신체 자체가 상처받고 소멸되는 전장으로 동원된다고 하는 것, 곧 죽음으로의 동원이 갖는 의미를 생각해 볼 필요가 있겠다. 전장이 서로를 죽이는 장이고 담론이 소멸된 폭력의 현장이라는 것을, 정서적 인도주의에 의거하지 않고서 과연 어떻게 논의할 수 있을까? 결국 문제는 바로 그것이다.

전장이 서로를 죽이는 장(場)인 이상, 거기에는 당연히 상처를 입고 죽을지도 모른다는 공포가 존재할 것이다. 그러나 군율은 이런 공포마저 넘어설지 모른다. 심지어 윙어처럼 거기서 기쁨을 발견할지도 모른다. 그러나 여전히 중요한 것은 공포를 넘어섰다고 하더라도 전장에서 상처받고 죽는다고 하는 사태는 전혀 달라지지 않는다는 점이다. 의식과 정체성, 나아가 규율을 갖춘다고 한들 전장에서 신체 자체가 변형되고 소멸되는 데에는 변함이 없다는 말이다. 전장, 그리고 폭력이라는 문제의 근간은 바로 이 물리성에 있다. 신체가 물리적인 것인 한, 그것은 전장과 폭력에 의해서 변용되게 마련이다. 그것도 동원을 지향하는 규율화된 신체가 변용을 일으키고 마는 것이다.

신체의 변용은 결코 의식이나 의미 세계와 분리할 수 있는 문제가 아니다. 조금 엉뚱하다고 여길지 모르지만 이런 문제를 생각하려 할 때 좀처럼 찾기 힘든 재료가 하나 있다. 인류학자 로버트 머피(Robert Murphy)가 쓴 『신체의 침묵』(The Body Silent)이 바로 그것이다. 이 책은 척추종양으로 몸이 차츰 마비되어 가던 저자가 스스로에게 생기는 의식이나 의미 세계의 변용을 담담한 필치로 써 내려간 책이다. 이 책에서 가장 중요한 논점은 신체 구성의 변용이 명백하게 의미세계를 변화시켜 나간다고 하는 매우 지당한 지적이다. 이 지적을 전장의 문제로 끌어들이자면, 신체를 변용시키는 전장은 의미세계를 뒤흔들 가능성을 낳는다는 말이 된다. 일상은 전장을 준비했다. 그러나 동시에 전장은 전장을 준비한 일상의 의미세계를 변화시켜 가는 모멘트로도 충만해 있는 것이다. 그렇다, 전장에서 일상으로.

신체 구성이 변용(變容)되면서 생기는 사태를 저자인 로버트 머피는 '신체 탈취자'(body snatcher)라는 표현을 써서 이렇게 말한다.

상황을 좀더 잘 이해하려면 역시 하나의 몸 속에 본래의 주인과 새로운 침입자가 공존한다고 하는, 저 신체 탈취자의 경우를 거론할 수밖에 없다. 그것은 말 그대로 '변신'이다.[18]

신체의 변용 속에서 그는 자기 속에 또 하나의 다른 자신을, 바꿔 말해서 타자를 발견하는 것이다. 이렇게 자기 내부에 숨어 있는 타자성은 다른 자기로 이행하는 것이 아니라 그 자신을 정의하기 힘든, 분류가 불가능한 임계영역으로 이끌고 간다.

그들은 이 세계에 존재하기 위한 근본조건이 바뀌는 것을 경험한 자들이다. 이제 그들은 외계인이며 자기 나라 속의 난민이다.[19]

머피는 결국 예정대로 마지막에 가서는 죽는다. 물론 병으로 말미암은 그의 죽음과 전장에서의 죽음을 동일하게 생각할 수는 없다. 하지만 전장 동원이 분명 죽음으로의 동원인 이상, 전장은 '자기 나라 속의 난민'을 창출할 가능성으로 가득 차 있다. 동원은 의식과 정체성이 아니라 규율의 문제이며 신체적 실천의 문제다. 그런데 여기서 말하는 변용은 신체적 문제에서 차츰 의식의 문제, 의미의 문제로 이행한다. 무의식 속에 습관화되어 익숙해져 버린 실천이 전장에서의 신체의 변용에 이를 때, 지금까지 말할 수 없었던 임계영역이 이번에는 말을 갖기 시작하는 것이다. 머피의 말을 빌리자면, 자기 자신 속에서 '외계인'을 발견하게 되는 것이다.

그런데 전장 동원이 완수되려면 이 '외계인'의 말(잠음)은 봉쇄되어야 한다. 전장에서의 타자란 적을 의미하는데, 전장에서의 폭력이 '일본인'의 외부의 적만을 향하는 것은 아니다. 전장에서 힐끔 얼굴을 드러내는 정의하기 힘든 '자기 나라 속의 난민'이야말로 그 폭력이 행사되는 대상이다. 굳이 말하자면 전장 동원은 '외계인'의 말을 봉쇄하고 '자기 나라 속의 난민'을 내부의 적으로 죽임으로써만 수행되는 것이다.

맨 처음의 이야기로 되돌아가자. 전장은 진부한 일상 속에서 준비되었다. 그리고 그 일상은 지금까지도 이어지고 있다. 우리가 전장을 이야기할 때, 그 발화(發話)의 위치는 일단 이 전장 동원으로 이어지는 진부한 일상 이외에는 있을 수 없다. 이런 일상에서 전장을 이야기한다는 것은 바로 진부한 일상의 저류에 내부의 적으로서 죽임을 당했던 '자기 나라 속의 난민'이 발화를 봉쇄당한 채 방치되어 있다고 하는 것을 상기하는 작업이다.

그것은 그야말로 진부한 일상을 지배하고 있는 의미세계를 뒤흔들어 다른 공간과 시간을 발견해 나가는 작업이며, '일본인'이 된다고 하는 영위 속에서 압살당해 온 타자가 의미를 갖고 말문을 여는 일이다. 그것이 또 일상을 구성하는 의미 세계뿐 아니라 그 신체까지 뒤흔드는 작업인 이상, 이 작업은 종래의 역사나 공간을 지배해 온 의미의 질서나 신체성이 동요하는 불안정하고 으스스한 변동임에 틀림없다.[20]

그 변동 속에서 전장의 기억은 현재 속에 침투해 올 것이며, 죽었을 터인 '외계인'은 아직 압살당하고 있는 타자와 함께 현재에 소생할 것이다. 이 영역이야말로 호미 바바가 문화라는 말을 다시 설정하고자 했던 장이며, 프란츠 파농이 시도했던 정치의 장이기도 하다. 이런 의미에서 전장의 이야기는 일종의 정치적 장으로서 발견되지 않으면 안된다.

2장 전장 동원

1. 서문

전전(戰前)의 일본에서 총력전체제의 전개가 국민정신 총동원운동에서 익찬(翼贊)체제를 거쳐 국민의용군 구상으로 나아갔다고 본다면, 오키나와의 경우에는 마지막 수단인 의용군 동원에까지 갔다고 할 수 있다.[1] 아니 오키나와는 오히려 의용군 구상을 선취(先取)하고 있었다고 말하는 편이 정확할 것이다.[2] 앞에서도 지적한 대로 오키나와에서는 원래 비전투원에게 적용될 수 없을 터인 군율이 주민에게까지 조금씩 확대되고 있었다. 다시 말해서 전쟁 동원이 전장 동원으로서의 성격을 띠고 있었던 것이다.

이 장에서는 이런 전장 동원을 정점으로, 1930년대 후반의 국민정신 총동원운동부터 오키나와 전투에 이르는 역사과정을 규율이라는 점에 주목해서 고찰하고자 한다. 즉 이 역사과정을 평시의 규율이 전쟁 동원의 규율로, 그리고 전장을 지배하는 군율로 전환되어 나가는 과정으로서 고찰할 것이다. 규율이라는 문제에 주목하는 까닭은, 오키나와 전투에서 제일 마지막에 군율을 이탈한 오키나와 사람들에게서 발견해야 할 그 무엇을 분명히 해두기 위해서다. 그리고 이것이 바로 이 장 전체를 관통하는 문제의식이다. 다시 말하건대 그것은 전장과 나날의 진부한 일상에서 '일본인'이 된다고 하는 것이 연결되지 않게 되는 순간의 문제다.

그런데 오키나와 전투에 이르는 도정을 '일본인'이 된다고 하는 문제로 고찰할 때 빠뜨려서는 안되는 것이 오키나와로부터 남양군도로의 이민이다. 남양군도에서의 식민지 경영에 필요한 노동력은 대부분 오키나와에서 공급되었다. 특히 1930년대를 거치면서 그 수는 1만 176명에서 4만 5,701명으로 급격히 늘어났다.[3]

1922년 열여덟의 나이에 오키나와에서 사이판으로 건너갔던 나가도 마쓰지로(長堂松次郎)는 사이판으로 갔을 당시의 일을 이렇게 증언하고 있다.

> 그 당시 집안이 가난해서 상급학교에 진학할 수도 없었기 때문에 미개척지에서 새 운명을 펼쳐보자는 포부로 가득 차 있었죠.[4]

이 증언에는 출가(出稼)와 이민에서 광범위하게 나타나는 입신출세의 지향이 나타난다. 남양군도로의 이민은 학력이 없는 사람들에게는 성공을 위한 길이었던 것이다.[5] 그리고 나가도(長堂) 역시 출세하여 주식회사 남양흥발(南洋興發)[1]의 현장주임이 되었다.

그런데 오키나와인의 남양군도 이민을 고찰할 때 한 가지 외면해서는 안될 것이 있다. 성공을 추구했던 오키나와 사람들이 결국 '옥쇄'(玉碎)로 동원되었다는 점이다. 1942년 이 남양흥발의 클럽에서 노무라 기치사부로(野村吉三郎) 전 주미대사*는 이렇게 강연했다고 한다.

> [전쟁에서] 승리하면 우리 일본인은 남양군도는 물론 하와이나 동남아시아 전체를 통일할 것이다. 모두들 덥긴 하겠지만 넥타이를 매고 지도원이 되어야 한다. 만약 패배할 경우에는 일본인 모두가 옥쇄할 것이다.

나가도는 소위가 되어 미군의 사이판 상륙을 앞두고도 "일본인으로서 포로가 되어서는 절대로 안된다. 그것은 수치스러운 일이라는 신념"으로 끝까지 투항을 거부한다. 성공하려는 꿈은 '일본인' 의식과 중첩되어 마지막에는 '옥쇄'로 동원되고 말았던 것이다.

---

* 1940년 11월부터 1942년 8월까지 주미대사로서 일본과 미국간의 교섭을 담당했다.

이처럼 남양군도로의 이민이 사이판에 '자살절벽'(Suicide Cliff)이
니 '만세절벽'(Banzai Cliff)이니 하는 지명을 새겨넣는 도정이었다고
하는 점을 잊어서는 안된다. 남양에서 '일본인'이 된다고 하는 것은 도
대체 어떤 것이었을까? 이 물음은 오키나와 전투를 생각할 때에도 중요
한 논점이 될 것이다.

2. 참가와 규율화

1) 생활, 도덕, 내셔널리즘

잘 알려진 바와 같이 조선이나 타이완에서의 황민화정책과 마찬가지로
오키나와에서도 오키나와 문화에 대한 억압이 행해졌고, 국민정신 총
동원운동(이하 정동운동으로 줄임)에서 오키나와 전투에 이르는 과정에
서 이런 황민화는 훨씬 더 강력하게 추진되었다고 하는 견해가 있다.[6]
확실히 당시의 현지사 후치가미 호타로(淵上房太郎)*의 '오키나와 문화
말살론'으로 상징되는 지도자의 주장은, 오키나와의 독자적인 문화를
부정하고 나아가 천황을 위해 죽을 수 있는 신민으로서 오키나와인을
육성하자는 것이었다.

한편 오시로 마사야스(大城將保)는 당시 익찬운동의 방침이 지방문
화를 말살하자는 쪽이 아니라 오히려 선양(宣揚)하자는 쪽이었다고 하
면서 오키나와 문화연맹의 활동 등에 주목한다. 또 당시 전통문화를 말
살한 것이라고 비판의 표적이 되고 있는 표준어 장려운동이나 유타 사
냥[2] 같은 것은 방첩(防諜)과 관련된 전쟁정책에 기인하는 것이라고 하
여, 익찬체제 구축 정책과 오키나와 전투에 관여한 제32군의 정책은 구

* 1938년 6월~1941년 1월 역임.

별해야 한다고 주장한다. 그 결과 오시로는 정동운동에서 오키나와 전투에 이르는 과정이 기본적으로 본토 농촌과 같은 과정, 즉 오래된 공동체 규제를 이용한 인보(隣保)조직을 기반으로 부락회(部落會)와 정내회(町內會)에 의해 익찬체제를 구축한 과정이었다고 파악하며, 특히 '상호부조와 공동체 규제의 전통이 뿌리깊은' 오키나와에서는 운동이 훨씬 더 강력했다고 이해한다.[7]

그런데 오키나와 정동운동의 특징은 그 내용이 유난히 '생활개선'에 편중되어 있었다는 점이다. 예컨대 1937년 9월부터 이듬해 9월까지 정동운동과 관련하여 강연회 등에 동원된 인원 가운데 50% 정도가 생활개선 관련 행사에 동원되었다. 참고로 동원수에서 차지하는 생활개선의 비율을 살펴보면, 오키나와를 제외한 전국평균은 11%에 불과하다.[8]

생활개선의 대상으로서 거론된 것은 오키나와어, 맨발,* 돼지변소(豚便所), 분묘, 센코쓰(洗骨),† 오키나와식 이름, 점(占), 유타, 오키나와식 복장과 음주, 모아소비(毛遊),# 자비센(蛇皮線)☆ 반주노래, 경사, 위생, 시간 엄수 등 일상생활과 관련된 세부적인 사항들에 미치고 있다. 일반적으로 이 시기의 생활개선운동에 대해서는, 검약(儉約)과 저축이라는 '경제전'(經濟戰)으로서의 의미가 지적되고 있고, 그렇기 때문에 익찬체제가 구축되는 가운데 점차 형해화되었다고들 생각한다. 또 앞서 언급한 대로 오시로의 경우에도 생활개선운동에는 주목하지 않는

* 1941년 「맨발 단속 규칙」이 제정되면서 위생관념 향상이라는 명분 아래 금지되었다.
† 유해를 관에 넣어 3~7년간 매장했다가 뼈를 파낸 뒤 깨끗이 씻어 다시 매장하거나 납골하는 오키나와의 전통 장례 형태. 화장이 일반화된 지금은 거의 찾아볼 수 없다.
# 마을 공터 등 정해진 장소에서 처녀총각이 일과가 끝난 뒤에 노래를 부르고 춤을 추며 교제하는 풍속. 오늘날 고등학생 때부터 관행화되어 있는 '비치 파티'(beach party)는 미국 점령 이후에 현대화된 형태이다.
☆ 16세기에 중국으로부터 류큐를 거쳐 일본으로 유입된 전통악기가 샤미센(三味線)이다. 자비센(산신(三線)이라고도 함)이란 일본 '본토'에서 오키나와, 아마미(奄美)의 샤미센을 가리키는 속칭으로, 말 그대로 몸통 부분을 뱀 가죽으로 썼기 때문이다. 본토의 샤미센은 몸통의 모양도 다르고 재료도 고양이 가죽을 이용한다.

다. 그러나 전쟁동원을 실현해 나가는 규율을 고찰할 때, 일상생활의 구석구석까지 연관되는 지시에 의해서 구성된 이 생활개선이야말로 핵심적인 사안이다.

우선 지적해 두어야 할 것은 이 생활개선의 항목들이 결코 그 시기에만 국한된 문제가 아니라는 점이다. 오키나와어나 '특이'하다고 간주된 풍속·습관들은 메이지(明治) 후기부터 풍속개량운동이 진행되는 가운데 일관되게 개선의 대상이었으며, 특히 오키나와어와 위생문제는 줄곧 중요한 개선항목이었다.[9] 즉 시기별로 비중의 차이는 있었지만, 생활개선운동의 항목들은 오키나와의 근대에서 언제나 개선 대상이 되어 왔던 것들이다. 따라서 이를 분석하려면 '경제전'이나 익찬체제 구축에 국한해서 이해하는 것만으로는 불충분하다.

하지만 메이지 시기부터 오키나와 전투까지를 황민화 일색으로 색칠해 버리는 인식 또한 문제의 소재를 놓치게 한다. 예컨대 오키나와어 사용 금지는 1930년대에 예전과는 달리 훨씬 더 깊숙이 침투한다. 종래 학교 교실에 한정되었던 금지조치가 일상생활에서 가정으로까지 확대되었던 것이다. 언어학자 호카마 슈젠(外間守善)은 "1933년에 나하시(那覇市)의 소학교에 입학한 나는 가정에서는 방언, 학교에서는 표준어라는 이중언어 생활을 겪었는데, 1941~1942년에 소학생이었던 내 동생들은 가정과 학교를 불문하고 표준어를 썼다"고 회상한다.[10]

정동운동부터 오키나와 전투에 이르는 역사과정에서 전개된 생활개선을 고찰할 때 중요한 점은 그것이 왜 일상생활의 차원까지 침투했는가 하는 것이다. 이 의문을 풀어줄 열쇠는 오키나와의 노동력이 밖으로 흩어질 수밖에 없었던 소철(蘇鐵)지옥*3) 시기인 1930년대에 있다. 이 장에서는 오시로가 중시했던 오래된 공동체가 아니라 그 공동체로부터

* 제1차 세계대전 이후 공황기에 오키나와 경제사회의 황폐화를 상징하는 용어.

떨어져 나간 사람들과 생활개선의 연관성을 중시하고자 한다.

생활개선이 일상생활로 침투하는 과정을 고찰할 때 중요한 것은 그 침투의 형식이다. 정동운동에서의 생활개선에서 우선 지적할 수 있는 점은, 메이지 시기 이래 일관되게 존재했던, 말 그대로 "방언을 사용하는 사람은 모두 범죄자로 간주하고 밀고자를 육성한다"[11]는 방언표찰 (方言札)*에 의한 학교 교육이나 경찰의 유타 단속 같은 것이 이 시기에 훨씬 더 강화되었다고 하는 점이다. 또 생활개선이 강제되는 가운데 경찰과 학교뿐만 아니라 대일본부인회나 청년단 같은 조직이 운동을 담당하고, 이런 움직임이 1940년 12월 10일 대정익찬회(大政翼贊會) 오키나와 현 지부의 결성으로 이어진다.[12] 이 과정에서 교사·촌장·관리가 운동의 지도자로서 중심적인 역할을 맡게 되었다.[13]

이런 전개과정에는 확실히 공동체를 이용한 강제라는 측면이 있으며, 일단 오시로의 말처럼 인보조직을 기반으로 부락회나 정내회를 이용해서 익찬체제를 구축해 나간 흐름이라고 이해할 수도 있다. 그러나 생활개선운동을 전통문화의 불식으로 파악하는 동시에 그 운동이 전통적인 공동체사회를 기반으로 했다는 식의 이해방식은, 자신의 존재기반을 스스로 붕괴시킨다고 하는 모순에 대해서 어떤 식으로든 설명이 요구된다.[14] 여기서 주목하려는 점은 오히려 이런 생활개선운동이 위로부터 지도·강제되었을 뿐 아니라, 그 당위적인 생활상이 생활도덕으로서 수용되었다고 하는 점이다. 그 결과 오키나와어를 쓰는 자는 지도자나 경찰에 의해 적발되었을 뿐만 아니라 '도덕적 범죄자'로서 상호 감시의 대상이 되기에 이른다.[15]

또한 생활개선이 생활도덕으로서 수용된다고 하는 것은 운동의 지도

---

* 패전 전에 오키나와 방언을 사용한 학생에게 교사들이 목에 걸어 준 표찰. 적발된 학생은 방언을 쓴 동료 학생을 밀고할 때까지 표찰을 목에 걸고 다녀야 했다. 이 표찰은 1950~1960년대에도 학교에서 사용되었다.

자가 단순히 지도를 강제하는 것을 넘어서 그 도덕을 몸소 실천하는 모범을 보일 것, 요컨대 도덕적 지도자일 것을 요구하게 된다. 뒤집어서 말하자면 생활개선을 몸소 실천함으로써 지도자의 지도성이 확보되는 셈이다. 지도층일수록 생활개선을 엄격하게 제창했던 것도 바로 이 때문이다.(16) 이 장에서는 이와 같은 생활도덕으로서의 생활개선운동에 주목할 것이다.

여기서 강제도 아니고 국가장치가 주입한 이데올로기도 아닌 도덕을 설정하는 것이 과연 어떤 이론적 함의를 갖는지에 대해서 두 가지 정도 언급해 두고자 한다. 첫번째는 지배라는 문제다. 어떤 도덕의 수용은 그것으로부터 일탈하는 '도덕적 범죄자'를 낳는다. 도덕이란 생활의 구석구석을 구체적으로 지적함으로써 이루어지기 때문에, 더욱이 자체적으로 명확한 교의가 없는 만큼 실생활에 유연하게 적용되기 때문에, 도덕으로부터의 일탈에 대한 공포는 일상생활 전체로 파급된다. 또 도덕이 생활상식으로 정착되면 될수록 도덕의 지배를 발견하기가 힘들어진다. 이처럼 일상생활 전반에 걸친 일탈의 공포를 빌미로 한 생활의 규율화, 그리고 일상생활 속에 익명화된 지배는 폭력에 의한 지배와는 다른데, 지배의 이런 측면을 감시라고 부르기로 한다.(17)

두번째는 주체라는 문제다. 도덕은 명확한 교의나 체계를 갖지 않기 때문에 개개의 구체적 도덕과 주체 사이에는 도덕에 따라 '자기를 이끈다'고 하는 관계가 성립한다. 자기를 이끄는 방식은 교의나 규범에 의해서 일률적으로 결정되지 않는다. 구체적인 실천 속에서 개개인이 만들어내는 것이다. 도덕이라는 문제 설정을 가치의 내면화라는 문제로 단순화시킬 수 없는 이유가 바로 여기에 있다.

푸코의 말을 빌리자면 "개인은 이 도덕적 실천의 대상을 구성할 수 있는 자기 자신의 부분을 한정하고, 자신이 따를 규범에 대한 스스로의 입장을 정하여 자기의 도덕적 완성이라는 가치를 갖게 될 어떤 존재양식을 설정한다. 그리고 이런 것을 수행하기 위해서 자기 자신에게 작용을 가하며 자기를 알고자 힘쓰고 자기를 억제하며 자기를 시련에 빠뜨리고 자기를 완벽한 존재로 만들며 자기를 변혁시키는" 것이다. 또 푸코는 이런 자기에 대한 스스로의 작업을 "도덕적 주체로서 자기를 구성하는 것"이라고 말했다.[18]

따라서 생활도덕으로서의 생활개선운동을 분석할 때 중요한 것은, 그 속에서 황민화 이데올로기의 교의를 발견한다거나 또 직접적으로 '신민'이 창출되는 것을 탐색하는 일이 아니다. 분석에 의해서 밝혀야 할 것은 사람들의 도덕적 실천에 근거한 '자기의 구성방식'이며 '자기를 이끄는' 방향이어야 한다. 일률적인 교의나 체계가 아니라 바로 사람들의 논리가 중요한 것이다.

첫번째 문제가 도덕 속에 잠재해 있는 배제와 공포의 측면에 주목한다면, 두번째 문제는 도덕적 실천과 관련된 자기의 긍정과 기쁨의 측면에 주목한다. 양자가 도덕의 침투로서 일체화되어 있다고 하는 것은 과연 무엇을 시사할까? 그것은, 자기의 긍정과 기쁨 속에서 '도덕적 주체로서 자기를 구성'해 나가는 과정이 동시에 의도하지 않은 결과로서 감시라고 하는 지배를 창출해 나간 것이다.

정동운동에서 오키나와 전투에 이르는 역사과정에서 도덕적 실천으로서의 생활개선운동에 주목하는 까닭은 사람들의 어떤 생각이 어떤 지배를 창출했는지를 밝히려 하기 때문이다. 그러려면 단지 위로부터의 강제라는 이해나 정치기구에 국한된 분석만으로는 결정적으로 불충분하다. 또 이처럼 주체를 상정한 문제 설정이 오키나와 전투에서 발견해야 할 것을 전망하려 한다는 앞서 말한 문제의식에서 나온 것임은 두말할 나위도 없다.

2) '오키나와 방언논쟁' 읽기

생활개선을 도덕으로 수용해 간 사람들의 논리가 어디 있었는지를 찾기 위해서, 생활개선 중에서도 가장 중시되었던 표준어 장려운동을 둘러싼 논쟁을 살펴보자. 이른바 '오키나와 방언논쟁'이다. 이 논쟁은 1940년 1월 야나기 무네요시(柳宗悅)[4] 등 26명의 일본민예협회(日本民藝協會) 회원들이 오키나와를 방문했을 때, 오키나와어 폐지운동이 너무 지나치다고 비판하면서 시작되었다. 논쟁은 우선 오키나와에서 『류큐 신보』(琉球新報), 『오키나와 일보』(沖繩日報), 『오키나와 아사히』(沖繩朝日) 지면에서 전개되다가, 야나기가 주재하는 『월간 민예』(月刊民藝)로 그 장을 옮기면서 도쿄로까지 확산되었다.

지금까지 이 논쟁에 관해서는 여러 가지 분석이 나와 있지만, 거기서 답습되고 있는 구도는 대개 황민화를 추진하는 그룹 대 이에 저항하는 야나기·민예 그룹이라는 구도이다. 그런데 논쟁에서는 오키나와 출신자들 대부분이 표준어 장려운동의 추진을 주장하고 있으며, 그 주장의 범위는 당시의 시대상황을 고려한다고 하더라도 단순히 현 당국에 의한 위로부터의 황민화라고만은 할 수 없는 부분이 있는 것 같다. 이하에서는 정리된 결론만 간략하게 서술하기로 한다.[19]

우선 이 논쟁에는 두 가지 맥락이 존재한다. 표준어 장려운동을 추진하자는 쪽은 그 이유를 '문화적 의미와는 별개'라고 주장했고, 반대로 이 추진파를 비판한 야나기 등 민예협회 회원들은 오키나와어 문제는 '문화'의 문제라고 했다. 즉 '문화'라고 하는 쪽과 그렇지 않다는 쪽의 두 가지 맥락을 전제로 해서, 운동을 추진하는 오키나와 측은 '문화'와는 다른 맥락에서 표준어 장려의 필요성을 호소하고, 이를 비판하는 야나기 등은 '문화'라는 맥락에서 오키나와어의 중요성을 주장한 것이다.

여기서 말하는 '문화'란 야나기에 의하면 "올바른 것, 진실한 것, 아름다운 것, 건강한 것"으로서 매우 가치판단적인 내용을 지닌다.[20] 반

면에 표준어 장려운동을 추진하자는 쪽의 이유인 '문화적 의미와는 별
개'라는 말은 오키나와 현 밖으로의 인구 유출과 외지에서의 차별의 극
복이다. 유출지에서의 차별을 극복하고 성공하려면 오키나와어를 박멸
(撲滅)할 필요가 있다는 것이다. 또 그 유출지로서 일본과 남양을 들고
있는 점에 주목하고자 한다.(21) 이 논쟁에 참여했던 시미즈 이쿠타로
(清水幾太郎)5)는 이런 두 가지 맥락을, 한쪽은 '문화의 고상한 요구'이
고 다른 한쪽은 '거역할 수 없는 필요성'이라고 말한다.(22) 이 책에서도
마찬가지로 가치판단적인 '문화'와 현 외부 유출에 따른 생활상의 '필
요'를 구분해서 정리해 둔다.

그러면 도대체 무엇을, 어떠한 '문화'라고 했던 것일까? 표준어 장려
는 '필요'의 문제라고 한 주장도 대부분 암묵적으로 '문화'에 관해서 논
하고 있다. 그 주장은 다음 두 가지 유형으로 나뉜다.

첫번째 유형은 오키나와어를 비롯해서 생활개선에서 제창되고 있는
항목들이 '오키나와 문화'라는 범주를 구성하며, 그것이 일본과 비교해
서 '낮은 수준'의, '뒤쳐진', 따라서 불식(拂拭)되어 마땅한 부정적 가치
를 지닌 것으로서 설정되고, 또 지향해야 할 긍정적 가치로서 '일본'이
나 '일본인'이 설정되는 경우다.(23)

두번째 유형은 '오키나와 문화'를 구성하는 항목들이 불식되어야 할
'뒤쳐진' 것으로 설정될뿐더러 '일본'을 지향하는 점에서는 마찬가지지
만, 거기에 타이완이나 남양과의 비교가 도입되는 경우다.(24) 즉 '오키
나와인'과 남양군도 '토인'(土人)의 동일성을 의미하는 '저팬 카나카'(ジ
ャパン・カナカ)로부터의 탈피가 주장되고 있는 경우다. "현민이여, 타
이완에게 뒤지지 말자!"는 것이다. 거기에는 뒤쳐진 '오키나와 문화'를
불식하지 않으면 더 뒤쳐진 타이완이나 남양과 같아지고 만다는 인식
이 있다.

이 점을 첫번째 유형과의 관계에서 설명한다면, 첫번째 유형이 자신

의 일상생활과 연관되는 오키나와어가 자신이 뒤쳐져 있음을 증명하는 것이라 보고 스스로 이를 불식해 나가는 운동(이를 '이화'〔異化〕라고 부르기로 하자)과 관련되어 있는 데 반해서, 두번째 유형은 불식되어야 할 부정적 가치가 타이완이나 남양이라는 다른 얼굴로서 실체화된다. 따라서 두번째 유형에서는, 첫번째 유형과 관련된 '이화' 운동이 계속되는 한, 타이완이나 남양 등의 집단은 영원히 배제될 위치에 있게 된다. 이 두 가지는 나중의 논의를 위해서도 엄밀하게 구분해 두기로 한다.

그런데 이 두 가지 유형의 공통점은, 그것이 현 외부 유출에서의 생활의 '필요'라는 의도와 병존하고 있다는 점이다. 즉 오키나와어의 불식은 '오키나와 문화'를 뒤쳐진 것으로 인정하는 가치기준으로 볼 때 합리적일뿐더러, 현 바깥에서의 차별을 극복해서 성공한다는 목적을 달성하기 위한 전술적인 수단으로서도 합리적이다. 말하자면 막스 베버(Max Weber)가 말한 가치합리성과 목적합리성이 일치하는 것이다.

이런 사태는 사적인 욕망이 말 그대로 사적인 것으로서는 등장할 수 없음을 뜻한다. 동시에 가치적 측면이 야나기의 말처럼 "올바른 것, 진실한 것, 아름다운 것, 건강한 것"으로서가 아니라 욕망의 실현을 위해 익힐 수밖에 없는 형식·문법으로서 존재함을 시사한다. 이것은 '일본인'이 된다는 것이 가치의 〔수동적〕 수용이라기보다 '도덕적 주체로서 자기를 구성하는 것'으로 분석되어야 함을 의미하는 동시에, 지향해야 할 가치로서 '일본인' '일본 문화'의 내용 또한 형식·문법으로서 검토되어야 함을 말해 준다. 이런 뜻에서 다음과 같은 쓰루미 슌스케의 지적은 매우 시사적이다.

이들 칙어(군인칙유와 교육칙어―인용자)의 핵심을 차지하는 말들은 일본인이 자신의 도덕적·정치적 지위를 유지하려고 사용하는 말들입니다. 이 핵심용어들을 내뱉는 요령을 익히는 것은 곧 천황에 대한 충성스런 신민이라고 하는 정기승차권을 제시하는 역할을 하게 됩니다. ……칙어 속의 이들 핵심용어는 읽어 내리기 위해서라도 또 올바로 쓰기 위해서라도 상당한 연습이 필요했습니다. 이 용어들을 자유롭게 구사할 줄 아는 요령을 일단 익히고 나면, 아무 생각 없이도 말하거나 쓰거나 할 수 있을 정도가 되는 것입니다.(25)

이런 관점에서 '일본인'이 된다고 하는 것을 생각할 때, 거기에는 그저 가치를 수용해서 내면화한 주체가 아니라 생활의 '필요'에 따라서 대응하는 생활자로서의 전략적인 주체가 설정될 수 있을 것이다. 이 장에서 주목하는 점은 바로 그러한 주체의 전략적 대응이 '자기를' 어떤 '도덕적 주체로서 구성하는 것'이었는가 하는 점이다.

이와는 달리 '필요'와 무관하다고 주장한 야나기 등의 '오키나와 문화론'은 가치합리성으로만 구성되어 있다. 이것을 세번째 유형이라고 해두자. 이 유형에서 오키나와어 등에 의해 구성된 '오키나와 문화'는 발견되어야 할 가치 있는 '오키나와 문화'이며, 그런 의미에서 앞의 두 유형과는 다르다. 그런데 중요한 것은 그 가치가 어떻게 부여되는가 하는 점이다.

'오키나와 문화'의 가치는 '오늘날의 일본이 잃어버린 순수한 일본다운 문화'(26)로서 지닌 가치이며, 야나기의 표현을 빌리자면 오늘날에는 사라져 버린 진정한 일본 문화를 발견할 수 있는, 말 그대로 '국보급의 가치'다.(27) 결국 발견되어야 할 '오키나와 문화'란 발견되어야 할 '일본 문화' 속에서 그 가치가 부여되며, 우수한 '오키나와 문화'의 발견은 우수한 '일본 문화'의 새로운 발견으로 이어지게 되는 것이다. 더욱이 이 세번째 유형에서 주의해야 할 점은 야나기가 "오키나와는 조선이나 타이완, 심지어 지나(支那) 등과 같지 않다"(28)라고 말했을 때, 의외로 두 번째 유형에서 다른 집단을 배제하는 양상과 닮은꼴이라는 점이다. 이 점에 유의해야 할 것이다.

3) 프롤레타리아화와 노동 규율

'방언논쟁'에서 간파할 수 있는 것은, 생활개선에서 주장된 생활도덕을 수용해서 감시와 규율의 그물망 속으로 들어가는 그 배후에 현 외부 유출과 관련된 생활의 '필요'라고 하는 사적인 의도가 존재한다는 점이다. 더 중요한 것은 그러한 사적 의도가 '일본' '일본인'이 된다고 하는 가치 합리성까지 갖추고 있었다는 점이다. 이와 같은 목적과 가치의 결합은 과연 무엇을 뜻하는 것일까? 이제 '필요' 때문에 생활개선을 했다고 하는 이해환원주의적 고찰이 아니라, 앞서 말한 문화론의 유형들을 염두에 두면서 현 외부 유출에 따른 '필요'가 '자기를' 어떤 '도덕적 주체로서 구성하는 것'을 이끌어냈는지, 그 역사적 의미는 무엇인지를 분명히 해 두기로 하자.

오키나와에서의 현 외부 유출은 지역 노동시장의 축소와 농민층의 전반적인 계층 하강 경향을 배경으로 해서 소철지옥기에 급증했다. 달리 말해서 농업 내부 또는 오키나와 지역경제 내부에서의 계층 상승은 이 시기에 거의 불가능했으며, 그것은 오키나와에서 자본주의의 전개에 의해 규정받고 있었다. 오키나와의 근대는 기본적으로 노동력 유출이라는 형태만을 낳았다.[29] 생활개선이 현 외부 유출과 연관되어 있다고 하는 것은 바로 오키나와에 있어서 근대의 존재양식이라는 문제인 것이다.

그런데 현 외부 유출이 생활개선운동의 '필요'를 구성했던 것과 마찬가지로, 유출대상지인 일본 본토나 남양에서도 1930년대 중반 무렵부터 생활개선이 주장되고 있다. 즉 생활개선은 현 외부 유출을 매개로 하면서 앞서 말했던 오키나와의 운동뿐만 아니라 오사카(大阪), 남양군도라는 지리적으로 확장된 범위에서 동시에 전개되었던 것이다. 먼저 오사카로의 유출에 대해서 살펴보고, 남양군도에 관해서는 항목을 바꿔서 논의하기로 하자.

우선 현 외부 유출에서는 농민층 사이에 격차가 있었다. 농민층 전체의 80% 이상을 차지하는 1정보 미만 농민층은 본토와 남양으로, 1정보 이상 농민층은 주로 본토로 유출되었는데, 상층의 경우에는 하층과 다른 곳으로 유출되었다. 즉 오키나와 출신자의 반수 이상을 흡수한 오사카 중심의 본토 노동시장은 1930년대에 기계·금속 등 중공업 부문을 중심으로 확대되었으며, 당시에 시장의 이런 확대에 따라서 상층 출신자는 기계·금속 등 고임금 부문으로 진출하게 되지만 하층 출신자는 여전히 일용 노동시장과 차별적 노무관리를 실시하는 일부 공장으로 집중되는 경향을 보였다. 또 압도적 다수를 차지한 하층 출신자는 오사카, 고베(神戶) 각지에서 오키나와 출신자 밀집지역을 형성했고, 이들 지역은 주변으로부터 멸시의 대상이 되기도 했다.

본토로의 유출 양상에서 하층과 상층이 보여준 이러한 차이는, 상층이 중졸 이상의 학력을 갖출 수 있었던 반면 하층은 그럴 수 없었다고 하는 학력 격차에 의해서 각인되었다. 또 상층이 같은 이유로 현 내부의 교사나 관리를 독점하면서 생활개선운동에서 지도자 역할을 맡았다고 하는 것은 앞에서도 지적한 바이다.

본토, 특히 오사카에서의 생활개선운동에서는, 멸시의 대상이 되어 있던 밀집지역의 일상생활에 대한 세밀한 개선항목들이, 불식되어야 할 '오키나와' '오키나와인'을 구성했다. 개선항목들은 오키나와어 사용에서부터 자비센 반주노래까지, 요리 메뉴에서부터 심지어 육아방식까지 포괄한다. 이 항목들이 역시 '뒤쳐진' '낮은 수준'의 것으로서 부정적 가치를 부여받고 불식의 대상이 되는 반면, 지향해야 할 긍정적 가치로서 '일본인'이 설정된다. 이것은 앞의 문화론에서의 첫번째 유형과 구조적으로 동일하다.

그런데 이런 생활개선은 일용 노동시장과 차별적 노동시장에 고여 있던 하층 출신자가 1930년대에 확대된 고임금 부문으로 진출했다는 것과도 관계가 있다. 그들의 생활사에서 간파할 수 있는 점은, 학력이 없는 오키나와 출신자가 열악하고 차별적인 노동시장에서 탈출하는 방법은 근면하게 일하는 것뿐이었다고 하는 점이다. 문제는 근면성을 증명하는 방식이다. 근면성이라는 노동능력을 증명하려면 과연 어떤 증거가 필요했을까?[30] 결론적으로 말해서 그것은 불식해야 할 '오키나와인'과 지향해야 할 '일본인'이라는 두 개의 표지에 의해서 판단되었다. 밀집지역에서의 일상생활과 연관된 하나 하나의 개선항목이 게으른 자, 그리고 근면하지 않은 노동자의 표지로 이해된 반면, 그것의 불식이 근면성의 증거로서 이해되었던 것이다. 차별로부터의 탈출이라고 하는 목적합리성과 문화론에서 나타나는 가치합리성이 결합되는 구도가 여기에 존재한다.

하지만 그뿐만이 아니다. 근면성이 '오키나와인' '일본인'이라는 표지에 의해서 측정되고 이해된다고 하는 것은, 오키나와어 대화와 같은 신체적 행위에서부터 요리법이나 육아방식에 이르는 모든 일상적 실천들이 노동능력의 판정 재료로서 감시된다는 사실을 의미한다.

여기서 근면성과 표지의 관계는 뒤바뀐다. 근면성이 표지에 의해서 측정되고 이해되는 것이 아니라, 이제 표지 자체가 근면성을 만들어내는 것이다. '오키나와인'이라는 표지를 붙여 일상의 실천을 위협하는 것이야말로, 노동의 규율을 제공하고 근면성을 양성해 나가는 것이었다. 곧 근면성을 나타내는 증거를 제시하려던 운동이 근면성을 만들어냈던 것이다. 오사카의 생활개선운동에서 '도덕적 주체로서 자기를 구성하는 것'이란 오키나와 출신자가 훌륭한 노동자로 규율화된 주체로서 스스로를 구성해 나간다고 하는, 프롤레타리아화와 밀접하게 관련된 실천이었던 것이다. 그리고 이런 실천은 동시에 첫번째 문화유형에서 '일본인'이 된다고 하는 것이 사람들에게 침투해 들어가는 과정이기도 했다.

3. 제국의식

1) 남양군도와 오키나와

1914년 독일에 선전포고한 일본은 같은 해 10월에 독일령 남양군도를 점령했다. 이후 남양군도는 베르사유 조약에 의해 일본의 위임통치령이 되었고, 1922년에는 팔라우 제도의 코로르 섬에 남양청(南洋廳)이 설치되었다.[6] 이리하여 아이누 모시리, 류큐, 타이완, 조선으로 침략해 나간 일본은 이제 마리아나, 팔라우, 캐롤라인, 마셜 제도들로 이루어진 미크로네시아(괌, 길버트 군도는 제외)까지 손 안에 넣게 되었다.

일본 제국주의에게 남양군도가 갖는 의미는 식민지 경영으로 얻어지는 이득보다 오히려 필리핀과 인도네시아로 침략을 확대해 가기 위한 거점이라는 측면이 더 중요했다. 이는 남양군도를 1930년대 중반 이후 '내남양'(內南洋)이라고 불렀다는 데에서도 상징적으로 드러난다. 필리핀과 인도네시아는 '외남양'(外南洋)으로 불렀다. 즉 남양군도는 안에서 바깥으로 '대동아공영권'을 향해 남진(南進)하기 위한 거점으로서 존재했던 것이다.

잘 알려진 바대로 남진론은 시가 시게타카(志賀重昻)[7]의 『남양시사(時事)』나 다구치 우키치(田口卯吉)[8]의 『남양경략론(經略論)』에 나타나듯이 메이지 시기까지 거슬러 올라간다. 그러나 중요한 것은 일본 제국주의가 타이완 영유에 이어 남양군도를 군사적으로 획득함으로써 남진의 물리적 거점을 얻었다는 점이다. 해병대를 이끌고 남양군도를 점령한 해군 대령 마쓰오카 시즈오(松岡靜雄)는 곧바로 네덜란드령 뉴기니에 대한 조사에 착수해 토지 조차(租借)를 시도했으며, 이미 예전에

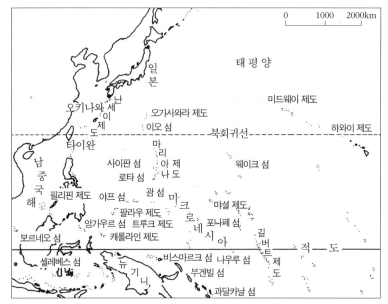

이 책에 나오는 남양(南洋)의 섬들

남양군도로 진출해 있던 남양흥발의 사장 마쓰에 하루지(松江春次)는 "남양군도, 즉 내남양을 우리나라가 위임통치하게 되면서부터는 외남양에 대한 관계가 근본적으로 변했다. 외남양의 오지로 간주되는 뉴기니 지방에 대해서 우리나라가 최우선적인 발판을 차지하기에 이르렀다"고 말했다.[31] 마쓰에의 이런 구상은 1936년 남양청의 후원 아래 남양흥발뿐만 아니라 미쓰이 물산(三井物産), 미쓰비시 상사(三菱商事), 동양척식(東洋拓殖) 등의 자본이 참여하여 설립한 남양척식(南洋拓殖)[9)]으로 실현되기에 이른다.

남양군도는 위임통치령이기는 했지만 실제로는 위임통치 조항에 위배되는 선주민에 대한 동화정책과 강제노동이 시행되어 사실상 식민지였다고 할 수 있다. 독일 통치시대 이래 앙가우르 섬 인(燐)광산 채굴사업 이외에는 식민지 경영이라고 할 만한 것이 거의 없었지만, 일본 제국주의는 예전과 달리 적극적으로 식민지 경영에 착수했다.

남양군도로 진출한 자본은 수없이 많았으나 주요 자본은 두 개, 즉 1921년 동양척식이 설립한 남양흥발과, 스페인 통치시대부터 무역에 종사해 왔던 남양무역이었다. 남양흥발은 제당(製糖)을 주축으로 주정(酒精), 전분, 인광, 수산(남양수산), 제빙(남양제빙) 사업 등을 운영했고, 남양무역은 상업, 무역, 해운, 야자 재배 등을 경영했다. 그 밖에도 남양청의 관영 사업인 인광 채굴사업이 있는데, 이는 독일의 남양인광 주식회사를 매수한 것이었다. 이 식민지 경영에 필요한 노동력은 오키나와로부터 들여왔다. 아래에서는 이들 자본의 노동력 편성에 초점을 맞추어 살펴보기로 한다.

우선 남양흥발은 선주민인 차모로나 카나카가 노동능력이 떨어져 사용할 수 없다고 하여[32] 오키나와 출신자를 들여와 노동력을 조달했다. 모집방법은 도항비와 1년간 생활비를 대부해 주고 모집하는 형태로 이른바 계약이민 형태였다.[33] 작업내용은 설탕 생산의 원재료인 사탕수수 재배와 관련된 노동이었고, 고용형태는 농업노동자와 소작인의 두 가지 경우가 있었다.[34] 애초에는 남성 위주의 출가형(出稼型) 이민이라는 성격이 짙었으나 차츰 세대(世帶) 형성을 수반하는 정주형(定住型) 이민으로 이행했다.[35]

그런데 남양흥발이 남양군도에서 설탕 생산을 시작한 때는 마침 세계시장에서 설탕가격이 폭락한 1920년이었다. 따라서 세계적인 규모로 제당업의 재편성이 일어나, 낮은 시장가격에도 버틸 수 있는 식민지적 경영으로 생산을 계속할 것인지, 아니면 국내 농업으로서 보호하거나 아예 경영을 포기할 것인지를 선택할 수밖에 없는 시기였다. 일본의 경우에도 오키나와 제당업은 큰 타격을 받아 이른바 '소철지옥'을 불러왔지만, 타이완의 제당업은 낮은 가격에도 불구하고 유지·확대되고 있었다.[36]

그러면 남양군도의 경우는 어떠했을까? 남양흥발에 의한 제당업은 당초에는 아주 부진해서 '남양 포기론'까지 나왔지만, 차츰 회복되면서 사이판에서부터 티니언·로타·포나페 등지로 사업을 확대해 나가고 있었다. 참고로 1930년 시점에서 타이완, 남양군도, 오키나와의 사탕수수 경작 토지생산성은 타이완을 100으로 했을 때 남양군도가 97, 오키나와가 56이었다.[37] 남양군도에서 사탕수수의 경작 생산성은 타이완을 육박하는 위치에 있었음을 알 수 있다. 그 생산성을 지탱해 준 노동력이 바로 '소철지옥' 때문에 생겨난 오키나와 이민에 의해서 조달되었던 것이다.

이처럼 오키나와 이민을 편입시킨 남양흥발의 노무관리는 '열대성태만의 극복'을 과제로 삼아 시간 엄수를 중시했다. 또 집단별로 사탕수수 수확고를 경쟁시켜서, 이겼을 때는 장려금을 주지만 졌을 경우 연대책임을 지게 하는 노무관리제도(이른바 '하라쇼부'〔原勝負〕)를 도입해서 서로 감시하게 했다.[38] 어떻게 노동규율을 유지하고 '근면'성을 조달할 것인지가 최대의 관심사였던 것이다.

그런데 사이판의 사업에서는 노동력의 대부분이 오키나와 출신자였지만, 1927년의 쟁의 뒤에 티니언으로 진출하면서부터는 오키나와 이외에도 가고시마(鹿兒島), 야마가타(山形), 이와테(岩手) 등지로부터 노동력을 들여오기 시작했다. 그 결과 1936년 시점에서 사이판의 사탕수수 경작 종사자 6,800명 가운데 약 74%가 오키나와 출신인 데 비해서 티니언의 경우에는 9,231명 중 약 50%에 그치고 있다. 또 경영 형태도 소작인제에서 농업노동자에 의한 직영농장 형태로 변해 가고 있었다.[39] 티니언 진출을 계기로 일어난 이같은 변화는 과연 무엇을 뜻하는 것일까?

1927년과 1933년 두 차례에 걸쳐서 남양흥발에서는 임금 등을 둘러싸고 쟁의가 발생했다. 참가자는 첫번째 쟁의 때 4천 명, 두번째 쟁의 때 6천 명이나 되었다. 앞서 말했듯이 남양흥발은 첫번째 쟁의가 있은 뒤에 티니언·로타·포나페로 진출하는데, 그때 쟁의를 주도했던 오키나와 출신자들을 되도록 피하고 소작쟁의를 별로 일으키지 않는 지역(이를 파악하는 데는 내무성 통계가 이용되었다)인 가고시마·야마가타·이와테에서 노동자를 모집하기로 결정했던 것이다.[40]

더욱이 사이판 이외의 농장경영에서는 직영(直營)을 중심으로 했는데, 노동자간에 확연한 차별이 존재했다. 노동자 감독으로는 전원 오키나와 출신이 아닌 인물이 기용되었으며,[41] 포나페에서는 농업노동자들 사이에 '야마토인, 오키나와인, 조선인, 도민(島民)'의 순서로 임금 격차가 있었다고 한다.[42] 요컨대 남양흥발은 임금은 싸지만 쟁의를 일으킬 우려가 많은 오키나와 출신자보다는 쟁의를 일으킬 염려가 없어 보이는 본토 출신자를 들여와서 양자 사이에 차별적인 노무관리를 적용했던 것이다.

이번에는 남양청의 앙가우르 인광 채광소를 살펴보자. 이 채광소는 노동자의 80% 정도가 선주민인 차모로나 카나카로 구성되어 있었다. 우선 선주민의 도입방식을 보면, 남양청에서 필요한 인원을 촌장에게 통지한 뒤에 촌별로 동원했다. 희망자가 할당 인원에 못 미칠 경우에는 '칼보스'라고 하는 스페인 통치시대 이래의 노무형(勞務刑)을 적용해서 강제로 동원했다.[43] 이같은 동원방법은 남양청의 토목사업과 관련된 노력력을 조달할 때에도 취해졌다.[44] 참고로 남양청은 종래의 수장(首長)을 촌장으로 임명했는데, 여기서 노동력 동원에 관한 제국주의와 수장제의 접합관계를 엿볼 수 있다.

앙가우르 인광 채광소의 임금체계를 보면 1933년의 일당이 "내지인 3.45엔, 오키나와인 2.53엔, 지나인 2.15엔, 차모로 1.40엔, 카나카 0.76엔"[45]으로 집단별로 서열을 이루고 있다. 이 임금체계 속에서 오키나와 출신자는 '내지인'과 '지나인' '차모로' '카나카' 사이에 끼여 있었던 것이다.

이상에서 살펴본 바와 같이 남양군도의 식민지 경영은 오키나와 출신자에 대한 차별적 임금과 일부 선주민의 반강제적 노동에 의해서 성립되었다고 할 수 있다. 남양군도에는 선주민인 차모로·카나카와 오키나와 출신자 이외에도 본토 출신자, 타이완인, 조선인이 있었는데,(46) 이 집단들 사이에도 사회적 서열이 존재했다. 대작 『남양』을 저술한 마크 피티(Mark Peattie)는 남양군도 식민사회의 계층을 셋으로 구분한다. 제일 위가 특권을 누리는 일본인, 다음은 식민지 경영과 관련된 노동력인 오키나와인과 조선인, 그리고 제일 아래가 '도민'으로서 선주민인 미크로네시아인을 말한다. '도민' 중에서도 카나카나 야프보다는 차모로가 위였다.(47)

그러나 두번째 계층인 오키나와인·조선인과 세번째의 '도민'과의 관계는 좀더 복잡한 양상을 띠고 있었다. 당시에 유행한 풍자 가요에 "1등 국민 일본인, 2등 국민 오키나와인, 3등 국민 돼지·카나카·차모로, 4등 국민 조센진"이라는 가사가 있었는데,(48) 여기서 조선인과 '도민'의 위치는 역전되어 있는 것이다.

1941년 이마니시 긴지(今西錦司)10)가 이끄는 남양군도 '조사대'에 참가했던 우메사오 다다오(梅棹忠夫)11)는 1944년에 출판된 조사보고서에서 '도민'이 본 사회적 서열에 대하여 다음과 같이 지적한다.

　　도민의 말에 따르면, 그 서열은 내지인, 도민, 오키나와 현인 식으로 볼 수 있다. 최근에는 반도인(半島人)*도 들어왔다. 하지만 관청의 직업구분에 의한 농업경영주인 도민이 볼 때, 노동자로서의 반도인 또한 오키나와 현인과 별 차이 없는, 그 위치 이상으로 인정하기 힘들 것이다. 그런데 지금 여러 가지로 도민은 의혹에 휩싸여 있다. 위임통

* 조선인을 가리킨다.

치령이므로 도민은 미크로네시아인이지 일본인이 아니다. 반도인이
나 오키나와인에게는 '아와모리'(泡盛)를 배급해 주지만, 국제연맹 규
약에 묶인 도민에게는 이 배급도 없다. 조선의 산골 벽촌에서 왔고 문
화적 수준도 도민보다 낮은데다 일본어도 잘 못하는 반도인이 활개치
는 것에 대해서, 일본어를 거의 못하는 젊은 도민들은 '일본인이라면
일본어를 해봐' 하고 말한다.[49]

제도적으로는 구분된 오키나와인·조선인과 도민의 경계가 사회의식
의 측면에서는 분명하게 확정되어 있지 않아, 도민이 오히려 오키나와
인과 조선인을 멸시하고 있었다는 것이다. 또 그런 상황이었기 때문에,
나중에 언급하듯이 오키나와 사람들은 사회적 수준에서 '일본인'이라고
하는 증거를 요구받게 된다.

우메사오의 글에서 우리는 선주민에게 황민화 교육이 침투함으로써
오키나와 사람들이나 조선인들이 '일본인'이라는 증거를 대지 않으면
안된다고 하는 남양군도 식민사회의 모습을 엿볼 수 있다. 그런데 주의
해야 할 것이 있다. 우메사오 자신의 시선은 과연 어디에 발디디고 있
었는가 하는 점이다. 그는 곧 이어서 이렇게 말한다.

도민은 왜 일본인이 되지 못하는 걸까? 도민을 왜 빨리 일본인으로
만들어 주지 않는 걸까? 내지인이건 도민이건, 오키나와 현인이건 반
도인이건 일장기 아래서 일하는 자는 모두 일본인이라고 해야 되지
않을까?

오키나와 사람들에게 '일본인'이라는 증거를 대라고 더 이상 재촉하
는 것은 '도민'의 멸시라기보다 '일장기 아래'서 '일본인'이 되려고 경합
하며 일하는 사회를 떠올리는 우메사오 자신의 시선이다. 남양군도의

'일본인' 또는 '오키나와인'을 둘러싼 이와 같은 담론에 대해서는 절을 바꿔서 고찰하기로 하자.

2) 제국의식

그런데 '내남양'에서 '외남양'으로라는 제국주의적 팽창의 과정에서 주목하고 싶은 것은 '문화사업'으로서의 '남양'이다. '모험왕 단키치'(冒險ダン吉)[12]를 거론할 것까지도 없이 '남양'은 사람들의 꿈을 북돋워서 윤건차(尹健次)가 '제국의식'이라고, 강상중(姜尙中)이 '일본적 오리엔탈리즘'이라고 부른 '일본인'의 심성을 배양했다.[50] 바꿔 말해서 그것은 '상상의 공동체'로서의 '일본인' 가운데 '남양'이라는 담론이 어떤 역할을 수행했는가 하는 문제다.

주의할 점은 메이지 시기 이래의 남진론이나 남양열(南洋熱)과, 남양군도의 구체적인 경영과 관련해서 생겨난 담론 사이에 존재하는 차이다. 앞서 말한 이마니시 긴지를 단장으로 한 조사단('조사대')에 참가했던 아사이 다쓰로(淺井辰郎)는 남양군도의 '문화적 의의'로서 '일본인의 열대 진출성 함양', '열대학(熱帶學)의 발전'을 들고 있다.[51] 여기서 주목해야 할 것은 단지 상상의 소산으로서의 '일본인'이 아니라 식민자(植民者)로서의 '일본인'이 지닌, 좀더 구체적인 '자질'이 문제시되고 있다는 점이다. 식민자로서의 '일본인'은 어떻게 하면 '적응력'을 갖고 남양의 지도자가 될 수 있을 것인가? 바로 그것을 실험하고 확인하는 장으로서 남양군도가 존재했던 것이다. 거기서는 '노동능력' '출생률' '인종적 계보' '문화의 우월성' '땀샘의 수' 등이 '일본인'을 구성하는 중요한 개념으로 등장한다.[52] '일본적 오리엔탈리즘'에 각인된 '일본인'은 구체적인 제국주의의 현장에서 다시 검토되고 구성되어 갔던 것이다.

이런 검토작업에서 그 재료가 되었던 것이 바로 오키나와 사람들이었다. 식민자로서 '일본인'의 '자질'이란 남양군도에서 이민으로 유입된 오키나와 사람들의 '자질' 문제였던 것이다. 그러면 남양에서의 '일본인'의 '자질'은 어떻게 이야기되었을까? 바꾸어 말해서 남양군도의 통치와 관련해서 오키나와 사람들은 어떤 식으로 '일본인'으로서 연출되었던 것일까?

야나이하라 다다오(矢內原忠雄)[13)]는 『사회정책시보』(社會政策時報)[14)]의 '남방(南方) 노동문제' 특집호(260호, 1942년 5월)에서 자신이 직접 조사했던 남양군도에서의 경험에 입각해서 '남방'에 대한 노동력 공급에 관해 이렇게 말했다.

> 솔직히 말해서 오키나와인은 일반 내지인에 비해서 생활수준이 낮고 문화의 발달도 뒤쳐졌으며 독한 술을 마구 마셔댈 뿐 아니라 고향에서 묘를 쓰기 위한 비용 같은 비생산적인 소비에 쓰는 송금 액수가 너무 많다. 그렇기 때문에 오키나와인은 열대지방의 노동자로서 매우 정력적이고 강인하며 인내심이 있어서 특히 개척 노동력으로서 가장 적합하지만, 새로운 사회건설의 요소로서는 개선할 여지가 많다.[(53)]

또 오키나와 사람들이 '내지인 카나카,' 곧 '저팬 카나카'라고 불리는 것에 대해서 야나이하라는 이렇게 지적하고 있다.

> 그처럼 오키나와인의 생활수준이 낮고 그 생활양식도 도민의 존경을 받지 못하는 것이다. 따라서 남방에서 일본인의 식민사회를 개선하려면 오키나와인의 교육과 생활수준을 개선하는 것이 시급하다. '일본인의 해외이민 문제는 오키나와 문제다'라는 말은 내가 남양군도 시찰을 통해서 얻은 실감인데, ……오늘날 남방에서 일본인의 노동자적 발전을 생각할 때, 그 중심세력이 현재 오키나와인인 이상, 또 오키나와인의 강인한 개척적 노동력을 활용하는 것이 실질적으로 가

장 유효한 정책인 이상, 이민 문제와 오키나와 문제의 연관성에 대해
서 식자들의 주의를 환기시킬 필요가 있다고 생각하는 바이다.

여기서는 '오키나와인'의 강인성과 인내심에 대해 긍정적인 평가를
내리는 반면, '생활수준'이나 '문화의 발달'에 대해서는 부정적으로 평
가하면서, 이 부정적 측면을 개선하고 교육시키지 않는 한, '오키나와
인'은 '일본적 오리엔탈리즘'의 새로운 객체인 선주민 '카나카'와 동렬로
취급받아도 어쩔 수 없다고 말하고 있다. 반대로 '생활수준'이나 '문화
의 발달'을 개선한다면 '일본인'이 된다는 말이다. 그러나 이 경우의 '일
본인'이란 '개척 노동력'으로서의 '일본인'이며, 개선은 어디까지나 '도
민'의 생활과는 다른 '남방에서의 일본인 식민사회'를 개선하는 것이라
는 데 주의하지 않으면 안될 것이다. 거기에는 노동자로서뿐만이 아니
라 식민자·지도자로서의 '일본인'과, 지도를 받는 객체인 '도민'이 설정
되어 있다.

지도자로서의 '일본인'이라는 점에 관해서 역시 같은『사회정책시보』
에서 태평양협회[15] 촉탁인 기요노 겐지(淸野謙次)[16]는 '일본인의 열대
순화(馴化) 능력'과 관련하여 내남양의 '일본인'에 대해 언급하면서 다
음과 같이 말했다.

내남양의 사례에서 볼 수 있듯이 소질이 불량한 일본인은 도저히
열대에서 이 지도적 정신을 발휘할 수 없을뿐더러 도민과 비슷한 심
리상태에 도달하기 때문에, 도민으로 하여금 일본인을 경멸하게 만드
는 불씨가 된다.[54]

'불량'하고 '지도적 정신'이 없기 때문에 '도민'과 같은 수준이 되고
또 '도민'으로부터 경멸을 받는다고 하는 이 주장은, 앞에서 야나이하라

나 우메사오가 '문화적으로 수준이 낮고' 일본어도 충분히 구사할 수 없기 때문에 경멸을 받는다고 한 지적과 동일하다. 여기서 간파해야 할 점은 '도민'들이 오키나와 사람들에게 붙인 경멸적 호칭인 '저팬 카나카'가 선주민 자신의 감정의 문제가 아니라 무엇보다도 야나이하라·우메사오·기요노에게 나타나는 '일본인' 담론의 문제라고 하는 것이다. 즉 '오키나와인'이 도민들로부터 '저팬 카나카'라고 불리며 멸시당하고 있다는 [그들의] 주장 속에는 '도민'을 지도하고 훈련시키는 것이야말로 곧 '일본인'이 된다는 것이라는 메시지가 감춰져 있으며, 바로 그 메시지에 지도자로서의 '일본인'과 지도받는 객체로서의 '도민'을 연출하는 힘이 존재한다.

이 담론이 '저팬 카나카'에서 탈출하려는 오키나와 사람들에 대해서 갖는 힘이야말로 논의의 대상이 아닐 수 없다. 1935년 사이판에서 오키나와 출신자 유지가 모여서 '문화 수준'이 '일반 내지인에 비해서 뚜렷이 낮기' 때문에 '오키나와 현민의 문화 향상'을 도모하기 위한 그 구체적 방책이 논의되었다.[55] 그것이 이른바 생활개선운동이었고, 앞서 언급했듯이 1930년대 내내 그것은 남양군도뿐 아니라 오키나와, 오사카 등 오키나와 사람들이 거주하고 있던 각지에서 동시에 전개되었다. 팔라우의 오키나와 현인회도 1937년에 오키나와 이민의 '자질 향상'을 꾀하기 위해 아래와 같은 진정서를 오키나와 현 지사에게 보냈다.

팔라우 오키나와 현인회에서는 이곳에 거주하는 현인의 향상·발전을 꾀할 목적으로 종래의 인습을 타파하자는 건에 관해서 쇼와 12년(1937) 11월 3일 임원회의를 개최한바, 현인회의 노력만으로는 그 목적을 수행하기 어려워 현 당국의 협력을 얻고자 이에 진정을 올립니다. ……외국 이민과 마찬가지로 남양군도로 건너온 사람들에 대해서 이민교육을 실시할 것, 공덕심(公德心)의 양성, 공중위생의 절실한

필요성, 복장과 언어를 일본인 수준으로 할 것, 배 안에서 샤미센 휴
대를 금지할 것……[(56)]

나아가서 이런 생활개선운동은 익찬운동 속에서도 중요한 축이 되었
다. 실제로 남양군도 대정익찬회 문화부는 1941년에 「일본인(邦人) 교
육진흥방책」을 결정, 생활개선을 철저히 지도할 것을 항목에 집어넣었
다.[(57)] 이처럼 생활개선운동에서 개선해야 할 대상, 즉 공덕심이나 공
중위생의 결여, 복장, 언어, 자비센 등은 오키나와의 '낮은 문화 수준'을
나타내는 것, 따라서 '저팬 카나카'라는 표지로서 간주되고 있다. 또한
'저팬 카나카'의 개선이 '일본인', 특히 지도자로서의 '일본인'을 지향하
고 있다는 것은 쉽게 상상할 수 있다. 이런 '남진' 지도자로서의 '일본
인' 지향은 대동아공영권이 제창되는 가운데 가속화되었던 것 같다.

요컨대 남양군도의 생활개선은 '문화수준'이 낮은 '오키나와 문화'를
불식할 것을 주장할뿐더러, 똑같이 '문화수준'이 낮은 선주민과의 비교
를 통해서 그 불식을 주장하고 있다. 결국 '일본인'을 지향하는 생활개
선운동은 자기 생활과 관련되는 오키나와어를 뒤처진 것으로서 불식할
뿐만 아니라, '낮은 문화수준'을 체현하고 있는 존재로서 선주민을 설정
하고 그들 위에 자리를 잡는 운동이었던 것이다. 또한 남양군도의 생활
개선운동이 식민사회에서 민족별로 서열을 가르는 가운데 전개되었고,
그 서열을 뛰어넘고자 하는 오키나와 출신자의 운동 자체가 '일본인'과
선주민의 서열을 유지하고 고정시키는 방향으로 작용했다는 점도 주목
해야 할 것이다.

남양군도의 생활개선운동에서 '도덕적 주체로서 자기를 구성한다는
것'은 오키나와 출신자가 노동자로서 규율화된 주체로 스스로를 구성해
나갈 뿐 아니라, 선주민을 지도하는 통치자로서 주체를 형성해 나가는
일이기도 했던 것이다. 이는 앞에서 말한 두번째 문화유형에서 '일본

인'이 된다는 것에 상응한다.

그러나 더 중요한 것은 이 지도자로서의 '일본인'을 지향하는 가운데 그 '자질'을 오키나와의 전통으로서 선양(宣揚)하는 움직임이 일어났다는 점이다. 이런 새로운 사태와 관련해서 주목되는 것은, 1941년 8월에 발족한 오키나와 문화연맹을 중심으로 전개된 익찬문화운동이 한편으로 종래의 생활개선을 외치면서도 또 한편으로는 류큐 문화를 재평가하자고 주장하고 있는 것이다.

아사토 스스무(安里延)의 『오키나와 해양 발전사』(沖繩海洋發展史)에서 두드러지게 나타나듯이, 류큐 문화 재평가의 골자는 스스로가 예로부터 해양민족이었고 따라서 남양의 지도자로서의 전통을 갖고 있다는 것이다.[58] 이는 새로운 '전통의 창조'[59]다. 이런 전통의 재평가에서 알 수 있는 것은 대동아공영권 구상 가운데 새로운 '남방 일본인'이 오키나와 사람들에게 지향해야 할 '일본인'의 이미지를 명확히 제시하고 그것과 연동해서 '전통의 창조'가 전개되었다는 점이다.

남양으로의 유출과 관련된 생활개선은 전통문화의 억압이 아니라 문화의 쇄신, 나아가 창조로서 전개되었던 것이다. 도조 히데키(東條英機)가 1943년 7월 오키나와 사범학교 학생들에게 "오키나와 현민은 예로부터 남방으로 진출했던 조상의 '진취적 기상'을 이어받아 '남방 진출의 전사(戰士)가 되라'"고 훈시한 것은[60] 이와 같은 동향에 입각한 것이었다. 여기에 이르러 생활개선을 비판했을 터인 세번째 문화유형이 생활개선운동의 연장선상에서 분명히 나타나게 된다. 야나기 무네요시 자신은 의도하지 않았다 하더라도 바로 '문화사업'으로서의 남양이 전개되는 가운데 두번째 문화유형은 세번째 유형으로 끊임없이 접근해가고 있었던 것이다.

'저팬 카나카'라는 호칭으로 이어지는 '낮은 문화수준'을 보여주는 요소들의 불식과, 지도자 '일본인'으로 이어지는 '자질'의 선양 사이에서 오키나와 사람들에 의한 생활개선운동은 분명히 '제국의식'을 양성해 갔다고 하겠다. 그러나 오키나와 사람들이 생활개선에서 품었던 생각이 지도자로서의 '일본인'이 되는 것만은 아니었으리라.

앞서 살펴본 남양흥발의 두번째 쟁의 뒤에 오키나와 현인회를 중심으로 공영회(共榮會)라는 조직이 회사 내에 결성되었다. 이 공영회는 '노사협조'와 '공존공영'을 슬로건으로 내걸었는데, "회원의 품성을 향상시키고 풍기와 생활의 개선을 도모"하는 활동을 했던 것을 보면,[61] 생활개선운동을 전개하고 있었음을 어렵지 않게 알 수 있다. 또 포나페에서는 현인회가 "도박을 하는 자는 자제하게 한다거나 근무성적이 나쁜 자는 쉬지 못하도록 지도"하고 있다. 이런 활동은 노동의 규율을 부여하는 노무관리로서 이해할 수 있지만, 주목할 것은 이 현인회가 회사와의 임금교섭까지 맡고 있었다는 점이다.[62]

생활개선과 관련된 임금 인상이 어느 정도 가능했을지는 확실히 파악할 수 없다. 그러나 거기에는 지도자 '일본인' 지향과는 맥락을 달리하는 오키나와 사람들의 요구가 분명히 존재했다. '저팬 카나카'로부터의 탈출이란 지도자 '일본인'을 지향하는 운동인 동시에, 남양군도의 식민지 경영을 뒷받침했던 차별적 노무관리로부터의 탈출이기도 했던 것이다. 이와 같은 생활개선의 요구는 이 장의 서두에서 언급했던 남양군도의 노동력 편성에 대해서도 변화를 촉구할 가능성이 있다.

오키나와 이민을 장려했던 오기미 조토쿠(大宜見朝德)는 해외연구소를 설립했는데, 이 연구소에서 편찬한 『현대 오키나와 현 인명록』(1937)에는 '좀더 나은 향상'의 본보기가 될 만한 오키나와 이민 성공자들이 수록되어 있다. '좀더 나은 향상'을 추구하는 마음이 '저팬 카나카'로부터의 탈출을 지향하는 생활개선과 결합되어 있었던 것 같다. 생활개선이야말로 '좀더 나은 향상'과 '일본인'이 유착하는 현장인 것이다. 그런데 이 인명록에 실린 성공자들은 대부분 어업, 잡화상, 요정, 매매춘업 등에 종사하는 자영업자들이다. 이들은 처음에는 소작인이나 농업노동자로서 남양군도에 왔던 사람들이다. 성공을 추구한 오키나와 사람들은 남양흥발에서 향상을 꾀하기보다는 거기서 이탈하여 자영업자가 되는 길을 택했던 것이다.

이전부터 계약 도중에 귀향하거나 회사를 그만두는 오키나와 이민 소작인과 농업노동자를 문제시해 왔던 남양청은 1941년에 이제 더 이상 오키나와 이민을 원하지 않는다고 오키나와 현에 통지했다. 그 뒤 곧바로 아시아태평양전쟁 때문에 이민의 유입이 불가능해졌기 때문에, 종래까지의 이민정책을 180도 전환시킨 남양청의 이런 움직임을 어떻게 평가할 것인가는, 피티도 말했듯이 어려운 일이다.[63] 하지만 거기에서 성공을 추구하는 오키나와 사람들과 남양의 지도자가 되게 하려한 남양청 사이에 존재했던 사고의 틈새를 엿볼 수는 있을 것이다. 1943년의 『지사(知事) 사무 인계 서류』에 수록되어 있는 「오키나와 현 이식민(移植民) 사업 기본방침」(내무부 이식민계 작성)에는 "금의환향을 전제로 한 출가(出稼)를 배격하고,""국가 사명에 투철한 개척 투사를 양성"할 필요가 있다고 지적하는 동시에, "내남양에 대해서는 특히 필요한 지역 이외에는 당분간 진출을 억제한다"고 되어 있다. 성공을 추구하는 사람들의 꿈과 제국주의적 침략은 이렇게 틈새가 생기면서도 서로 유착되어 있었다. 그랬기 때문에 생활개선은 관제(官製) 운동이라기보다 오키나와 사람들 자신의 운동으로서 전개되었던 것이다.

이 유착이 시사하는 중요한 문제는 일상생활의 향상을 염원하는 마음속으로 슬그머니 침투해 들어오는 제국의식이며, 일상성 속에 설정되어 나가는 지도받아야 할 타자의 존재다. 이 '저팬 카나카'로부터의 탈출에서 연출되는 지도받아야 할 '도민'은 남양군도의 선주민으로만 국한되지 않는다. 거기에는 천황제 국가의 침략대상이 된 아시아 지역의 사람들이 포함될 것이고, 더 나아가 생활개선에 의해 불식되고 있던 오키나와 자신도 해당된다. 이들을 타자로 삼음으로써 '일본인'은 성립되었다. 그리고 이 생활개선 속에서 오키나와 사람들은 자기 내부에서 불식해야 할 타자를 구성했던 것이다.

1944년 6월 15일 새벽 미군 기동부대가 사이판에 상륙했다. 이 사이판 전투에서 수많은 오키나와 사람들이 '자결'하고 또 일본군에게 학살당했다. 주민이 전장으로 동원되어 간 오키나와 전투의 모습은 이미 사이판 전투에서 시작되고 있었던 것이다. 만약 '옥쇄'라는 전장의 기억을 경험으로서 이야기할 수 있다면, 그것은 '일본인'이 된다고 하는 것 속에서 불식되고 지도받아야 할 객체로 설정되어 있던 타자를 어떻게 획득할 것인가 하는 데에서부터 시작하지 않으면 안될 것이다.

또한 전장의 기억을 이야기하는 작업은, 우메사오나 야나이하라의 경우에서 나타나는 것처럼 '일본인'이 오키나와를 보는 시선 속에 이미 깃들어 있는 아시아 침략의 계기를 발견해 나가는 작업이기도 하다. 아직도 유골이 흩어져 있고 전장의 기억이 묻혀 있는 천연동굴* 옆에서 해양 스포츠를 즐기는 사람들의 모습은 신혼여행의 관광명소가 되어버린 '자살절벽'으로 이어져 있는 것이다.

4. '일본인'이 된다는 것

사람들이 '자기를 도덕적 주체로서 구성하는 것'은 도덕의 수용 측면에서 '일본인'이 된다고 하는 과정으로서 전개되었다. 그러나 그것은 단지 문화론에서 말하는 가치를 수용한 것이 아니라 생활의 '필요'라고 하는 목적합리성과 '일본인'이 된다는 것이 일체가 되었기 때문에 사람들에

* 오키나와어로 '가마'라고 한다.

게 침투했던 것이다. 이제 '일본인'이 된다고 하는 주체화가 본토의 노동시장과 남양군도로의 유출이라는 '필요'와 연관되어 있었다는 사실이 어떤 역사적 의미를 갖는지 정리해 보자. 하나는 자본주의의 문제로서, 또 하나는 국가와 지배의 문제로서 말이다. 그리고 마지막으로 전장의 의미를 정의하고자 한다.

거칠게 말해서, 앞서 말한 첫번째 문화유형과 두번째 문화유형이 존재하는 배경에는 '자유'로운 노동시장이 성립할 수 있는 국내 노동의 세계와, 강제노동과 차별임금에 기반을 둔 식민지 노동의 세계라는 두 개의 노동세계가 존재한다. 이 두 세계를 '자유로운 노동'과 '자유롭지 않은 노동'이라고 부르기로 하자.[64] 이때 차별에서 탈출하려는 생활개선 운동은 두 가지 방향성을 띠고 있었다고 볼 수 있다. 하나는 '자유롭지 않은 노동'의 세계에서 '자유로운 노동'의 세계로 이행하려는 방향이고, 또 하나는 '자유롭지 않은 노동'의 세계 속에서 향상을 추구하려는 방향이다. 전자의 측면은 일본 본토로의 유출에서 더 현저하며 노동자가 된다고 하는 것(프롤레타리아화)과 대응한다. 후자는 남양군도에서 두드러지며 통치자가 된다고 하는 것에 대응한다.

중요한 것은 이 두 가지 방향이 '일본인'이 된다고 하는 것으로서 놀랍도록 서로 공명하면서 일체가 되어 있었다는 점이다. '자유롭지 않은' 상태로부터의 탈출은 노동자로서의 주체화와, '자유롭지 않음'을 유지하는 통치자로서의 주체화라고 하는 두 가지 방향을 낳고, 이것들이 하나의 '일본인'이 된다고 하는 것으로 존재하고 있었던 것이다. 근대사회의 형성으로 나아가는 결정적 모멘트인 프롤레타리아화 속에서 제국의식이 함께 양성되고 있다는 점에 유의할 필요가 있다.

더욱 중요한 것은 이 두 가지 방향이 우연히 병존하고 있었던 것이 아니라, 전자가 후자까지 창출해 나가는 운동이었다는 점이다. 자기를 '이화'(異化)시켜 '도덕적 주체'로서 구성하는 것과 '이화'의 내용을 타

자에게 실체화시키는 것은 일련의 작업으로서 존재할 수 있다. 중요한
것은 바로 이 점이다. 그렇기 때문에 두 가지 방향은 하나의 '일본인'이
된다는 것으로서 존재할 수 있었던 것이다. '일본인'이 된다고 하는 것
또는 되었다고 하는 것은 바로 이런 것이다. 이 문제는 국내 프롤레타
리아트의 형성과 제국주의적 내셔널리즘의 형성이라는 문제로서, 또는
근대 천황제 국가라는 문제로서 좀더 분석할 필요가 있다.

　여기서 노동의 영역에서의 '자유'와 '부자유'의 의미를 지배의 문제로
서 고찰해 보고자 한다. '자유로운 노동자'가 된다는 것이 뜻하는 바는
자기를 '도덕적 주체'로서 구성한다는 것이었다. 그것은 오사카의 생활
개선운동에서 살펴본 것처럼 '도덕적 범죄자(=일탈자)'라는 위협 아래
매일 감시를 받고 규율화되는 것을 뜻한다. 이런 규율화야말로 노동의
규율을 만들어냈다. 반면에 '자유롭지 않은 노동'이라는 문제는 자기를
구성하는 방식과는 상관없이 지배당할 수 있음을 뜻한다. 그것은 곧 강
제이며 이를 실현시키는 것은 폭력이다.

　식민사회의 '자유롭지 않은 노동'의 세계에서 통치자가 된다고 할 때
의 '통치'란 이런 강제, 즉 폭력의 행사를 의미하는 것이다. 그렇다면
'일본인'이 된다고 하는 과정 속에서 노동자가 된다는 것과 통치자가 된
다는 것의 일체화는, 바꿔 말해서 감시를 받는 주체와 폭력을 행사하는
주체라는 두 가지 방향의 일체화라고 할 수 있다. 감시를 받는 주체가 된
다는 것은 동시에 폭력을 행사하는 쪽에 선다는 일이기도 한 것이다.

　그런데 이 두 가지 주체화는 국가의 안과 밖이라는 문제로도 설정할
수 있다. 기든스의 말처럼[65] 근대란 국가에 의한 폭력의 독점이며, 그
것이 안으로는 감시를, 밖으로는 군사력을 행사할 수 있는 주체로서 국
가가 등장함을 뜻한다면, 감시를 받는 주체와 폭력을 행사하는 주체는
바로 국가의 안쪽 얼굴과 바깥쪽 얼굴(Janus-faced)에 대응한다. 그러
나 감시를 받는 국내의 주체는 자신이 폭력을 행사하고 또 폭력이 자신

을 유린할 가능성이 있다는 사실을 눈치채지 못하는 게 보통이다. 그렇기 때문에 감시를 받는 주체에 의해서 형성된 시민사회와 제국이 공존할 수 있으며, 제국으로의 참여가 시민사회로의 참여로 나타날 수 있는 것이다.[66] 하지만 그것은 단지 장소의 차이라는 문제에 불과한 것이 아닐까?

이런 국가의 두 얼굴이 한 인간의 주체화라는 문제로 합치될 수밖에 없는 경우가 바로 병사다. 감시를 받는 주체는 과연 국가의 폭력을 행사하거나 거꾸로 그 폭력에 의해 유린되는 것을 견뎌낼 수 있을까? 전장에서 군율이라고 하는 새로운 감시와 규율화가 설정되어야만 하는 이유가 바로 여기에 있다.

만약 전장이 국내 사회로부터 멀리 떨어져 있을 경우, 군율이 문제가 되는 것은 결국 병사에 국한된다고도 말할 수 있다. 하지만 그것은 전장의 장소가 어디냐 하는 문제에 불과하다. 국내가 전장이 된다고 하는 상황, 바로 오키나와 전투가 만들어낸 광경 속에서, 과연 감시는 폭력을 견뎌낼 수 있을까? 군율이 주민에게 확대되고 급기야 파탄에 이르는 문제를 살펴볼 영역이 여기에 존재한다.

5. 전장 동원

오키나와 전투에 이르는 과정은 정치기구가 부락회와 정내회를 주축으로 한 상의하달(上意下達)식 전시(戰時) 행정으로, 나아가 제32군을 중심으로 한 전장 행정으로 변모해 가는 과정이었다. 그것은 말 그대로 군이 주민을 지휘하는 군사적 권력기구가 형성되는 과정이다. 따라서 오키나와 전투에 돌입하기 직전에 전개된 생활개선 또한 전장 동원에 필요한 군사적 요청과 관련해서 검토해야만 한다.[67] 그것을 분석하는 시각은 전장 동원이 요청되는 가운데 생활개선의 도덕, 특히 오키나와어 금지가 어떤 운명을 밟았는가 하는 점에 초점을 맞추지 않을 수 없다. 이 시기의 오키나와어 금지 같은 조치가 군사적 요청 때문에 설정되었다 하더라도, 그것은 주민에게 도덕으로서 수용되고 있던 생활개선의 연장선상에 있었기 때문이다. 우선 이 점을 확인해 두고 오키나와 전투에 이르는 군사적 권력기구에서 주목해야 할 점들을 살펴보자.

우선 주목해야 할 것은 군 내부에 생활개선운동에서의 첫번째 문화유형과 동일한 인식이 존재했다는 점이다. 즉 오키나와 연대구(連隊區) 사령부가 1922년에 작성한 「오키나와 현의 역사적 관계 및 인정(人情)·풍속」, 또는 1934년 연대구 사령관 이시이 도라오(石井虎雄)가 작성한 「오키나와 방비 대책」에 나타나는 공통된 인식은 '문화수준이 낮은' 오키나와라는 것으로서 군 내부의 이런 인식은 제32군에 이르기까지 일관되게 존재했다. 거기서 '저급한 오키나와 문화'의 사례로는 오키나와어·모아소비·위생문제 등이 거론되고 있다.[68]

그러나 군 내부의 이와 같은 오키나와 문화론은 단지 '문화'에 대한 가치판단에만 그친 것이 아니다. 앞서 말했듯이 생활개선운동이 프롤레타리아화와 관계된 사람들의 '필요'와 연관되어 있었던 것처럼, 군 내부의 오키나와 문화론도 전장 동원상의 '필요'와 결부되어 있었던 것이다.

따라서 두번째로 주목할 점은, 이 전장 동원상의 '필요', 특히 방첩(防諜)과 관련해서 '저급한 문화'의 사례인 오키나와어 같은 것들이 군사능력의 표지로 이용되고 있었다는 점이다. 프롤레타리아화에서 오키나와어 등의 불식이 고도의 노동능력을 말해 주는 증거로서 채용되고 있었던 것과 마찬가지로, 군사능력을 보여주는 증거, 더 나아가 적과 동지를 구별하는 증거로서 오키나와어 같은 불식해야 할 '뒤쳐진 문화'가 거론되고 있는 것이다.[69] 그 결과, '일본인'이 된다고 하는 가치합리성과 병사 또는 동지라고 하는 목적합리성이 일체가 되어 설정되기에 이른다. 이처럼 전장 동원은 생활개선운동에서의 '일본인'이 된다고 하는 '자기의 구성'에 접목되는 형태로서 준비되고 있었다.

세번째로 주목해야 할 점은, 이런 전장 동원이 지향됨에 따라서 지도자도 변모했다는 점이다. 당연한 일이지만, 재향군인의 기용이 그것이다. 종래 생활개선운동의 지도자는 대부분 중졸 이상의 학력을 가진 교사나 관리였는데, 제32군은 거기에 덧붙여서 재향군인을 전장 동원의 지도자로서 중시하고 있다.[70] 실제로 주민 전력화(戰力化)의 전형인 방위대(防衛隊)나 호향대(護鄕隊)에서 재향군인은 지휘·지도를 맡고 스스로도 의용대를 결성하여 전투에 참가했다.

이처럼 제32군에 의한 주민의 전장 동원은 재향군인을 새롭게 지도자층으로 영입하면서, 종래의 생활개선운동에서 '일본인'이 된다고 하는 것과 분명한 연속성을 유지하면서 준비되었던 것이다. 다시 말해서 전장 동원은 군사적 요청에 입각해서 군에 의해 위로부터 강제적으로 추진되었을 뿐만 아니라, 평시의 심성과 서로 공명하면서 진행되었던 것이다. 그러나 한편 이런 전장 동원은 바로 전장이라는 장면에서 파탄을 맞이하게 된다.

따라서 그 다음으로 추구해야 할 것은 바로 그 전장에서 사람들의 심성이 동원과 어떻게 공명하고 또 어떻게 이탈했는가 하는 그 구체적 양상을 서술하는 것이다. 이 과제에 응답하기 위해서는 논점을 좀더 좁힐 필요가 있다.

군율이 주민에게 확대되는 데 결정적인 역할을 한 담론 가운데 '스파이'라는 것이 있다. 군율에 따르지 않는 자가 '스파이'로 지목되어 처형당하고, 그 공갈 효과에 의해 사람들은 군율에 복종할 수밖에 없게 되는 것이다. 일본군은 명령에 복종할 것인지 '스파이'로 처형당할 것인지를 선택하게 하는 방식으로 군의 명령에 복종할 것을 강요하면서 수많은 사람들을 학살했다. 그러나 오해의 염려를 무릅쓰고 말하자면, '스파이'를 규율의 문제로서 생각할 경우에 중요한 것은 '스파이'로 살해당하는 것의 잔혹함보다 군율로부터의 일탈을 의미하는 이 꼬리표의 정당성이다. 만약 이 담론이 주민들 사이에 유통되지 못하고, 따라서 승인도 받지 못했다고 한다면, '스파이'는 규율의 문제가 아니라 일본군이 주민들을 폭력적으로 위협할 때 사용한 단순 구호에 불과했을 것이다.

원래 '스파이' 같은 말의 본질은 군사적 적대행위를 단속하는 데 있는 것이 아니라 꼬리표를 붙인다는 데 있다. 다시 말해서 '스파이'로 지목한다는 것은 결코 당사자의 행위에 대한 객관적인 군사적 평가일 수가 없다. 지목의 근거는 오직 꼬리표를 붙이는 쪽이 가진 의지의 일치일 뿐이다. 어떤 사람이 '스파이'라는 데 한 집단의 의지가 일치할 경우에 '스파이'는 성립되는 것이며, 그것은 '스파이'라는 일탈에 의한 공감이 집단 내부에 규율을 심어 넣는다는 데에 의미가 있다. 이런 '스파이'의 의미에 주목한다면, 방첩이라는 문제가 군율의 확대에서 얼마나 중요한지를 이해할 수 있을 것이다.[71]

또한 전장 동원이 생활개선에 접목되는 형태로 지향되었다고 하는 것은 생활개선운동에서의 '도덕적 범죄자'가 '스파이'로 탈바꿈될 수 있는 가능성을 시사해 준다. 오키나와어 사용자를 '스파이'로 지목하는 것이 설사 방첩이라는 군사적 요청이었다 할지라도, 그것은 오키나와어 사용자를 '도덕적 범죄자'로 취급했던 오키나와 전투 이전의 일상세계와 무관할 수 없는 것이다. 또 이렇게 '도덕적 범죄자'를 '스파이'로 탈바꿈시키는 것이 뜻하는 바는 '도덕적 범죄'라는 일탈이 담보하고 있던 일상세계에서의 규율이 군율로 이행했다는 것이다. 후쿠치 히로아키(福地曠昭)[17]는 자신이 태어나고 자란 오기미촌(大宜味村) 기자하(喜如嘉) 마을의 1940년대 초 정경을 이렇게 그려내고 있다.

스파이 소문은 계속 번지고 있었다. 사람들은 언제부턴가 낯선 사

람만 보면 스파이가 아닐까 의심하는 버릇이 생겼다. 나그네가 지나
간다거나 못 보던 행상이 오면 '아무개 집에 들어갔었어' 하는 식으로
서로들 수군거렸다. 언제 어디서 이상한 신호를 봤다고 파출소에 신
고하는 사람도 있었다. 진상은 알 수 없지만, 누군가 산에서 내려오는
길에 횃불을 피우면서 걷고 있었을 게다. 아이들까지도 '스파이 사냥'
에 열심이었다. 모르는 사람이 지나가면 뒤에서 미행을 한다. 마을 유
지나 순사가 미행을 당한 적도 있었는데, 아이들은 오히려 잘했다는
칭찬을 들었고 미담(美談)식으로 전해지는 일까지 있었다. 아무튼 다
른 데서 온 사람에 대해서는 어른아이 할것없이 경계와 의혹의 눈길
을 늦추지 않았던 것이다.[72]

아이들까지 열심히 스파이 사냥을 하고 있었다는 오키나와 전투 돌
입 직전의 상황이야말로 유타 사냥이나 방언표찰에 의한 오키나와어
단속의 연장선상에 있다. 전장 동원을 담당할 군율의 확대까지는 이제
한 걸음만 내딛으면 될 상황이었던 셈이다.

전장 동원에서의 지도자의 의미도 이 방첩과 관련해서 살펴볼 때 좀
더 분명해진다. 종래 '도덕적 범죄'를 감시·지도하던 도덕적 지도자와
함께 이제 재향군인이 방첩활동의 지도자로서 새로이 참여하게 되었
다. 예컨대 구니가미(國頭) 지대(支隊)는 구니가미 각지에서 '첩보 분
자 획득' 운동을 펼치는 한편, 주민에 의한 방첩조직인 '국사대'(國土隊)
를 조직했는데, 거기에는 중졸 이상의 학력을 가진 교사나 관리 등 종
래의 지도자뿐만 아니라 고등소학교 출신의 재향군인이 다수 참가하고
있다.[73]

전장 동원과 관련된 군율은 생활개선운동에서의 규율에 접목되는 형
태로 등장했다. 그렇다고 일상생활의 규율이 그대로 군율로 전환된 것
은 아니다. 일상세계를 전장으로 변모시켜 나가는 데에는 병사 경험이

있는 재향군인을 지도자로 영입하고 '도덕적 범죄자'를 '스파이'로 탈바꿈시킨다고 하는 비약도 필요했던 것이다. 그러나 그것은 어디까지나 지향된 규율일 뿐이다. 이런 과정이 반대로 군율뿐 아니라 그 기반이 된 일상생활에서의 규율로부터도 이탈하는 주체를 창출하게 되었다. 전장이란 군율이 지향되는 장인 동시에 주체의 결정적 이탈을 낳는 장이기도 했던 것이다.

6. 전장

이상의 논의에 입각해서 현재 남아 있는 방대한 오키나와 전투기록 가운데 '스파이'를 중심으로 전장의 광경을 묘사해 보자. 우선 전장에서는 무엇을 표지로 삼아서 '스파이'를 지목했을까? 방대한 오키나와 전기 중에서 엿볼 수 있는 표지는 수상한 자, 오키나와어 사용, 오키나와인, 조선인, 이민 경험, 미군과의 접촉 등이다. 이 표지들은 두 가지 범주로 나누어 볼 수 있다. 하나는 수상한 자, 오키나와인, 오키나와어 사용, 조선인처럼 '도덕적 범죄'와 관련된다고 추정되는 범주고, 또 하나는 이민 경험, 미군과의 접촉처럼 '도덕적 범죄'와는 직접 관련이 없는 범주다.

전자부터 생각해 보자. '스파이'를 적발하는 장면에서는 분명히 일본군이 일방적으로 지목한 경우가 많다. 그러나 전기를 살펴보면 '스파이' 적발에 주민이 연관되어 있는 경우도 제법 있음을 알 수 있다.[74] 일본군에 대한 통보에서부터 '스파이' 지목에 대한 암묵적인 동의에 이르기까지 주민이 연관되는 양상은 가지각색이지만, 적잖은 수의 주민들이 '스파이'의 지목과 적발에 관여하고 있다. 특히 조선인과 관련된 '스파이' 적발의 경우에 주민의 참여가 두드러진다. 또 그것은 일본군의 일방적인 '스파이' 지목에 대해서 [나를] 지나인(支那人)으로 오인하지

말라'⁽⁷⁵⁾고 하는 반발, 즉 '스파이'='지나인'을 전제로 한 주민의 반발
과도 뿌리를 같이한다. 다른 집단과 비교함으로써 '일본인'임을 주장하
는 생활개선운동에서의 두번째 문화유형과도 상통하는 바가 있다. 예
컨대 생활개선운동의 표준어 장려운동 과정에서 어떤 교사는 이렇게
발언하고 있다.

> 〔간토(關東)〕 대진재 때 표준어를 쓰지 못한다는 이유만으로 수많
> 은 조선인이 살해당했다. 너희들도 오해받아 목숨을 잃는 일이 없도
> 록.⁽⁷⁶⁾

이런 사실은 앞에서도 말했듯이 생활개선운동에서 침투했던 도덕과
'도덕적 범죄'라는 일탈이 전장에서의 '스파이' 지목이나 적발과 공명하
고 있음을 보여준다. 그리고 '스파이' 지목과 적발에 주민들이 참가할
때 재향군인이 중심적인 역할을 맡고 있다. '도덕적 범죄'에서 '스파이'
로의 이행에는 재향군인의 지도성이 새롭게 부가될 필요가 있었던 것
이다.

'스파이'는 '도덕적 범죄'와 공명하고 있었다. 그것은 생활개선운동
에서의 규율이 전장에서의 군율의 확대와 연속적이었음을 의미하기도
한다. 그러면 도덕적 배경과는 무관한 이민 경험이나 미군과의 접촉은
어떻게 생각해야 할까? 이 문제는 뒤에 서술할 이탈하는 주체와도 연관
되므로 다시 언급할 기회가 있겠지만, 중요한 것은 이민 경험이나 미군
과의 접촉 때문에 '스파이'로 지목된 사람들 중에는 지도자가 다수 포함
되어 있었다는 점이다. 지도자가 감시·지도한 '도덕적 범죄'가 '스파이'
로 이어지고 그 '스파이'가 이번에는 지도자 자신을 엄습했던 것이다.

그런데 지도자가 쓴 전기에 나타나는 특징은 일본군과 주민의 틈새
에서 오도 가도 못하고 고뇌하는 자신의 모습이다. 이는 그들이 군으로

부터 '스파이'라는 공갈을 받으면서도 군율을 침투시키는 실질적 지도
자이기도 했음을 말해 준다. 만약 군이 일방적으로 지도자를 '스파이'로
지목했다고 한다면, 그것은 지배의 매개항인 지도자를 특별히 군이 감
시했다고 하는 구도만으로 이해할 수 있다. 그러나 지도자를 '스파이'로
지목하는 경우에도 주민의 참가가 엿보인다. 지금까지 자기들을 감시·
지도해 왔던 인간을 거꾸로 지도받은 대로 적발하는 사람들의 심성은
도대체 어떤 것일까? 이런 논점에 유의할 필요가 있다.

군율은 평시의 규율과 공명하면서 확실하게 주민에게 확대되어 갔
다. 그러나 그 과정은 동시에 규율로부터의 이탈을 창출해 나간다. 다
양한 전장의 모습을 정리하기란 쉽지 않지만, 생사의 경계를 앞에 두고
오키나와어의 세계가 떠오른다는 데 주의해야 할 것이다.

받아들이기 힘든 군의 명령이 내려진 뒤 오키나와어를 구사하여 그
상황을 모면한 방위대원. 자결명령이 떨어지자 갑자기 튀어나온 '리카
시만카이'(자, 마을로 돌아가자)라는 오키나와어.[77] 투항하자는 상담과
설득에 사용된 오키나와어. 일본군을 비방하는 오키나와어 대화. 전장
에서 밤이면 밤마다 울려 퍼진 류큐 민요. 전기 곳곳에서 발견되는 이
오키나와어의 세계는 생활개선운동에서는 '도덕적 범죄'라고 금지당하
고 전장에서는 '스파이'의 표지가 되었던 오키나와어 대화나 노래가, 전
장에서 군율과 그 공명판(共鳴板)이었던 평시의 규율로부터 이탈하는
행위를 보증했음을 보여준다. 전장에서 오키나와어는 그야말로 저항의
담론으로서 등장했던 것이다.[78]

다음으로 지도자층에 한정해서 군율로부터의 이탈이라는 문제를 생
각해 보자. 앞서 말한 군과 주민 틈새에 낀 지도자의 고뇌에서도 상상
할 수 있듯이 지도자의 이탈은 의외로 빨랐다. 또 나중에 언급하겠지만
그들이 이탈해 가는 과정에서는 단지 틈새에 끼여 고뇌하는 데 그치지
않고 분명하게 일본군 반대운동을 전개한 지도자도 있었다. 그렇기 때

문에 군의 위협 또한 심했고, 거꾸로 이같은 위협에도 불구하고 이탈한 지도자는 다수의 인명을 구해낸 주역이기도 했다. 이처럼 지도자가 군율에서 이탈하는 과정에서 특징적인 것은 다음 두 가지다.

하나는 지도자에 대한 미군의 대응에 관한 것이다. 미군의 「포로 심문 조서」나 전기를 볼 때 미군은 전장 동원을 담당했던 지도자를 주민 행정에 다시 이용하려 했던 게 틀림없다. 종래의 지도자는 수용소 캠프에서도 시장, 보안관이나 사회사업·농업사무·노동사무·위생 등 행정 조직의 중심이 되었으며, 이런 수용소의 질서는 1945년 8월에 발족한 오키나와 자문회로 이어지게 된다.[79] 이와 같은 미군의 대응이 지도자의 이탈을 촉진하는 방향으로 작용했을 것임은 쉽게 상상할 수 있다.

또 하나는 지도자가 군율로부터 이탈해서 투항하는 행위를 수치라고 느끼고 있었다는 점이다. 이 수치심은 틀림없이 이탈을 저지하는 방향으로 작용했을 것이다. 그러나 재향군인과 고학력 엘리트 지도자 사이에는 수치심에 차이가 있었던 것 같다. 엘리트 지도자는 재향군인에 비해서 이탈이 빨랐고 또 그들의 수치심은 수용소에서 같은 고학력 엘리트를 발견하는 순간에 경감·소멸했다. 이는 그들의 수치심이 단순히 「전진훈」(戰陣訓)*에 기인할 뿐만 아니라 자신이 소속집단인 엘리트 지도자층에 대해서 품은 감정이기도 했음을 말해 준다. 이런 엘리트 지도자의 수치심은 재향군인과 다를뿐더러 소속집단 이외의 지도자로부터 감시·지도받고 있던 일반 주민과도 달랐다.

지도자층의 존재는 규율이 집단 전체에 균질적으로 침투한 게 아니라 계층성을 전제로 하고 있었음을 보여준다. 그 결과, 전장에서 군율로부터의 이탈 역시 지금까지 감시당해 왔던 것이 부활한다고 하는 단

---

* 1941년 1월 도조 히데키(東條英機) 육군장관 명의로 육군에 하달된 훈련. 중일전쟁이 장기화됨에 따라 일본군의 사기 저하와 군기 문란에 대처하기 위해 무사도 정신을 강조한 정신주의적 지침이다. 「군인칙유」(軍人勅諭)의 전장판이라고 불렸으며, "살아서 포로가 되어 치욕을 당하지 말고 죽어서 죄과의 오명을 남기지 말라"는 부분이 절대화되어 전쟁 말기의 이른바 '옥쇄'(玉碎)로 이어졌다.

순한 과정이 아니라 좀더 복잡한 양상을 띠게 되는 것이다. 이것이 다음에 서술할 '원한'이라는 문제다.

일본군으로부터 투항을 권유받거나, 투항하는 일본군을 바라보는 주민의 감정은 결코 공감 일변도가 아니었다. 거기에는 '죽여버리고 싶을 만큼 증오스럽다'[80]거나 '아연실색할 지경'[81]이라는 반감이 있고, 또 '지금까지 거짓말만 했다'[82]고 하는 배신에 대한 증오가 존재했다. 이 같은 감정의 뿌리에는 지금까지 일본군에게 협력해 왔다고 하는 과거가 전제되어 있다. 일본군이 제멋대로 행동하는 것에 대해 반발하고 있을 뿐 아니라, 지금까지 전쟁 동원에 관여해 온 자신의 과거가 일본군의 투항이라는 배신행위로 인해 파탄나는 현실을 증오하고 있는 것이다. 굳이 말하자면 이처럼 '속았다'고 하는 감정에는 전쟁 동원의 과정에 자신이 깊숙이 관여되어 있었음이 전제가 되는 것이다.[83]

요컨대 질문에 직면한 것은 자신의 과거인 것이다. 따라서 거기에는 타자에 대한 분노와 함께 과거의 자신에 대한 격렬한 내적 성찰이 있다. 이렇게 과거를 돌이켜보는 마음에 근거해서 일어나는 분노를 '원한'이라 부르기로 하자.

그런데 과거를 내성적으로 돌이켜보는 것은 과거의 자신의 문제라기보다 과거를 되돌아보는 현재의 문제다. 즉 내적 성찰이 마주하는 과거란 현존했던 과거 그 자체가 아니라 현재에 발견되고 구성된 과거다. 따라서 과거를 어떻게 떠올리는가 하는 것은 현재와 어떻게 대면할 것인가라는 문제와 직결된다. 이런 시각에서 좀더 파고들어 이 '원한'이라는 용어를 정의해 두고자 한다.[84]

'원한'과 마찬가지로 과거를 돌이켜보는 양태를 표현하는 말로서 '후회'라는 것이 있다. 도미나가 시게키(富永茂樹)는 소중히 여겼던 것을 잃은 상실감이나 양심의 가책이라는 충동에서 '후회'가 유래한다고 보고, 이런 충동은 과거에서 현재를 거쳐 미래로 흘러가는 시간적 질서를 교란시킨다고 했다. 또 이런 충동에 의해서 움직인 자는 후회를 거듭하는 가운데 이 충동을 점차 수습하면서 다시 본래의 시간적 질서로 복귀해 간다고 한다. 이렇게 이해할 때 '후회'란 '일시적인 일탈로부터 질서 전체로의 복귀과정'이라는 말이 된다.

그러나 이런 '후회'의 기본형을 전제로 해서 도미나가가 '후회'의 '반복 또는 과격화'라고 표현한 것은 본래의 시간적 질서로 복귀하지 못하는 '후회'의 양상이며, 이렇게 '과격해진 후회'는 질서로부터 계속 일탈한다는 점에서 파괴적이다. 이 '과격해진 후회'에서 나타나는 것처럼 과거에 들러붙어 복귀할 수 없는 내적 성찰을 '원한'의 첫번째 특징이라고 해두고 싶다. 또 이같은 '원한'이 보여주는 시간적 질서로부터의 일탈은, 베네딕트 앤더슨이 국민의 공시적(共時的) 시간으로서 주목했던 '균질적이고 공허한 시간' [18]으로부터의 일탈이라고도 말할 수 있겠다. [85] 다음 장에서 언급하겠지만, 호미 바바는 이런 국민의 시간으로 회수되지 않을 반복적이고 비(非)공시적인 시간이야말로 국민적 정체성으로 확정되지 않는 임계적인 타자성이 숨어드는 영역이라고 말했다. [86]

그러나 '과격해진 후회'라 하더라도 그것이 자기에 대한 내적 성찰에 그치는 경우라면 그것은 '원한'이 될 수 없다. '원한'에 불가결한 두번째 특징은 타자에 대한 분노이기 때문이다. '후회'가 '원한'으로 바뀌게 되면 공격성을 띠게 되고, 따라서 공격을 하는 자와 공격을 받는 자라는 이분법이 생겨나게 된다. 그러나 거꾸로 과거에 대한 내적 성찰을 수반하지 않는 타자에 대한 분노는 '원한'이 아니다. 이분법을 전제로 하되 '원한'에는 항상 자기에 대한 내성적 질문이 있기 때문이다.

다시 말해서 '원한'에는 타자와 동시에 자기에 대한 질문이 존재한다. 오키나와 전투에서 군율이 붕괴되어 나가는 과정은 군율로부터 사람들이 이탈해 갔을뿐더러 이런 '원한'을 수반하고 있었던 것이다. 또 그것은 사람들이 전장 동원에 스스로 참가하고 있었다는 증거이기도 한데, 이런 참가가 생활개선운동에 의해서 준비되었다는 것을 감안한다면 '원한'을 양성하는 과거란 단지 전장 동원에 그치지 않을 것이다.

구메(久米) 섬의 농업회장이 전시에 적어 둔 「요시하마 일기」(吉濱日記)는 주민 편에서 전쟁을 고찰할 때 얻기 힘든 1급 사료인데, 이런 '원한'을 고찰하는 데에도 많은 것을 시사해 준다.[87] 요시하마는 전황이 악화되는 가운데 이렇게 기록하고 있다.

> 이제 싸워서 이길 거라고는 생각조차 하지 않는다. 일본의 국회도 이미 오키나와를 버렸다. ……오키나와 민족은 자존(自存)의 대계(大計)를 세우는 것이다!! 오키나와 민족의 자존이라는 대업(大業)을 간단히 생각해서는 안된다!! 살아남는 거다!! 어떤 일이 있더라도. 살아남을 때까지 고민을 계속하는 거다!! 민족이 멸망해서야 되겠는가!! 우리 오키나와 민족 모두가 의미없고 가치 없는 희생을 치러서야 될 말인가!! 자존하자!!

이 기록에서 드러나는 것은 일본 또는 일본군에 대한 격렬한 '원한', 그리고 그 '원한'과 함께 나타나는 '오키나와 민족'이라는 정체성이다. '원한'과 함께 과거에 대해 질문을 던지는 가운데서 발견된 것은 자칫하면 '스파이'로 지목되는 표지가 될지도 모를 '오키나와 민족'이었다. 또 사람들이 군율로부터 이탈할 적에 오키나와어 대화나 노래가 저항의 담론으로 등장한다는 것은 앞에서도 말한 바 있지만, 거기에 '원한'이 동시에 존재했으리라는 것은 충분히 예상할 수 있다. 전장에서 발견되어야 할 새로운 주체의 기점(起点)을 바로 여기에 설정해 두고자 한다. 그것은 전장이라는 장에서 '원한'과 함께 과거에 대한 질문을 던질 때 획득된 오키나와어이며 '오키나와 민족'인 것이다.

그런데 요시하마가 농업회장 일을 맡고 있던 구메 섬은 오키나와 전

투에서 시카야마(鹿山) 대장이 이끄는 일본군이 여러 차례 주민학살을
자행한 곳으로 유명하다. 학살사건이 잇달아 일어나는 가운데 요시하
마는 마을집회에서 다음과 같이 말하고 있다.

> 어떤 일이 있더라도 우리는 각자 자기 힘으로 살아남지 않으면 안
> 될 것이오. 그리고 살아남은 자가 다음의 민족조직을 만들어야 하오.

이 민족조직과 위의 '오키나와 민족'은 같은 차원의 존재로 이해되어
야 할 것이다. 또 포츠담 선언 수락 이후에도 투항하지 않았던 시카야
마 부대에 대해서 요시하마는 주민들이 무장을 하여 토벌전을 벌이자
고 결의하고 있다. 전투 말기에 무장한 주민이 일본군과 대치한 경우는
구메 섬뿐 아니라 오키나와 도처에서 나타났던 것 같다. 새로운 주체는
일본군 반대투쟁으로 전개될 가능성을 내포하고 있었던 것이다.
　그러나 요시하마는 분명 지도자였다. 일본군으로부터 이탈해서 일본
군 반대투쟁을 조직하고 미군정하에서도 질서의 중심이 된 지도자에
대해서 일반인들이 품었던 감정에 관해서 마지막으로 질문을 던져야
한다. 포로가 된 어느 방위대원은 수용소에서 전장 동원을 담당했던 지
도자를 발견했을 때 자기가 느낀 감정을 이렇게 기록해 놓았다.

> 전쟁의 지도자로서 우리에게 고난을 강요했던 주제에, 전쟁에서
> 지니까 손바닥 뒤집듯이 돌아서서 다시 위세를 부리고 있군…….[88]

이 감정은 엘리트 지도자가 수용소에서 같은 엘리트 지도자를 발견
했을 때 품었다는 감정과 비교하지 않으면 안된다. 이 방위대원의 감정
에 깃들어 있는 것은 지도자에 대한 공감이 아니라 격렬한 '원한'이다.
지도자의 이탈에 대한 이같은 '원한'은 그 밖에도 많이 발견된다.

규율은 계층성을 갖고 침투했다. 그것은 생활개선운동에서도 전장 동원에서도 기본적으로는 변하지 않았다. 그렇기 때문에 규율이 붕괴될 때, 오키나와 사람들이 일본군에게 품었듯이, 일반인들은 규율을 지도했던 지도자에 대해서 〔그들의〕 지도를 수용했기 때문에 '원한'을 품었던 것이다. 앞에서 지도층의 '스파이' 적발에 주민이 참가하고 있었음을 지적했다. 거기에 사람들의 '원한'이 깃들어 있지 않았을까 하는 질문을 이제 던져야만 할 것이다.

야마노우치 야스시가 정리했듯이 전쟁이 사회에 미치는 영향에 돌이킬 수 없는 성격이 존재한다면, 그것은 전쟁으로 야기된 변화를 그후에 어떻게 제도화해 나갈 것인가 하는 문제와 관련된다고 볼 수 있다.[89] 그렇다면 이 전장에 고착된 주체의 처리야말로 제도화의 과정이라 할 것이다. 거꾸로 이렇게 고착된 주체야말로 제도화의 흐름을 가장 깊숙한 곳에서 거부하는 주체이기도 하며, 그것이야말로 바로 야스다 다케시(安田武)[19]나 하시카와 분조(橋川文三)[20] 등 전중파(戰中派)의 개인주의적 실감주의(實感主義)인 것이다.

조국 복귀는 일종의 제도화였다. 복귀를 앞두고 대량의 오키나와 전기가 등장했던 것은, 설령 그 대부분이 복귀를 전제로 삼은 논조였다고 할지라도, 복귀라고 하는 정치과정을 개별적인 실감에 의해서 철저하게 측정하고 그 어떤 타협도 거부하려 했던 사람들의 행동이 표출된 것이었다고 볼 수 있다. 한 걸음 더 나아가 전후(戰後)라는 시대가 만들어지는 가운데, 오키나와 전투는 그 전후를 상대화시키는 통주저음(basso continuo)으로서 전후 오키나와의 사상적 상황 속에서 일관되게 존재해 왔다고 하겠다.

그런데 이런 제도화에 대한 거부와 함께 전기에는 내성적인 질문들이 존재한다. 이들 전기물에 수록된 기술들은 하나같이 왜 자신은 전장으로부터 뛰쳐나오지 못하는지, 또는 어떻게 뛰쳐나오면 좋은지를 묻

는다. 따라서 이 장처럼 전기를 근거로 구성된 전장의 풍경에서는 개별
적인 실감으로서의 전쟁 체험을 어떤 경험으로 발견해야 하는가라는
문제설정이 불가결해진다. 이런 의미에서 체험과 경험을 분명히 구별
하고자 한다. 이 장에서 오키나와 전기로부터 추출해 낸 개별적 실감
(체험)은 바로 '원한'과 오키나와어였다. 왜 '원한'과 오키나와어인가?
그것들로부터 무엇이 경험으로서 발견되어야만 하는가?

　분명해진 것은 '일본인'이 된다고 하는 지금까지의 실천이 전장에서
'원한'을 갖고 반추되고 과거를 돌이켜보는 그 마음속에서 오키나와어
가 갑자기 등장했다는 점이다. 그러면 이 '일본인'이 된다는 것은 어떤
실천이었던 것일까? 그것은 근대사회에서 노동자가 된다는 것, 또 제국
의 통치자가 된다는 것, 다시 말해서 감시를 당하면서 폭력을 행사하는
주체가 된다는 것을 뜻하고 있었다. 그렇기 때문에 전장에서의 '원한'과
오키나와어는 근대의 감시와 폭력을 거부하는 주체로서 발견되지 않으
면 안된다. 또 이것이야말로 '일본인'이 된다고 하는 '공동성'(共同性)으
로부터 이탈한 '원한'과 오키나와어라는 개별적 실감을 새로운 공동성
가운데서 이어나갈 때의 사상적인 내용 규정 그 자체가 되는 것이다.

　이 새로운 공동성이란 일찍이 존재했던 전통도 아니며 근대와 무관
한 소우주도 아니다. 굳이 표현하자면 근대를 염원해 왔기 때문에 발견
되고 구성된 과거이며 과거의 기억이다. 또한 그것은 '일본인'이 된다고
하는 것과 연관된 모든 사람들에게 공유되고, '일본인'이 된다고 하는
것이 만들어낸 폭력에 의해서 죽음을 당한 사람들과의 공동성을 확보
하는 사상이다.[90]

3장 전장의 기억

1. 증언의 영역

베네딕트 앤더슨의 텍스트에서 이야기를 시작하자. 『상상의 공동체』 초
판에서는 펼치지 않은 채 접어 두었던 서술, 즉 첫머리에 나오는 무명
전사에 대한 서술은, 개정판에서 새롭게 추가된 장(章)인 「기억과 망
각」 그리고 「인구통계, 지도, 박물관」과 함께 다시 고찰할 필요가 있다.

> 무명전사의 묘지와 비석만큼이나 근대문화로서의 내셔널리즘을
> 훌륭하게 표상하는 것은 없다. 이들 기념비는 고의로 텅 비어 있다고
> 나 할까, 거기에 누가 잠들어 있는지 아무도 모른다. 그리고 바로 그
> 렇기 때문에, 이들 기념비는 공공적이고 의례적인 경의의 대상이 된
> 다. 이런 사례는 일찍이 없었던 일이다. 그것이 얼마나 근대적인 것인
> 지는, 어떤 훈수꾼이 무명전사의 이름을 '발견'했다거나 기념비에 진
> 짜 유골을 넣으라고 말한다고 할 때, 일반인들이 도대체 어떤 반응을
> 보일지 잠깐 상상해 보기만 해도 알 수 있으리라. 기묘한 근대적 모
> 독! 그러나 이들의 묘지는 누구라고 특정(特定)할 수 있는 시체나 불
> 사(不死)의 혼 같은 것은 없어도 역시 귀기(鬼氣) 서린 국민적 상상력
> 으로 가득 차 있다.[1]

여기서 앤더슨은 전사자에 대한 두 가지 이야기를 제시한다. 하나는
전사자를 상상함으로써 '귀기 서린 국민적 상상력'(ghostly national
imaginings)을 북돋우는 이야기다. 이것이야말로 내셔널리즘을 배양
하는 이야기다. 그러나 거기에는 또 다른 이야기, '훈수꾼'이라고 비난
을 받으면서도, 누가 어떻게 매장되어 있는지를 말하고자 하는 별개의
이야기가 감춰져 있다. 부연하자면 이 이야기가 정지되었을 때 "거기에
누가 잠들어 있는지 아무도 모른다"고 하는 침묵이 무명전사의 묘지를

지배하는 것이다. 국민의 이야기가 상상의 공동체를 창출할 때, 거기에는 그 수다스러운 이야기와는 정반대로 침묵해 가는 별개의 이야기가 존재하고 있는 것이다.

침묵해 가는 것은 산 자만이 아니다. 앤더슨은 쥘 미슐레(Jules Michelet)[1])에 대해 언급하면서 다음과 같이 말한다.

> 미슐레는 그저 수많은 죽은 자를 대신해서 말한다고 주장하는 것이 아니다. 죽은 자들이 '진정으로' 무엇을 의미하고 있는지, '진정으로' 무엇을 바라고 있는지를 스스로 '이해하지 못하기' 때문에 자기가 말하는 것이라고 역겨우리만치 권위적인 태도로 주장했던 것이다.[(2)]

이 권위에 찬 미슐레의 이야기가 바로 국민의 이야기다. 그리고 거기에는 무엇을 바라고 있는지, 무엇을 의미하고 있는지 '이해하지 못하는' 죽은 자들이 존재한다. 이 '이해하지 못하는' 죽은 자(死者)들을 대신해서 미슐레는 떠벌리며 말한다. "죽은 자들의 묻힌 욕망을 파헤치려 할 때, 그들의 침묵 따위는 아무런 장애도 되지 못한다"[(3)]는 것이다.

여기서 죽은 자의 침묵이라는 것을 '죽은 자는 말이 없다'는 식으로 생각하지 말자. 물리적인 발화능력이 없어서 침묵하는 것이 아니기 때문이다. 오히려 '죽은 자를 대신해서 말한다'고 하는 권위주의적인 이야기 속에서 죽은 자들이 자기 자신을 이해할 수 없게 됨으로써 침묵한다는 것이다. 바로 이 점이 중요하다. 미슐레가 '대신해서 말하는' 행위를 멈추기만 한다면 죽은 자들이 말문을 열지도 모르는 일이다.

침묵하고 있음을 빌미로 '아무도 모른다'고 수다스레 지껄여대는 국민의 이야기. 그 속에서 침묵해 가는 산 자와 죽은 자들이 이런 이야기를 내뱉는 장을 일단 증언의 영역이라고 해두자. 국민의 이야기 아래에는 이 증언의 영역이 언제나 감춰져 있다. 오해가 없도록 다시 말한다

면, 여기서 말하는 증언이란 발화능력의 유무나 현장경험이라는 말과
는 일단 관계가 없다. 설령 거기에 완전한 침묵밖에 존재하지 않는다
할지라도 국민의 이야기가 존재하는 한 증언의 영역은 설정될 수 있는
것이다.

이 증언의 영역이 에르네스트 르낭(Ernest Renan)의 「국민이란 무
엇인가」에서 언급된 망각의 문제와 연관되는 것임은 두말할 나위도 없
다. 하지만 주의해야 할 점이 있다. 그저 망각에 대항해서 기억해야만
하는 영역이 곧 증언의 영역은 아니라는 것이다. 르낭이 "프랑스 시민
이라면 누구나 성 바돌로매(Saint-Bartholomew)의 학살과 13세기에
남프랑스(Midi)에서 일어난 학살*을 잊지 않으면 안됩니다"[4]라고 말
했을 때, 문제는 망각해 버리는 것이 아니라 망각의 전제가 되는 학살
의 기억이 프랑스인끼리의 '동포 살해'(fratricide)[5]로서 설정되어 있다
는 것이다. 학살이 '가족사'에서 일어난 비극이라고 자연스럽게 상기되
면서, 그러므로 잊어야 한다고 이야기하는 이 일련의 상기와 망각의 기
법이야말로 국민의 이야기를 구성해 나가는 것이다.

문제는 증언자를 말살하거나 발화를 금지시키는 일이 아니다. 무엇
을 기억하고 망각해야 할지를 '대신해서 말하는', 그 이야기의 위치인
것이다. 수다스러운 국민의 이야기에서 전제가 되고 있는 것은 단지 전
통의 창조도 망각도 아니다. 기억과 망각을 지시할 수 있는 발화 주체
의 위치 설정인 것이다. 증언의 영역이란 결코 망각에 대항해서 '학살
의 기억을 잊지 말자'는 것이 아니라, 국민의 이야기와는 다른 이야기의
위치 설정을 말하는 것이다.

그런데 국민의 이야기에서 이야기의 위치와 이 증언의 영역은 인간
을 자기와 타자로 분할하고 분류하는 인류학적인 담론의 문제로서도

---

* 성 바돌로매의 학살이란 1572년 샤를 9세가 자행한 위그노 교도 학살을, 13세기 남프랑스에서의
학살이란 1209~1229년 십자군이 카타리파 '이단'에 대해 가한 학살을 말한다.

고찰할 수 있을 것이다. 왜냐하면 전사한 자를 대신하는 국민의 이야기는 결국 죽은 자들이 어떤 국민으로서 죽었는가를 지시하는 것이며, 그런 뜻에서 이 국민의 이야기는 죽은 자를 자기와 타자로 나누고 분류해서 말하기 때문이다. 시체를 거론하며 일방적으로 그 속성을 선고한다는 점에서, 국민의 이야기는 고고학적 유적에서 발견된 유골을 분류해서 인종을 확정짓는 인류학적 이야기와 너무나도 비슷하다.

그뿐만이 아니다. 산 자와 죽은 자 사이에 어떤 실천적 관계가 존재한다고 가정하자. 그렇다면 죽은 자를 '대신해서 말하고' 분류하며 그 속성을 일방적으로 선고하는 이야기가 무엇보다도 산 자와 죽은 자의 그 어떤 실천적 관계도 부인하는 일로 연결되리라는 것은 쉽게 상상할 수 있다. 이렇게 실천적 관계를 부인하는 것은, 사카이 나오키(酒井直樹)의 말처럼,[6] 문화적 차이를 이야기하는 담론과도 공통성을 갖는 문제다. 전사자에 관한 국민의 이야기는 말하는 주체와 죽은 자 사이의 그 어떤 실천적 관계를 부인한 채 죽은 자를 인식의 대상으로 회수하는 것이다. 그 결과, 죽은 자는 바로 이야기의 대상이 됨으로써 말 못하는 유골(관찰대상)이 되는 것이다.

죽은 자를 '대신해서 말하는' 것이 아니라 죽은 자와 함께 어떤 시간성 속에서 대화해 나갈 수 있게 됨으로써 짜여지는 이야기로서 증언이라는 것을 설정한다면, 이런 실천적 관계와 그 속에 이어지는 시간성을 부인하고 죽은 자를 국민의 분류대상으로 회수해 나가는 과정이야말로 자기동일성을 보증하고 우리의 시간을 표출하는 것이다. 그것은 문화적인 차이를 이야기하는 발화와 마찬가지로 실천과 인식의 긴장을 내포한 시도이며, 라클라우(Ernesto Laclau)와 무페(Chantal Mouffe)가 사회관계를 조직해 내는 실천이라고 설정한 '분절화'(分節化), 바로 그것이다.[7] 여기에 정치라고 하는 영역을 설정하자.

산 자와 죽은 자의 어떤 실천적 관계라는 말이 비현실적이고 기괴하게 들린다면, 마음속으로 '상상의 공동체'를 설정하는 것 또한 무척이나 기괴한 일이다. 산 자와 죽은 자의 실천적 관계라고 하는 이런 기괴한 가정을 하는 까닭은, 새로운 분절화를 탐색할 정치적 이야기의 위치로서 증언의 영역을 설정하고자 하기 때문이다. 중요한 것은 국민의 이야기로 완전히 회수될 수 없는 죽은 자를 둘러싼 영역에서 발화라는 실천을 다시 설정한다고 하는 바로 그것이다. 오해가 없도록 덧붙이자면, 국민의 이야기로 완전히 회수될 수 없는 죽은 자이기 때문에 증언의 영역에서 산 자와 죽은 자는 실천적인 관계를 맺는 것이다.

그런데 이처럼 국민의 이야기를 실천적으로 다시 상정한다는 것은 프란츠 파농이 「국민문화론」이라는 글에서 주장하려 했던 문제이기도 하다. 파농은 식민주의 속에서 '인종화'된 국민의 이야기도, 또 거기에 대항하여 현지 지식인에 의해서 만들어진, 과거를 상기하여 전통의 가치를 발견하고자 하는 이야기도 모두 거부하면서 '국민문화'를 "민중에 의해 사고의 영역에서 이루어지는 노력의 총체"라고 단언했다.[8] 파농은 죽은 자를 대신해서 국민의 역사를 말하는 미슐레나 르낭과는 달리, 어떤 이야기이건 '대신해서 말하는' 행위를 끝까지 거부했던 것이다.

호미 바바는, 파농이 이렇게 끝까지 머물려고 했던 영역에서 앤더슨이 말한 '상상의 공동체'에 존재하는 '균질적이고 공허한 시간'으로 회수되지 않을, 불확정적이고 반복적인 '수행적 시간'(performative time)을 발견해 내고자 한다. 바바는 국민을 지적으로 전유하는 역사주의적 이야기로 회수되지 않을 이야기가 어떻게 가능한지를 탐색하려는 것이다.[9] 내가 증언의 영역이라는 데에서 드러내 보이고 싶은 것은 바로 그런 이야기의 가능성이다.

2. 전장 체험

전쟁 체험 중에서도 전장 체험은 전장에서의 죽음이라는 문제와 연관될 수밖에 없기 때문에 독자적인 영역을 구성한다고 볼 수 있다. 야스다 다케시(安田武)의 전쟁 체험은 1945년 8월 15일 소련군과의 전투에서 자기 오른쪽 10센티미터 옆에 있던 'B'가 저격을 당해 즉사한 일에 대해서 끈질기게 집착한다.

> 그런데 지금 내가 불행하지 않은 것은 그때 불과 10센티미터 왼쪽에 있었기 때문일까? 소련군 저격수가 나 아닌 B를 쏘았기 때문일까? 아니면 8월 15일에 패전이 결정되었기 때문일까? 그러면 그때 10센티미터 오른쪽에 있던 녀석의 행복은 어찌되었을까? 만약 전쟁을 끝낸다는 천황의 칙어(勅語)가 쇼와(昭和) 20년(1945) 8월 14일에 내려졌다면 어찌되었을까, 8월 16일이었더라면 또 어찌되었을까?(10)

이처럼 답변할 수 없는 물음에 대한 집착은 분명히 전장의 체험을 이야기하는 하나의 말투다. 또 이런 말투는 야스다의 집착처럼 대부분 극히 개별적·구체적이고 신체적인 기억에 의해서 구성된다. 야스다의 경우에서 볼 수 있는, 이런 개별적·구체적이고 신체적인 기억을, 하시카와 분조(橋川文三)가 '심리적 리얼리티'라고 불렀던 고바야시 히데오(小林秀雄)의 역사의식 속에서 이해하는 것도 일단 잘못은 아닐 것이다.(11) "어머니의 입장에서 역사적 사실이란, 아이의 죽음이 아니라 오히려 죽은 아이를 뜻한다"고 하는 고바야시 히데오의 역사의식을 관통하는 것은 개별적인 사상(事象)에 대한 윤리성을 띤 집착이다. 전사는 결코 익명화된 죽음이 아니라 죽은 전우이자 친구로서 기억되지 않으

◎ 피폭 당시의 히로시마와 급우들의 사망 지점

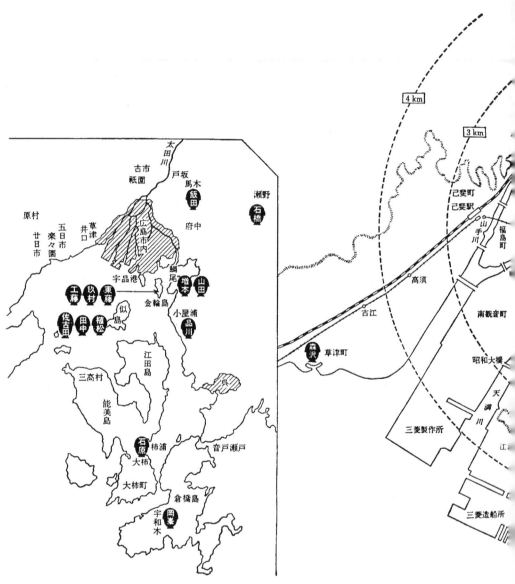

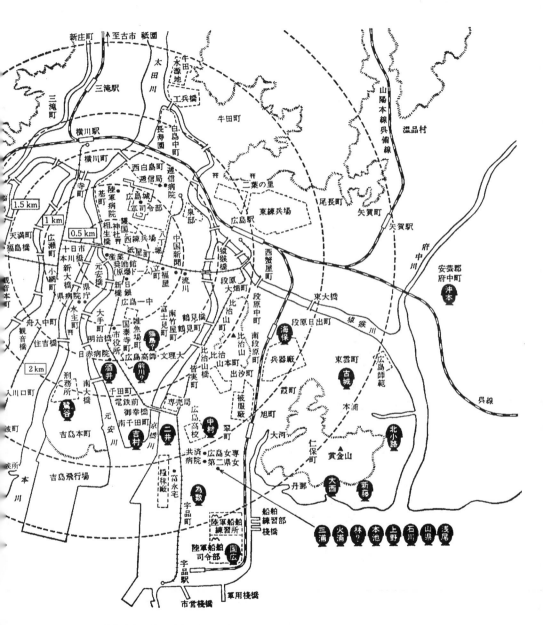

세키 지에코, 『히로시마 제2 현립여고 2학년 니시반』(廣島第二縣女二年西組, 筑摩書房, 1985)에서

면 안되는 것이다. 그러나 이런 기억의 형태를 '아픔은 본인밖에 모른다'고 하는 체험의 특권화로 연결시켜 버리면, 거기서 전개되는 분절화의 가능성을 시야에서 놓쳐 버리게 될 것이다.

1945년 8월 6일, 마침 설사 때문에 근로동원에 빠졌던 세키 지에코(關千枝子)가, 그날 근로동원에 나갔다가 원자폭탄을 맞고 전멸한 같은 반 친구들이 죽음에 이르는 과정을 극명하게 기술하려 한 것도 야스다와 마찬가지로 집착 때문이다. 세키의 저서 『히로시마 제2 현립여고 2학년 니시반』에 실려 있는 지도를 보면 전장 체험이라고 불리는 기억이 어떤 모습을 하고 있는지 분명하게 알 수가 있다.(98쪽 지도 참조)

이 지도에는 폭격 중심지로부터 몇 개의 동심원이 그려져 있다. 이 원 안에 있던 사람들은 모두 한순간에 말살당했다. '면(面)의 기억'이라고나 해야 할 이 전장의 기억은 두말할 필요도 없이 원자폭탄이라는 무기가 근대 전쟁에서 차지하는 위치에 조응한다. 모든 것이 전쟁으로 동원되는 총력전이므로 모든 공간이 전장이 되고 모든 인간이 병사로서 무차별 공격의 대상이 되는 것이다. 원폭은 이런 총력전에 가장 적합한 무기로서 등장했던 것이다. 또 거꾸로 총력전의 산물인 익명화된 병사로서의 평준화, 바꿔 말해서 죽음을 마주한 평등은 이 대량 말살무기가 사용됨으로써 백일하에 구현되었던 것이다. 어떤 영역 내에 있는 사람들 모두의 죽음이 면(面)으로 녹아 내린 기억, 그것이 바로 이 원폭의 기억인 것이다.

그런데 세키는 이러한 '면의 기억'에, 반 친구들 하나 하나가 죽은 지점을 그 이름과 함께 남겨 두려 하고 있다. 면으로 녹아 버린 인간의 죽음에서 개인의 흔적을 찾고자 했던 것이다. 면으로 회수되지 않을 이 흔적이야말로 세키가 집착하는 또 하나의 기억이다.

총력전이 낳은 대량의 익명화된 죽음이 무명전사의 묘지로서 '귀기 서린 국민적 상상력'을 고취시킨다는 것은 새삼 거론할 필요조차 없으리라. 그것은 또 총력전이 어디까지나 국민의 동원임을 뜻한다. 에른스트 윙어의 말처럼 "새로운 동원은 독일인의 동원이 아니면 안된다"는 것이다.[12] 야스다나 세키가 집착하는 기억의 개별성과 신체성은 이렇게 면으로 녹아 버리는 국민적 기억으로는 회수될 수 없는 흔적, 다시 말해 증언의 영역으로서 발견되지 않으면 안되는 것이다.

　전장의 기억을 체험의 특권화로 귀착시키지 않으면서 고찰하고자 할 때 주의해야 할 것은, 그것이 개별적이고 구체적인 사상(事象)에 집착하는 기억임에도 불구하고 개인적인 체험으로서는 존립하지 않는다는 점이다.

> 　아, 그렇다. 우리는 군대나 전장이나 수용소에서 평시에는 상상도 못했던 '이상한' 경험을 해왔다. 하지만 만약 체험이라는 말이 그 사람의 일신상에 닥친 단순한 이력과는 달리, 어떤 의미에서 그것을 체험한 사람 자신의 내부로부터의 주체적인 통제나 의미 부여가 전제되어야만 한다면—아마 체험이란 바로 그런 것이리라. 그저 '기구한' 운명을 겪어 왔다는 것만 갖고서는 체험이라 하기에 부족하리라— 우리는 온전히 처리할 수 없는 수많은 문제들을 헛되이 부둥켜안고 있었을 뿐, 그것을 체험으로서 의미를 부여해서 처리한다는 것은 전망조차 보이지 않는 형국이었다. ……우리는 저 군대나 전장이나 수용소에서의 생활을 완전한 공백의 시기로 인식함으로써, 아니 그렇게 인식함으로써만 오늘날의 현실에서 새로이 살아나갈 방향을 결정해 왔던 것이다.[13]

　야스다가 이렇게 말했을 때, 그의 '10센티미터'에 대한 집착이 체험에 의한 강렬한 리얼리티 같은 것이 아니라, 오히려 체험으로 말할 수 없는 '공백'을 전제로 삼고 있다는 것을 간파해야 한다. 야스다는 자기

밖에 이해할 수 없는 체험을 주장하는 게 아니다. 무엇보다 그 전장의 체험 자체가 '공백'인 것이다. 답변이 거의 불가능한 '10센티미터'에 대한 질문은 이 '공백'과 함께 제출되고 있다.

문제는 이 '공백'이 과연 무엇인가다. 결론부터 말한다면 그것은 비참하기 때문에 말할 수 없는 것도 아니고, 그저 말할 수 없는 그 무엇도 아니다. '공백'은 기억상실도 아니고 증언 불가능성도 아니다. 중요한 것은 일단 개별적이고 신체적인 것처럼 보이는 '10센티미터'와 함께 이 '공백'을 고찰하지 않으면 안된다는 것이다.

전장의 체험을 녹취하는 작업을 할 때, 종종 어떤 이야기가 기묘한 울림을 자아내는 경우와 맞닥뜨린다.[14] 전장에 떨어져 있던 반합, 눈앞에서 작렬하는 포탄, 달빛이 쏟아지는 정글. 이런 이야기를 활자화해 버리면 전장은 아주 개별적이고 구체적이며 신체적인 요소로 구성된 체험기 이외에는 아무 것도 아닌 양 묘사되고 말 것이다.

그러나 이야기하던 사람이 반합의 모양을 말하다가 갑자기 허공을 응시하며 울부짖었다면 어찌할 것인가? 애통해하는 이유가 반합에 숨겨져 있다고는 생각할 수 없을 것이다. 구체적으로 말하면 말할수록 이야기된 담론으로는 구성될 수 없는 의미의 영역이 떠오른다. 그러한 이야기의 불안정성, 바로 그것이 그 울부짖음에서 우리가 간파하지 않으면 안되는 점이다. 체험을 말하면 말할수록, 그 구체적 체험이 구성하는 의미의 연관을 모두 소멸시켜 버리는 영역이 그 배후에 다가오는 것이다. 이 영역이 바로 야스다가 말한 그 '공백'이리라. 반합의 위치를, 또 '10센티미터'를 말할 때, 거꾸로 이렇게 개별적이고 신체적인 이야기를 해체해 버리는 영역이 홀연히 얼굴을 내미는 것이다.

전장의 구체적 체험을 이야기하는 것은 결코 '공백'을 어떻게 메울 것인가 하는 작업이 아니다. 말하면 말할수록 그 담론에 의해서 구성된 의미가 붕괴되기 시작하는 점, 바로 그것이 '공백'의 영역인 것이다. 동시에 이 '공백'이 '반합'이나 '10센티미터'를 말한다는 실천에 의해서 도출되고 떠오른다고 하는 점도 중요하다. 다시 말해서 그것은 아무런 전제 없이 말할 수 없는 영역으로서 존재하고 있는 것이 아니라, 말한다고 하는 실천 속에서 비로소 설정되어 나가는 것이다.

더욱이 이렇게 이야기된 담론과 그 의미 내용이 분리되면서 왕복운동을 되풀이하는 이야기의 불안정성은 혼란스러운 시간의식을 창출한다. 야스다의『전쟁 체험』은 1946년 4월 하얼빈에서 소식이 끊긴 도쿠스미 마사시(德澄正)와의 대화로 마지막 장을 장식한다.

> 미래는 아름다워야 한다. 그러나 미래란 언제나 과거와 같았고, 또 별안간 가차없이 차단된다. '그'에게, 아니 '내'게 있어서도 미래란 꿈에 불과하다. ……나는, 나 자신은 이제 미래와 사귀길 사양하련다. 과거하고만 사귀고 싶다. 새로운 것은 아무 것도 없다. 있다고 한다면 그것은 모두 과거에 있다. 미래는 이제 아무 것도 '발견'하지 못하리라. 이제 더 이상 무엇이 발견될 수 있으랴.[15]

야스다는 이런 말을 한 뒤에 '그'와의 '대화'로 접어든다. 말하면 말할수록 의미가 해체되어 가는 불안정한 전장 체험의 이야기는, 호미 바바였다면 분명히 '수행적 시간'이라고 말했을 시간의식, 즉 과거와 현재를 반복하는 시간의식 속에 존재하고 있는 것이다. 이런 관점은 전장 체험과 관련해서 널리 존재하는 견해, 즉 그 체험은 본인만이 알 수 있는 개별적 체험이라는 견해와 첨예하게 대립한다. 너무나 분명한 개별적 체험을 말하고 있는 것이 아니라, 말하면 말할수록 개별적 영역이 해체되고 마는 불안정한 발화, 그것이 바로 전장 체험의 이야기인 것이다.

개인의 해체라고 하는 이 문제는 베네딕트 앤더슨이 말한 기억의 '소원성'(estrangement)과도 관련된다.[16] 앤더슨의 말처럼 아무리 이야기해도 '서먹서먹한' 기억 속에서 개별적 정체성을 유지하는 데 필요한 것은 회상하는 것이 아니라 이야기하는 것이다. 바로 여기서 미슐레나 르낭처럼 '대신해서 말하는' 발화의 위치가 등장하게 됨은 두말할 나위도 없다. 그리고 전장 체험이라는 불안정한 이야기의 영역은 전사자 대신에 의미를 확정하려고 하는 역사주의적인 국민의 이야기를 갖고서는 독해할 수 없는 영역으로 존재한다고 할 수 있다. 다시 말해서 '10센티미터'를 말하는 실천이란 이런 증언의 영역에서 개인을 해체시켜 나가는 작업인 동시에, 이 증언의 영역이 국민이라는 정체성에 대한 강렬한 비판과 재정의라는 극히 정치적인 영역으로 자리매김된다는 함의도 갖고 있다는 말이다.

그렇다면 증언에서 정치로 나아가는 과정을 묘사할 때, 야스다의 정치란 과연 무엇인가? 이 문제를 생각하려면 그가 『전쟁 체험』을 출판한 1960년대라고 하는 '시대'를 염두에 두지 않으면 안될 것이다.

야스다는 기본적으로 전장 체험을 "단순히 인격주의적 '각성'으로만 환원시켜 버려서는 안된다"[17]고 하면서도, 이 시기에 거듭 주장되고 있었던 이른바 '전쟁 체험의 사상화(思想化)'와는 거리를 두려고 한다. 그는 좌익을 중심으로 한 반전·평화운동에 대해서도 줄곧 비판적인 입장을 취한다. 그리고 이렇게 말하는 것이다.

> 우리의 과잉된 '정치주의'적 발상이 그들의 전쟁 '체험'을 결집하여 민족의 사상 전통 속으로 정착시키는 길을 가로막고 있는 건 아닐까?[18]

전장에서 '민족의 사상 전통'으로. 이것은 야스다에게만 나타나는 특이한 사례가 아니다. 야스다와 거의 같은 시기에 그보다 더 전장 체험의 사상화에 적극적이었던 인물로 하시카와 분조가 있는데, 하시카와 역시 전장 체험을 '일본인론의 초석 중 하나'로 파악하려 했다.[19] 그의 경우에도 비판의 대상은 좌익적인 보편주의적 역사관이었다. 하시카와는 보편주의적 역사관 대신에 전장의 체험을 바탕으로 한 〔민족적〕 '역사의식'을 주장했던 것이다.

그들의 주장이 국민의 이야기로 회수된 것이라고 〔무시〕해 버리면 그만일 수도 있다. 그러나 야스다나 하시카와가 이처럼 전후에 민족으로 귀결한 것은 좌익적 역사주의가 안고 있던 문제점을 드러내 주기도 한다. 따라서 거기에서는 전후의 민주화가 정치화시키지 못했던 이른바 증언의 영역이 분명히 떠오를 것이다.

언제나 엄밀하게 과학적인 입장에 서 있다고 확신하고 또 공언하는 부류의 인간들이 어찌된 일인지 항상 꿈 같은 무한한 미래를 한없이 확신하면서 자기 존재의 필연성을 믿어 의심치 않는 것 같은 상황은 불가사의한 일이다.[20]

혼란스러운 시간의식 속에서 불안정한 이야기를 계속해 나가려 했던 야스다가 이처럼 '엄밀하게 과학적인 입장에 서 있는' 사람들을 비판할 때, 그는 전후의 '균질적이고 공허한 시간'이 진보적인 좌익적 담론에 의해서 시작되었음을 응시하고 있다. 진보주의에서의 이런 시간이야말로 베네딕트 앤더슨이 『상상의 공동체』에서 설정했던 시민적 동시성이다. 야스다나 하시카와는 과거와 현재가 뒤얽힌 '수행적 시간' 속의 이야기에서 발견해낸 민족을, 전후의 '상상의 공동체' 내부에서 다시 정의하려 했던 것이다.

3. 오키나와 전투의 기억

전장 체험 이야기 속에 전후의 좌익적 담론이 민족으로 다시 정의되어 나가는 과정을 생각할 때, 하시카와 분조가 자신이 주장한 '역사의식'과 관련해서 오키나와를 언급하고 있는 점은 주목할 만하다. 즉 하시카와 는 '역사의식'의 실제 '예시'(例示)로서 시모타 세이지(霜多正次)[2]의 다 음과 같은 글을 인용하고 있는 것이다.

> 오키나와에서도 물론 세대마다 사고방식의 차이는 있지만 오키나 와에서는 세대의 단절이라는 것은 없으며 또 있을 수도 없다고 나는 생각한다. 왜냐하면 오키나와에서는 거의 모든(그렇게 말해도 좋다) 사람들이 [미국의] 식민 지배로부터 벗어나 일본으로 복귀하고자 염 원하고 있기 때문이다. 결국 거기에는 세대의 차이를 뛰어넘은 공통 의 민족의식, 공통의 역사의식이 형성될 현실적 기반이 존재하기 때 문이다.[21]

여기서 '역사의식'과 '민족의식'은 정확히 일치하고 있다. 도대체 전 후라고 불렸던 시대에 오키나와의 위치는 어떠했던가? 또 오키나와가 이야기될 때 증언의 영역이란 과연 무엇일까?

야스다나 하시카와가 전장 체험을 문제로 삼았던 1960년대는 오키 나와를 둘러싼 정치과정이 1972년 5월 15일의 '조국 복귀'를 향해서 격 렬하게 전개되어 나가기 시작하는 서막에 해당한다. 이런 전개과정 가 운데 좌익의 '복귀' 운동에서는 다음과 같은 노래가 울려 퍼졌다.

> 단단한 땅을 깨고 민족의 분노로 타오르는 섬, 오키나와여
> 우리들과 선조들이 피땀으로 지키고 일군 오키나와여

우리는 외친다 오키나와여, 우리들의 것이다 오키나와는
오키나와를 반환하라, 오키나와를 반환하라[22]

일본의 전후 의식은 '대동아'로까지 확장되었던 영토의식을 '패전'이
라는 사건과 함께 망각함으로써 생겨났다고 할 수 있다. 일찍이 자기
영토로 지배했던 장소를 하룻밤 사이에 외국으로 인정한 지조 없는 영
토의식이야말로 전후 일본 내셔널리즘의 출발점이었던 셈이다. 그러나
'오키나와를 반환하라'고 외치는 이 노래에는 '우리들과 선조들'을 잇는
공통의 역사가 오키나와라는 영토와 함께 상기되고 있다. 다시 말해서
오키나와라고 하는 장소는 전후 일본의 영토의식 속에 있어야 할 본래
의 영토를 끊임없이 일깨우는 '역사지도', 바로 그것이었다.[23] 그런 의
미에서 '오키나와를 반환하라'고 하는 영토에 대한 주장이 전후 일본 내
셔널리즘에서 얼마나 큰 의미를 가졌는지 새삼 떠올리지 않으면 안될
것이다.

그러나 여기서 주목하려는 것은 이 국민의 이야기에 '피'의 대가로
지켜진 '오키나와'라는 전쟁의 비유가 담겨 있다는 점이다. 사실 1972
년의 '조국 복귀'가 다가옴에 따라 오키나와 전투에 관한 기억은 빈번하
게 이야기되기에 이르렀다. 거칠게 말해서 '복귀'운동은 전후의 좌익적
담론이 하시카와가 말한 전장 체험을 기반으로 하는 '역사의식'으로 재
정의되어 가는 과정 속에 자리잡고 있었던 것이다.

생각해 보면 우리나라 부현(府縣)들 가운데서 직접 전장이 되어 모
든 것을 잃어버린 곳은 오직 오키나와 현뿐입니다. 말 그대로 국가의
방파제가 되어 온 국민을 대신했던 오키나와 현은 고귀한 10만여 영

* 오키나와 전투에서 전사한 오키나와 사범학교 남자부 및 중등학교 직원·학생(1,780명 중 890명 사
  망)들을 기리는 위령비. 이토만(絲滿) 시 마부니(摩文仁)에 있다.

령과 함께 나무 한 그루, 풀 한 포기까지 순국했습니다. 그로부터 20
여 년의 세월이 흘렀습니다만 지금도 우리 오키나와 현은 미국의 시
정(施政) 아래 놓여 있는 상태입니다. 이 학도들(히메유리의 탑과 겐지
[健兒]의 탑*에 잠든 학생들—인용자)을 위해서라도 우리나라 사람은
하루라도 빨리 오키나와를 일본의 행정 아래 복귀시켜야 한다고 생각
합니다.[24]

긴조 가즈히코(金城和彦)의 이 오키나와 전투 이야기는 '조국 복귀'
담론에 등장하는 전형적인 말투다. 내셔널리즘을 드높이 구가한 노래
「오키나와를 반환하라」에 담겨 있는 '피'의 대가는 이런 오키나와 전투
의 말투와 정확히 대응하고 있는 것이다. 전장의 기억이라는 판도라의
상자를 열어 젖힘으로써 성립된 이 내셔널리즘은 바로 '순국한' 사자
(死者)들에 의해 구성된 영토 획득운동이었던 것이다.

오키나와 전투는 전선이 사라지고 전투원과 비전투원의 구분이 사라
져 모든 사람들이 전장으로 내던져진 총력전이었다. 그것은 물론 제32
군에 의한 전면 동원의 결과였지만, 동시에 미군 함대의 무차별 함포사
격이 초래한, 익명화된 병사들의 죽음의 공동성이 낳은 결과이기도 했
다. 히메유리 탑으로 상징되는 '순국한' 사자라는 오키나와 전투의 기억
은 앞서 언급한 히로시마에서의 면(面)의 기억과 마찬가지로 이런 총력
전과 관련된 동원의 형태와 깊이 연관되어 있다.

더욱이 이렇게 '히메유리'로 대표되는 오키나와 전투 이야기에서 중
요한 것은, 그것이 결국 순국한 '일본인'을 칭송하는 [일종의] 야스쿠니
신사(靖國神社)임에도 불구하고, 전후 사회에서는 반전 평화의 슬로건
으로 등장하고 있다는 점이다. 요시다 쓰카사(吉田司)[3]가 『히메유리
주신구라』(ひめゆり忠臣藏)에서 '양면신'(야누스)이라 부른 이 문제야말
로 '히메유리'가 지닌 인기의 비밀과 야스쿠니 신사로 이루지 못했던 전

후 일본 내셔널리즘의 재구축 논리를 감추고 있다. 요시다가 날카롭게
지적하는 것은 바로 '희생자'라는 담론이다.

> 우리 본토 일본인이 오키나와에 가면 꼭 히메유리 탑을 찾아 머리
> 를 조아리는 까닭은 오키나와가 본토를 위해 산화(散華)해 주었기 때
> 문이 아니라 전쟁 피해의 궁극적인 모습을 거기서 발견하기 때문이
> 다. 피해의 궁극적인 모습이란 고통이 아니다. 전쟁을 겪은 세대에게
> 그것은 자신의 '무죄 증명'이며 용서의 장(場)이고 감미롭고 감상적인
> 장, 이제는 평화의 눈물을 흘릴 수 있는 장이다. 우리는 히메유리를
> 진혼(鎭魂)하고 있는 것이 아니다. 오히려 히메유리의 이미지 속에서
> 자기 자신이 진혼을 받고 있는 것이다.(25)

전후 일본의 내셔널리즘은 전범(戰犯)이라는 외부를 만들어 내어 가
해자를 일부분으로 한정시키고, 천황을 포함한 모두가 자기 자신을 전
쟁의 희생자로 연출함으로써 시작되었다. 또 오키나와의 비극을 자기
일처럼 애통해하는 가운데 자신을 희생자로 구성해 냈던 것이다. 거기
에는 요시다의 말처럼 자기 자신이 적극적으로 참여해서 아시아 사람
들을 죽였다고 하는 가해자 의식의 망각이 가로놓여 있을 터이다. 또
이 망각이야말로 이제는 파탄되어 버린 것처럼 보이는 전전(戰前)의 내
셔널리즘을 연명시키는 회로이기도 했다. 그리고 그것은 요시다가 일
관되게 지탄하고 있듯이, 전쟁을 지도하고 동원했으면서도 전후에 오
키나와의 비극을 운운하면서 평화주의자로 등장하게 되는 오키나와 엘
리트의 연속성이기도 하다. 피해자 의식의 강조는 평화주의로 연결되
고 가해자 의식의 망각은 전전 대동아의 꿈을 연명시키는 것이다.

그러나 아시아를 망각한 이 희생자 공동체에서 중요한 것은, 아시아
라고 하는 타자를 망각할 뿐만 아니라 '일본'의 내부에 있으면서도 '일

본'으로 확정할 수 없는 이질적 존재까지 망각하고 있다는 점이다. 단지 이들이 전쟁에 참가했음을 망각하고 있다는 말이 아니다. 희생자 공동 체로서 '일본인'이 구성된다고 하는 것은, 바로 앞서 말한 증언의 영역 을 망각하는 것이다. 요시다 자신도 이 증언의 영역을 놓치고 있는 것 같다. 예컨대 그는 이렇게 말한다.

> 그때 국내에 위령탑을 만들 여유가 있었다면 우리 일본인은 백골 이 뒤덮인 아시아의 전장으로 국민이 총출동해 참회의 여정(旅程)에 나서 수없이 많은 아시아 위령탑을 세웠어야 마땅하다고 생각한다. 일본의 전몰자 같은 것은 내버려 두었다가 제일 마지막에 조용히 공 양해야 할 대상이었다.[26]

가해자로서의 자각과 책임을 주장하는 요시다의 말 속에 '우리 일본 인'이라는 국민 창출('총출동')의 이야기가 '조용히' 얼굴을 내밀고 있다 는 데 주의할 필요가 있다. 아시아를 상기한다는 것은 요시다의 말처럼 그저 피해자를 가해자로 바꾸는 것이 아니다. 단순히 전쟁 가해자라는 자각을 갖는 것이 아니라, 그 과정에서 생겨난 불협화음을 상기하고 국 민의 이야기로 포섭되지 않을 이질적인 존재를 불러들이는 것, 그것이 야말로 아시아를 상기하는 것이다.

오키나와 전투의 기억은 '히메유리'와 같은 순국한 피해자의 내셔널 리즘과, 요시다와 같은 가해자의 내셔널리즘으로만 이야기될 수 있는 것이 아니다. 1975년 7월 히메유리의 탑 근처의 동굴 속에서 10여 일 동안 웅크리고 앉아 히메유리 소녀들의 목소리를 듣고 있던 지넨 쓰토 무(知念功)는 히메유리의 탑을 방문한 현 천황(당시 황태자)에게 화염 병을 던졌다. 지넨은 재판소에 제출한 진술서에 히메유리 여학생들로 부터 '복수해 달라'는 부탁을 받았다'고 쓰고 있다.

'귀기 서린 국민적 상상력'이 꿈틀거리는 무명전사의 묘지, 거기에 묻힌 죽은 자들은 다른 이야기 속에서도 부활하는 법이다. 히메유리의 영혼이 있느냐 없느냐는 문제가 아니다. 죽은 자를 대신해서 말하는 미슐레 등의 이야기와는 다른 발화의 가능성, 굳이 말하자면 새로운 분절화의 가능성을 찾아내야만 한다.

4. 학살의 기억

앞장에서도 거론했듯이 오키나와 전투에서는 수많은 주민들이 일본군에 의해 '스파이'로 간주되어 참혹하게 살해당했다. 오키나와 전투에서 이 '스파이' 학살의 기억은 오늘날까지도 숱한 이야기들을 만들어내고 있다.

데루야 다다히데(照屋忠英)라는 오키나와 현 모토부(本部) 국민학교의 교장 선생이 있었다.[27] 그는 1892년 오키나와 현 모토부촌(本部村) 이즈미(伊豆味)에서 태어나 1911년 오키나와 사범학교에 입학한다. 당시 오키나와에서 출세하는 방법은 현 외부로 나가 성공하는 것말고는 학력을 쌓아 관리나 교사가 되는 길밖에 없었다. 또 현 외부에서 성공을 거두려 해도 학력이 결정적으로 중요했다. 따라서 당시 오키나와에서 출세는 곧 교육이라는 생각은 아주 강했다. 그러나 거기에는 교육비라는 경제적 문제가 가로놓여 있었고, 중학교 학비를 부담할 수 있는 농민층은 전체의 2할도 채 안되었다.[28]

이 장벽을 뛰어넘는 한 가지 방법으로 부모가 이민을 가서 학자금을 송금하여 자식들에게 중등교육을 받게 한다는 좀 변칙적인 입신출세의

* 1945년 이전 보통소학교와 고등소학교가 다 있는 학교를 말한다.

유형이 있었다.[29] 데루야도 북아메리카로 단신 이민을 떠난 부친이 보
내온 돈으로 오키나와 사범학교에 진학했다.

데루야는 1914년에 오키나와 사범학교를 졸업하고 오기미촌(大宣味
村) 기자하(喜如嘉) 심상(尋常)고등소학교* 훈도(訓導)가 된 뒤로,
1916년 하네지촌(羽地村) 야가지(屋我地) 심상고등소학교 수석 훈도,
1919년 모토부 심상고등소학교 훈도, 1920년에는 오키나와 사범 부속
소학교 훈도, 그리고 1924년에는 32세의 젊은 나이로 구니가미(國頭)
심상고등소학교 교장이 된다. 그후 1927년에는 나키진촌(今歸仁村) 아
메소코(天底) 심상소학교 교장이 되어 15년간 근무하고 1942년에 모
토부 국민학교 교장으로 취임했다. 데루야 자신은 '멸사봉공'(滅私奉
公)의 인물이었다고 생각할지라도 그의 경력은 분명히 입신출세였음을
보여준다.

그런데 데루야는 학교 재임 중, 특히 오랫동안 학교장을 지냈던 아메
소코 시대에 적극적으로 생활개선운동을 추진했다. 그 활동사례를 들
자면, 우선 위생문제와 관련해서 당시 동료의 말로는 "항상 오키나와인
의 위생 관념이 낮은 것"을 개탄하며 "집과 마당 청소, 정리 정돈, 결막
염이나 옴 등 피부병 근절"에 힘썼고, 연구회나 계몽활동 외에도 교장
으로서 학교구역 내 음료수 수질 검사, 학교 양호사 도입, 개량 변소 설
치를 장려하는 활동을 추진했다.[30] 또 구역 내의 6개 아자(字)*와 41
개 부라쿠(部落)에 대해서도 생활기준을 철저히 마련토록 하는 생활개
선운동을 전개했다. 1938년에는 그 공로를 인정받아 제국학교 위생회
로부터 표창을 받기도 했다.

데루야의 표준어 교육에 관해서는 다음과 같은 제자의 증언이 있다.

* 말단 행정단위인 정촌(町村) 내부의 구획 명칭.

어느 날 친구 몇 명과 교실청소를 하고 있었어요. 방과후라서 왠지 모르게 풀어져 있었죠. 그래서였는지 어느 사이에 익숙한 오키나와 사투리로 떠들기 시작했어요. 그런데 갑자기 선생님이 나타나셔서 벼락같이 호통을 치시곤 걸상을 번쩍 들어 내던지셨습니다.(31)

이렇게 철저한 표준어 교육은, 그가 아동자치회를 만들면서 "오키나와 사람들이 다른 사람들 앞에서 당당하게 자기 의견을 발표하지 못하고 우물쭈물하는 정신을 고쳐 단련"시키려 했던 것과도 통한다.(32) 데루야는 오키나와의 '인습'을 개선하는 데에도 열심이어서 밤중에 모아 소비를 하거나 자비센 반주에 맞춰 노래를 부르면 지팡이를 휘두르며 야단을 치기도 했다.(33)

데루야의 이런 생활개선운동에서 '일본인' 지향을 발견하기란 그리 어렵지 않다. 증언에서도 알 수 있듯이, '오키나와인'은 '위생관념'이 부족하고 언변이 모자란다고 했을 때, 거기에는 지향해야 할 비교대상으로서 '일본인'이 상정되어 있게 마련이다. 그가 소년이었을 적에 오키나와에서는 러일전쟁 후에 시작된 지방개량운동의 와중에서 풍속개량운동이 전개되고 있었다. 이 풍속개량운동은 그 뒤의 생활개선운동으로 이어졌는데, 거기서는 오키나와어, 류큐식 복장, 문신(하지치) 등이 문제가 되었을 뿐만 아니라 단발(斷髮)까지 주장하고 있다. 옛 류큐 사족(士族) 가운데 일본에 의한 '병합'에 반대하는 '완고당'(頑固黨)＝중국파(中國派)가 존재하던 상황에서 단발은 '일본인'화의 중요한 지표가 되었다. 이런 풍속개량운동 당시에 소학생이었던 데루야는 자신이 단발했을 때 이제 '야마톤추'(일본인)가 되었다며 몹시 기뻐했다고 한다.(34) 그는 근대 오키나와가 일관되게 추진해 왔던 생활개선운동 속에서 성장했던 것이다.

이와 같은 데루야의 '일본인＝야마토' 지향은 그가 아메소코 소학교

교장 시절에 오키나와 현 최초로 천황의 초상인 '고싱에'(御眞影)와 교
육칙어를 모셔 두는 봉안전(奉安殿)을 설치했다거나 니노미야 손토쿠
(二宮尊德) 동상을 건립했다는 데에서도 엿볼 수 있지만, 거기에는 동
시에 '오키나와=향토(鄕土)'에 대한 집착도 자리잡고 있었다. 그가 교
사로서의 교육 실천에서 유달리 중시했던 것이 바로 향토교육과 농촌
교육이다. 데루야가 잡지 『오키나와 교육』(1928년 12월호)에 게재한
논문 「지리과에 대한 소견」은 오키나와를 사례로 들면서 향토를 소재로
한 지리교육의 필요성을 주장하고 있는데, 거기서 그의 '오키나와=향
토'에 대한 강렬한 애착을 엿볼 수가 있다. 그리고 이 경우의 향토란 '아
동이 늘 보고 들을 수 있는 범위'이며, 또 향토의 소재란 '일상생활 자
료'를 말한다. '오키나와=향토'에 대한 집착은 '보고 들을 수 있는 범위'
와 결합되고 또 생활개선운동으로 이어지게 되는 것이다.

1939년 생활개선운동이 한창일 때, 당시 오키나와 현 지사였던 후치
가미 호타로(淵上房太郞)는 '오키나와 문화 말살론'을 주장했고, 이듬
해 오키나와를 방문한 민예협회의 야나기 무네요시(柳宗悅)와 '오키나
와 방언논쟁'을 전개했다. 후치가미는 후쿠오카(福岡) 현 출신으로 도
쿄 대학 법학부를 졸업한 뒤 내무성에서 근무하다가 1938년 오키나와
현 지사로 파견된 내무관료다. 이 후치가미의 '오키나와 문화 말살론'과
데루야의 생활개선은 똑같은 황민화='일본인'화 속에서 생겨났지만 엄
격히 구별할 필요가 있다. 데루야의 '일본=야마토' 지향에서 간파되는
것은 '오키나와=향토'에 대한 집착, 그리고 그 집착을 실천해 나갈 장
(場)으로서의 생활의 발견이기 때문이다.

데루야의 지인 중 한 사람은 나중에 데루야를 '오키나와를 사랑했던
선생, 일본을 사랑했던 선생'이라고 표현하고 있는데,[35] 황민화정책 속
에서 언뜻 보아 모순된 것처럼 보이는 이 두 가지 측면은 생활이라는
영역에서는 하나인 존재로서 인식되었다. '오키나와=향토'를 사랑하기

때문에, 데루야는 후치가미처럼 '오키나와 문화 말살'을 외치지도 않고 야나기처럼 '오키나와 문화'를 '국보적 가치'로 옹호하지도 않으면서 실천의 장으로서의 생활을 지향했던 것이다. 그리고 뒤집어서 말하자면 그것은 개개의 실천 속에서 '일본인'이 된다고 하는 것이 끊임없이 확인됨을 의미하고 있는 것이다.

데루야 다다히데와 같은 인물은 결코 특수한 사례가 아니다. 앞 장에서도 말했듯이 오키나와의 근대에는 수많은 데루야가 존재하며 생활개선이 실천되고 있었다. 바로 그렇기 때문에 생활개선의 사회적 결과를 확인해 둘 필요가 있다. 곧바로 지적할 수 있는 점은 생활개선의 의도가 어디에 있었든 간에, 그가 일상의 미세한 사항들을 감시하고 적발하는 지도자였다는 점이다. 오키나와어를 쓰면 걸상을 집어던지고 밤중에 지팡이를 휘두르며 자비센 소리를 내지 못하도록 감시했던 것이다. 오키나와어를 쓰는 인간을 '도덕적 범죄자'라고 서로 밀고하고 맨발을 '불결'하다고 조례로 단속하며 유타를 '인습'의 상징으로 대량 검거하는 데서 나타나는 오키나와 사회의 상호감시체제는 수많은 데루야들에 의해서 이루어지고 유지되었던 것이다.

더욱이 앞장에서 보았던 것처럼 감시는 지도자 자신에게도 영향을 미친다. 당시 생활개선의 지도자는 '도덕적 범죄자'를 감시하는 도덕적 지도자로서, 생활개선이라고 하는 도덕을 체현하는 모범을 스스로 보이지 않으면 안되었던 것이다. 사람들이 서로를, 그리고 자신을 감시한다고 하는 자기규율화야말로 생활개선의 사회적 결과였다.

또 한 가지 데루야에게서 나타나는 향토에 대한 집착과 '일본인' 지향의 일체화와 관련해서 지적해 두어야 할 것이 있다. 그것은 1930년대 후반부터 생활이라고 하는 영역을 매개로 하지 않고 양자가 일체화하는 회로가 형성되었다는 점이다. 즉 '남방'으로 진출함에 따라 '남양의 지도자＝오키나와'라는 담론이 등장한 것이다. 앞에서도 언급했듯이 일반적으로 오키나와에서의 황민화가 한층 심화되었다고 이야기되는 1930년대 후반부터 1940년대에 걸친 시기에 오키나와 문화연맹을 중심으로 해서 류큐 문화의 재평가가 제창되었다. 그것은 아사토 스스무(安里延)의 『오키나와 해양 발전사』에서 가장 잘 알 수 있는데,[36] '해양민족'인 '오키나와인'의 전통이 높이 평가되면서, '남양의 지도자로서의 전통이 '창조'되었다.

이 새로운 담론은 생활개선을 대신하는 것이 아니라 오히려 그것을 훨씬 더 강화시키는 방향으로 작용하게 된다. '일본인', 그리고 '남양의 지도자＝오키나와인'이 되기 위해서 생활을 한층 더 개선하지 않으면 안된다는 것이다. 오키나와 사람들을 사로잡았던 '일본인' 되기의 과정에 '남양'이라는 타자가 등장했다는 데에 다시금 주의할 필요가 있다.

마지막으로 생활개선이 만들어낸 규율의 행방에 대해서 언급해 두어야 할 것이다. 일본의 아시아 침략이 본격화되는 가운데 데루야의 임무는 여자근로봉사대의 조직화, 해군 지원자 권유와 설득이라고 하는 전쟁 동원의 양상을 띠게 되었다. 또 행정기구가 오키나와 주둔 제32군으로 이행하여 그야말로 전장 행정이 펼쳐지는 가운데 교원이나 관리 등 지금까지 생활개선을 담당했던 지도자들 역시 차츰 다가오는 전장 동원을 향해서 의용대나 방위대 형태로 주민의 전력화를 추진하고 있었다. 데루야가 아메소코 소학교 이후에 교장으로 부임한 모토부(本部)에도 우토(宇土) 대령이 이끄는 부대가 주둔했다. 그때의 식료, 노동력 공급에 관여한 데루야의 협력활동은 대단한 것이었다고 한다.

생활개선을 담당했던 도덕적 지도자는 전장 동원의 지도자로, 생활개선이 창출한 규율은 군율로 전환되어 갔다. 그리고 내부의 타자인 '도덕적 범죄자'에게는 다른 이름이 부여되었다. 바로 '스파이'다. 앞 장에서도 지적한 것처럼 오키나와 전투에서 일본군은 '스파이'라는 이름 아래 수많은 주민을 참혹하게 살해했다. 전장을 지배하는 것은 언어를 초월한 폭력이며, 따라서 일단 '스파이'라는 담론도 폭력을 행사할 때 일본군이 강요한 명목에 불과하다. 그러나 '스파이'는 전장에서의 단순한 명목에 그치지 않고 평시의 '도덕적 범죄자'와도 맞닿아 있다. 평시의 '수상한 자'가 '스파이'로 재해석되고 있었던 것이다.

생활개선을 추진하고 일본군에 적극 협력했던 데루야 다다히데는 오키나와 전투 와중에 일본군에게 '스파이'로 몰려 참혹하게 죽었다. 데루야가 살해되었다는 소식은 삽시간에 전장으로 퍼졌다. 경악과 분노와 공포가 뒤섞이는 가운데, 어떤 이는 온몸에 경련을 일으키면서 이렇게 외쳐댔다. "이런 식이라면 나도 목숨이 아까울 것 없다. 도대체 우군이 뭐냐. 미군보다 더 나쁜 놈들 아니냐!" [37]

데루야의 죽음은 오키나와 주민들을 일본군의 군율로부터 이탈시키는 촉진제로 작용했던 게 분명하다. 거기에는 공포심에 내몰린 도주뿐만 아니라 분노로 가득 찬 반군(反軍) 의지가 존재했다. 앞서 말했듯이 이런 분노는 명백히 데루야가 일본군의 열렬한 협력자였기 때문에 일어난 분노, 즉 배반을 당했다는 분노였다. 그 동안 협력해 왔기 때문에 품게 된 배신감에 기인하는 이 격렬한 분노는 오키나와의 전장에서 상당히 광범위하게 발견되며, 각종 반군운동의 요인이 되었다.

그러나 이 장에서 문제삼고자 하는 바는 결코 오키나와 전투에 이르는 이런 과정과 그 파탄이 아니다. 일관되게 '일본인'이고자 했던 한 인간이 타자(=적)로서 살해된 이 죽음이 그 뒤에 어떻게 상기되었는가 하는 것이다.

오키나와 전투라는 전장에는 '일본인'으로서 죽음으로의 동원과 '스파이'(=적)로서의 학살이라는 결정적으로 분할된 두 가지 죽음이 존재했다. 그러나 이 두 죽음을 한 쪽은 '순국 미담'으로서, 다른 쪽은 '억압자=일본인'의 '피억압자=오키나와인' 학살로서 분리시켜 이야기되어선 안될 것이다. 처음부터 계속 국민이었다가 마지막에 조국을 위해 죽었던 것도 아니고, 처음부터 줄곧 타자였다가 마지막에 적으로서 살해당한 것도 아닌 데루야의 죽음이 과연 어떻게 상기될 수 있는지 주시해야 할 것이다.

다시 말하건대, 전장에서의 죽음과 그 기억은 두말할 나위 없이 내셔널리즘의 가공할 원천이다. 그것은 '귀기 서린 국민적 상상력'으로 충만해 있어서 굳이 '국민적 귀속을 명시할 필요조차 전혀 느끼지' 못한다. 하지만 그렇기 때문에 문제삼아야 할 것은 바로 두 가지 죽음으로 찢겨진 주체의 잔여 부분인 것이다. 이 잔여야말로 오키나와 전투의 기억을 상기할 때 내셔널리즘에 불협화음을 일으키는 잡음의 근원이며, 역으로 내셔널리즘은 이 잔여의 망각과 회수이기도 하기 때문이다. 이런 잔여의 망각과 회수는 결코 데루야에게만 국한되는 사안이 아니다. 완전히 진정한 국민이 되지 못한 인간이, 또는 역으로 적이 되지 못한 인간이 전장에서 두 가지 죽음으로 찢겨졌을 때에 남는 회수되지 않은 영역, 문제는 그 영역의 행방이다.

5. 기억의 분절화

'일본인'으로서 동원되면서 타자(=적)로서 살해당한 오키나와 전투의 기억은 '조국 복귀'가 정치 일정으로 가까워짐에 따라서 상기되고 이야기되기에 이르렀다. 이하에서는 1972년에 오키나와 현 노동조합협의회가 편찬한 증언집 『일본군을 고발한다』를 살펴보기로 하자. 당연하겠지만 이 증언집에 수록되어 있는 '스파이' 학살에 관련된 약 100명의 이야기는 다양하지만 한편으로 이야기의 질서라는 것이 몇 가지 존재한다. 이 질서에는 상기라는 작업이 사라지지 않으려는 과거의 기억을 기반으로 삼는 동시에 1972년에 이르는 당시의 정치과정을 반영하고 있음이 드러난다.

우선 어느 이야기에도 살해를 자행한 일본군에 대해 격렬한 증오가 존재한다. 누나 일가족이 '스파이'로 살해당한, 당시 수산시험장에 근무했던 사람의 이야기를 들어보자.

그때는 전국을 뒤져서라도 누나 일가를 살해한 원수를 찾아내 죽여 버리겠다는 생각조차 했다. 하지만 지금은 진정되었다. 내가 아무리 난리를 쳐도 일곱 사람이 살아 돌아올 수는 없다.

이 지면을 빌어 예전의 가해자에게 한마디 호소하련다.

누나 일가를 죽인 일본군 여러분! 살아 계시다면 하다 못해 향불 하나라도 피워 주시지 않으렵니까. 가여운 누나를 대신해서 부탁드립니다.

여기서 증오는 학살의 실행자에게 한정되어 있다. 그러나 여동생의 남편이 '스파이'로 살해되고 그 직후에 여동생 또한 자살한 사람의 다음 이야기는 일본군 전체로 확대되고 있다.

내 여동생 부부는 미군에게 살해당한 것이 아니다. 동포이자 우군이라 믿었던 일본군에게 살해당한 것이다. 이를 단지 전쟁 탓으로 돌릴 수만은 없다. 일본군에게 원한을 품지 말라고 하는 게 무리일 것이다. 두번 다시 이런 비참한 경험은 겪고 싶지 않다. 오키나와가 〔일본으로〕 복귀하면 또 자위대라는 군대가 오키나와로 들어온단다. 이제 더 이상은 싫다.

이 이야기에서 '원한'은 '우군'인 '일본군' 전체로 확대되고, 더욱이 '복귀'와 함께 들어오게 될 '자위대'를 향하고 있다. 오키나와 전투의 이런 기억의 상기가 '일본군'에 대한 증오를 배양하고 그것이 '자위대'를 겨냥한다고 하는 이야기는 이 시기의 특징이라고 볼 수 있다. 그것은 또 정치과정에서 '핵도 기지도 없는 평화로운 오키나와 현'이라는 반전 (反戰) 복귀의 운동방침과 서로 공명하고 있는 것이다.

그런데 이 시기에 많이 출간된 오키나와 전투 관련 '전기물'(戰記物) 에서는, 일본군의 투항을 목격했을 때 '휴 하고 한숨을 내쉬는' 안도감 뿐만 아니라 많은 경우 '속았다'고 하는 분노를 배양하고 있음을 엿볼 수 있다. 거기에는 지금까지 추종하고 함께 싸워 왔음이 전제가 되어 있다. 마찬가지로 '스파이' 학살이라는 것과 관련한 '일본군'에 대한 증 오의 기억에도 이처럼 함께 싸워 왔는데 '속았다'고 하는 분노가 존재한 다. '일본군'에 대한 이와 같은 증오는 단지 반전이나 반군으로만 연결 되는 것이 아니다.

오키나와의 희생을 생각하면, 일본군으로서 상처 없이 살아남은 자에게는 분노를 느낄 수밖에 없다. 정말 진심으로 싸웠더라면 결코 살아남아 있을 수 없다고 보기 때문이다. 나는 일본군이 죽는 장면을 몇 번이나 봤지만 '천황폐하 만세!'라는 말은 한번도 듣지 못했다. 모 두들 가족의 이름을 부르면서 죽어갔다. 당연한 일이지만 그들도 똑 같은 인간이었던 것이다. 하지만 거꾸로 말해서 그들이야말로 '황국 일본'의 교육을 가장 잘 체득하고 있었을 게 아닌가? 힘들어지면 자기 힘으로 타개하지 않고 주민에게 비난의 화살을 돌리면서 자신의 안위 를 좇았던 일본군의 죄업을 나는 평생 잊을 수 없다. 오키나와 현 사 람들은 이 최전선의 땅에서 자기 조국을 지킨다는 결심으로 목숨을 바쳐 싸웠는데, 전쟁 말기에는 〔일본〕군 스스로가 그런 식으로('스파 이' 학살─인용자) 현민의 충성심을 배신했던 것이다.

주목할 것은 학살사건이 바로 르낭이 말한 '동포 살해'로서 상기되고
있다는 점이다. 일본군에 대한 원한이 '동포 살해' 속에 갇히면 갇힐수
록 조국을 위해 죽었다고 하는 기억이 각인된다. 학살의 기억에 나타나
는 공통점은 바로 이 '동포 살해'다. 결국 반전과 내셔널리즘이 일체화
되는 가운데서, 다시 말해 반전 복귀의 깃발 아래서 학살이 이야기되었
던 것이다. 그런 의미에서 「기지 온존인가, 기지 철거인가」로만 오키
나와 문제를 왜소화시키고 「좀더 나은 반환」을 다투는 내셔널리즘의 경
합"이 '조국 복귀'였다고 하는 아라카와 아키라(新川明)의 지적은 정곡
을 찌른다.[38] 그러나 여기에 덧붙여야 할 것은 이 내셔널리즘이 '조국
을 위해 죽는'고 하는 죽음의 공동체였다는 점이리라. 하시카와 분조
가 자신의 역사의식으로 주장한 '복귀' 운동은 확실히 전후 내셔널리즘
을 새롭게 분절화시키고 다시금 정의했던 것이다.

'동포.' 그렇다. 적(스파이)＝타자로서 살해당한 죽은 자들마저도 '동
포로 분류하면서 그 죽음을 '우리 자신의 것'으로 기억하고 또 망각해
가는 과정이야말로 르낭이 「국민이란 무엇인가」에서 주장한 바였다. 죽
은 자를 대신하여 관찰하고 분류하는 사자(死者)의 인종분류가 학살의
기억을 덮어 버리는 가운데 저 '귀기 서린 국민적 상상력'이 흘러 넘치
게 되는 것이다. 그리고 우리는 인종분류로 나눌 수 없는 불확실한 증
언의 영역을 향하지 않으면 안된다.

　　"우리 일본인이 류큐 토인(土人)을 위해 개죽음할 필요가 있는가!"
우렁찬 목소리(일본군의 발언―인용자)가 들렸다.
　　"일본인은 도깨비다." 입밖에 내진 않았지만, 나는 자신이 일본인
이라는 것도 잊은 채 그렇게 생각했다.

　　악몽 같은 밤의 일은 언제까지고 잊을 수 없습니다. 지금은 텔레비

전에서 레슬링이나 복싱을 보는 일도 있는데, 그땐 일본인을 응원하지요. 하지만 유독 전쟁에 관한 것이라면 나는 일본인을 철저히 증오합니다.

'스파이' 학살을 목격했던 이 두 사람의 이야기는 증오의 대상을 '일본인'으로 돌린다. 그것은 먼저 '류큐 토인'이니까 '스파이'라고 말했던 일본군과 쌍을 이루고 있다. 그러나 문제는 '일본인이라는 것도 잊었던' 기억의 행방이다.

앞에서 말한 오키나와 전투의 기억과는 달리 너나 할것없이 '복귀'로 쇄도했던 정치과정 속에서 '일본인임을 잊었던' 기억은 정치화될 수 있는 장을 제대로 갖지 못했다. 정치과정은 오키나와 전투의 기억을 상기하는 사람들의 이야기를 무제한으로 반영하지 않는다. 반대로 과거의 이야기를 마음대로 날조해낼 수 있는 것도 아니다. 개별적 기억이 운동이라는 집합행위로 이어지려면 정치적 헤게모니라고 하는, 전략성을 띤 사회화의 과정을 거쳐야만 한다. 그리고 이 과정에서 '일본군'에 대한 증오라는 기억은 반전 복귀라는 정치 주체의 헤게모니로, 또 조국을 위해 죽는다고 하는 강렬한 내셔널리즘으로 이어졌지만, '일본인임을 잊었던' 기억은 정치 주체로서는 발설되지 않는 기억으로서 방치되었다. '복귀'를 기점으로 해서 오키나와 전투의 기억은 축소되어 간 것이다.

그런데 '스파이' 학살과 관련해서 다음과 같은 히메유리 부대의 히메유리 이야기가 있다.

지금 나는 당시의 일본군 병사들까지 포함해서 본토 사람들을 원망할 생각은 없다. 굳이 말하자면 전쟁이라는 극한상태가 인간의 상식을 빼앗았다고 말할 수밖에 없다. ……돌이켜보면 오키나와는 너무나 크고도 고귀한 희생을 강요당했다. 그러나 다시 말하지만 나는

본토 사람들을 원망할 생각은 추호도 없다. 다만 오키나와의 숙명을
생각할 때 본토 사람들이 조금만 더 자기 일로 생각해 준다면 하고 바
랄 뿐이다.

'전쟁이라는 극한상태', 인간이 더 이상 인간이 될 수 없는 전장이라
는 표상이 사용되고 있다는 데 주의해 두고 싶다. 이런 전장의 표상에
의해서 일상의 진부한 정경(情景)과 전장은 단절되었던 것이다. 그것은
망각과 침묵의 시작이다.

6. 침묵

앞에서 살펴본 데루야 다다히데의 죽음은 오랫동안 거론되지 않다가
'복귀'를 앞둔 '오키나와 전기물'에서 돌연히 부상했다. 1977년에는 '현
창비'(顯彰碑)가 건립되고 이듬해에는 『진혼보』(鎭魂譜)라는 문집까지
간행된다. '복귀' 이후 '스파이' 학살을 점점 언급하지 않게 된 풍조[39]
속에서 발행된 이 문집에는 데루야의 동료·제자·친구·친족 등 모두 67
명이 데루야 '스파이' 학살사건에 대해 언급하고 있는데, 이제 그 이야
기들을 살펴보도록 하자.

이 문집의 이야기들 속에는 앞의 이야기와 마찬가지로 학살을 실행
한 일본군 병사에게 품은 강렬한 증오심이 엿보인다. 그러나 한편 아래
와 같은 동료의 이야기를 통해서도 알 수 있듯이, 데루야의 죽음이 전
장에서만 벌어지는 '이상'(異常)사태라고 하는 인식을 자주 발견할 수
있다.

데루야 선생은 그 존함[忠榮]처럼 진충보국(盡忠報國) 정신을 가

슴에 품은 뛰어난 인재셨습니다. 이번 대전 중에도 여러 계획을 세우
고 황국(皇國)의 번영을 믿으셨음에도 불구하고 한 병사의 사려 깊지
못한 오해(강조는 인용자)로 말미암아 생각지도 않게 불운한 최후를
맞으셔서 우리의 원통함과 분노는 필설로 다할 수 없습니다.

그 밖에 '발광한 일본군'이라는 표현도 나온다. 데루야의 죽음은 '이
상'사태에서 빚어진 '오해'이거나 '발광'한 일본군이 저지른 짓이라는 식
으로 전장의 '이상'성을 강조한다. 이런 이야기는 결과적으로 '일본인'화
를 지도하고 자기 스스로도 이를 실천했다고 하는 '진충보국' 교사로서
의 데루야 이미지를 선양(宣揚)하게 마련이다. 다시 말해서 증오의 기
억을 일상과는 단절된 전장이라는 영역으로 봉쇄함으로써 데루야의 이
미지를 내셔널리스트로서 재구성해 보존하려는 것이다.

이런 '전장=이상'이라는 인식은, 굳이 말한다면 평화운동까지 포함
한 전후의 전쟁이야기들 가운데 일반적으로 나타나는 공통성이다. 이
런 인식은 전쟁의 비참함을 주장하는 것이기는 하지만 전장의 기억을
봉인하는 작용도 한다. 바꿔 말해서 '전후' 사회란 이 기억의 봉인 속에
서 발견된 사회가 아니었을까?

그러나 '스파이'로 학살된 증오의 기억은 완전히 봉인될 수 없다. 그
기억은 다음과 같은 동료의 이야기에서 나타나듯이 명예회복을 요구하
는 일종의 정치적 주장이 되어 나타난다.

원통한 눈물을 머금고 애간장이 타는 상념을 속으로 삭혀 왔던 30
여 년이 얼마나 긴 세월이었을지 헤아리고도 남을 것이다. 가능하다
면 이 가슴을 열어 보여주고라도 싶은 내 마음의 절규는 모두의 마음
과 통하고…….

교육계에 몸담으면서, 옛날식으로 말해 진충보국 정신으로 가득

찬 분이고, 후학 양성을 위해 일생을 바치며 온갖 심혈을 기울인 분이
었다고 말하고 싶다. 오직 진실만 추구했던 그 아름답고 고귀한 정신
을 무참하게 짓밟았다는 것은, 설령 그것이 전쟁이라는 이상사태 속
에 빚어진 오해라 할지라도, 인명을 무시하는 분별없는 야만적 행위
로서 도저히 용납할 수 없다. 추도기념사업의 일환으로서 앞으로도
계속 책임을 추궁할 필요가 있다.

　선생의 송덕비 건립 계획이 추진된 취지는 선생께서 분골쇄신하며
교육에 생애를 바친 고귀한 정신과 여러 공적들을 기리는 것, 그리고
자기 의지와는 전적으로 상반되는, 비명횡사한 데 대한 원통한 눈물을
떨쳐 버리고 선생의 빛나는 명예를 당당하게 회복시키자는 것이었다.

　'이상'사태이자 '오해'이긴 하지만 그것만으로는 납득할 수 없다고
하는 상념이 명예회복의 요구로 이어지고 있다. 이런 전개는 보상이나
서훈(敍勳)의 요구라는 형태로 나타나기도 한다. 그러나 잘 생각해 보
면, 보상을 요구하는 주장이라 할지라도 그것은 오키나와 전투뿐 아니
라 전쟁 책임을 주장할 때 일반적으로 등장하는 판에 박힌 담론이다.
그런 뜻에서 역시 '복귀' 후에 오키나와 전투의 기억은 일반적인 '전후'
적 전쟁 이야기나 전쟁 책임문제로 녹아들어 갔다고 말할 수 있지 않을
까? 그리하여 결국 내셔널리스트로서 성실하게 살았던 데루야의 이미
지는 보존되게 된다.

　대략 이런 기억의 봉인과 역사적 이미지의 보존이 이야기의 질서를
형성하는 가운데, 그의 맏딸이 남긴 이야기는 혼란스럽고 사적인 원한
에 짓눌려 있는 것처럼 보인다.

　당시 충군애국(忠君愛國) 정신에 투철했던 아버지가 스파이 혐의
를 받다니……. 그런 일은 있을 수 없다. 도저히 생각조차 할 수 없는

일이다.

만약 그게 사실이라면 그건 뭔가 큰 오해에서 비롯된 게 분명하다.

이제 와서는 어떤 오해로 이런 끔찍한 일이 벌어졌는지 해명한다는 것은 거의 불가능에 가까운 일인지 모른다.

하지만 어떤 식으로든 이 오해를 풀지 않는 한, 아버지의 영혼은 이승을 떠나지 못할 것이다. 애국정신에 투철하고 30여 년간 오로지 교육의 길만 걸어오신 아버지의 생애는 도대체 무엇이었던가? ……만일 어딘가 아버지의 최후가 어떠했는지 알고 계신 분이 있다면, 그 최후가 어떤 것이었든지 간에 제발이지 그 분에게 자세한 사정을 듣고 싶다.

어디의 누구인가……, 이제 와서 그런 원망스러운 말을 할 생각은 없다. 그저 진실을 듣고 싶을 뿐, 오직 그뿐이다. 자식으로서 아버지의 최후를 확인하고 그 영혼을 위로하며 마음속 깊이 성불(成佛)을 기원할 뿐이다.

오직 그것뿐이다.

여기에는 남들이 '이상' 사태가 초래한 '오해'였다고들 해도, 또 보상이라는 명예회복이 이루어진다고 해도, 도저히 납득할 수 없는 상념이 존재한다. 그 상념이 존재하는 한, 내셔널리스트로서 살아간 데루야의 이미지를 상기할 수는 없는 것이다. '전후'적인 이야기가 오키나와 전투의 기억을 지배하는 가운데, 그녀의 이야기는 혼란스럽고 마치 사적인 원한에 짓눌려 있는 것 같다. 완고하게 납득하지 못하고, 납득하지 못하기 때문에 아버지를 떠올릴 수조차 없다. 마찬가지로 그의 동생 역시 "원통하게 죽어간 형을 그리면서 과거의 기억을 하나 하나 상기하면 맥이 풀리고 가슴이 답답해져 오면서 혼절하고 미칠 지경이 된다"고 말한다.

아버지가 죽기 직전까지 함께 행동했던 셋째딸의 이야기에서 아버지의 모습은 내셔널리스트로서 등장하지 않는다. 그녀는 "내가 비탄에 빠지면 주변 사람들이 힘들어지기 때문에 비참한 전쟁의 일은 되도록 상기하지 않으려 애썼다. 그리고 어린 시절의 평화롭고 즐거웠던 일을 떠올리며 그리워하려고 노력했다"고 한다.

하나 어찌 그 일이 잊으려 한다고 해서 망각될 수 있는 일이랴. 망각이 아니라 오히려 침묵이라고 해야 마땅할 것이다. 침묵한 그녀가 말하는 아버지와의 생활 속에는 생활개선이나 동원에 관여했던 데루야의 모습은 등장하지 않는다. 그 대신 마치 앨범 속의 사진처럼 '어린 시절의 평화롭고 즐거웠던' 생활의 실타래가 풀려 나온다. 향수(鄕愁)라고 해버리면 그만이겠지만, 거기에는 안이한 발화를 거부하는 침묵이 있다. 그리고 죽음을 응시하면서 침묵했던 그녀는 아름다운 과거의 생활을 발견해 낸다. 그것은 또 바람직한 미래인 것처럼 보인다.

그녀가 그려낸 과거의 생활 중에는 아버지 데루야가 오키나와 전투 돌입 직전에 축음기에 레코드를 걸어 주는 장면이 있다. "[음악을] 들으면서 아버지는 이렇게 말씀하셨다. '지금은 음악이라면 군가뿐이지만 사실은 이 음악이 정말 좋은 거란다, 마리코(毬子)야. 잘 들어두렴.' 그러면서 볼륨을 아주 작게 해서 주위를 살펴가며 들으셨다." 그러나 그 축음기는 그 뒤로 두 번 다시 음악을 틀지 못했다.

앞에서도 지적했듯이 데루야의 죽음은 오랫동안 거론되지 않았다. 죽은 지 30여 년이 지나서야 그는 내셔널리스트로 상기되면서 선양의 대상이 되었던 것이다. 이 상기와 선양은 보상을 요구하고 명예회복을 요구하는 정치적 주장과 맞물려 있었다. 하지만 한편으로 그것은 데루야가 '스파이'로 학살당했다고 하는 전장의 기억을 [일상과는 무관한] 전장으로 봉인하여 상기를 금지하고 망각을 강요한다. 이런 흐름 속에서 망각할 수 없는 기억은 스스로를 봉인하고 침묵해 간 것이다.

그렇더라도 왜 전장의 기억은 국민의 이야기의 결정적인 원천이 되

는 동시에 그 이야기에 의해서 봉인되고 망각되어야 하는 것일까? 내셔
널리즘은 과거를 발명해 내지 않으면 안된다. 그러나 앞에서 말한 것처
럼 '절멸(絶滅) 전쟁'의 '망각'이야말로 '국민 창조의 본질적 인자'다. 다
시 말해서 국민의 이야기 속에서 전장의 기억은 끊임없이 잔여를 산출
할 수밖에 없는 것이고, 전장이란 결코 담론에 의해 준비되는 것이 아
니라 어떤 비약을 요구하는 것이다.

그 비약에는 폭력이라는 문제가 가로놓여 있다. 상상된 국민의 경계
가 지닌 '내적 국경'(innere Grenze, 피히테)*이라는 양의적 정체성은
전장에서는 폭력적으로 결정된다. 찢기고 분할된 두 개의 죽음이 보여
주는 뛰어넘기 힘든 경계란, 폭력 이외에는 언어를 갖지 못한 전장이라
는 공간이 결정한 국민의 경계, 바로 그것이다. 그렇기 때문에 전장이
란 사후적으로밖에 상기될 수 없는 것이다.

오키나와 전투의 기억은 그저 추억으로 상기된 것이 아니다. 이제까
지 살펴본 대로, 그것은 '조국 복귀'를 하나의 매듭으로 해서 전개된 정
치적 헤게모니 속에서 상기되고 이야기되었다. 헤게모니를 구축하려면
담론 공간을 재편성하는 작업이 불가결하며, 그 작업은 과거의 기억의
상기라는 영역에서 진행된다. 또 상기라는 과거의 기억의 담론공간에
대한 반역은 새로운 헤게모니의 가능성을 창출할 것이다. 그런 의미에
서 상기한다고 하는 것은 새로운 '분절화'를 불러일으키는 정치적 행위
인 셈이다.

주의해야 할 점은 잔여의 기억을 상기하는 것이 곧 억압받아 온 문화
나 민족이 떨쳐 일어난다는 것은 아니라는 점이다. '자신이 일본인임을
잊어'버리고 만 잔여의 기억은 '오키나와인'이라는 말이 부여되었다고
해서 그것을 문화론적으로 말하거나 민족으로서 유형화될 수 있는 게

---

* 언어나 문화의 '순수' 공동체를 수립하는 국가 내부의 가변적인 국경.

아니라는 말이다. 파농이 '국민 문화'를 '노력의 총체'라고 단언했던 이유가 바로 여기에 있다.

정치적 헤게모니의 전개는 정치과정에서 여러 가지 조류들을 형성했다. 그러나 상기함에 있어서 중요한 것은 정치적 헤게모니가 전개되는 가운데 오키나와 전투의 기억이 어떤 담론공간에서 이야기되고 또 침묵을 강요당해 갔는가 하는 점이다. 결국 여러 조류들이 대항하고 있는 것처럼 보이는 정치상황과는 정반대로, 오키나와 전투의 기억은 국민의 이야기 속에서 상기되는 가운데 그 잔여는 축소되고 혼란을 겪으면서 침묵해 갔다. '자신이 일본인임을 잊어'버리고 만 오키나와 전투의 기억은 국민의 이야기가 성립하는 가운데 봉인되어 갔던 것이다. 이러한 잔여의 기억의 봉인이야말로 정치적 행위의 문제로서 다시금 발견되어야 한다. 이 봉인되어 간 침묵이 깨질 때, 화염병을 던진 지넨 쓰토무(知念功), 또 일장기를 태워 버린 지바나 쇼이치(知花昌一)[4]가 들었을 죽은 자들의 목소리는 새로운 이야기와 함께 부활할 것이다.

4장 기억의 정치학

상기(remembering)란 내적 성찰이나 회고처럼 평온한 행위
가 결코 아니다. 오히려 그것은 현재라는 시대에 아로새겨진
정신적 외상(外傷)에 의미를 부여하기 위해서 조각난 과거를
다시 일깨워(re-membering) 구축한다고 하는, 고통을 수반하
는 작업이리라.

— 호미 K. 바바[1]

1. 전장에서 일상으로

하얼빈을 방문했을 때의 이야기로 되돌아가자. 나는 매일 저녁 호텔 앞
에 있는 러시아 요릿집에서 식사를 했다. 그 집 할아버지는 내 식탁 옆
으로 와서는 '기요쓰케'(차렷), '오하요고자이마스'(안녕하세요), '만슈'
(만주), '메시'(밥) 등 몇 마디 일본어만 반복해서 주절거렸다. 처음에는
짐짓 웃음을 지으면서 맞장구쳐 봤지만, 나는 집요하게 반복되는 그의
발화 앞에서 차츰 몸이 굳어져서 그저 묵묵히 앉아만 있게 되었다. 그
러면 할아버지도 발화를 정지하고, 둘 사이에는 급기야 침묵만이 남는
다. 할아버지는 저녁마다 찾아오는 나에게 마치 세례의식을 치르기라
도 하듯이 발화와 침묵을 되풀이했다.

　하얼빈을 방문하는 일본인 관광객에게는 두 가지 일본어가 기다리고
있다. 하나는 여행사에서 듣게 되는 유창한 일본어고, 또 하나는 이 러
시아 요릿집 할아버지와 같은 일본어다. 둘 다 일본어를 한다는 의미에
서는 동일한 실천이다. 그러나 할아버지의 일본어가 바로 일본의 식민
주의 가운데서 구축된 실천인 데 반해서, 여행사의 일본어는 강력한
'저팬 머니'를 가진 관광객들이 모여드는 관광도시 하얼빈의 상황이 만
들어낸 실천이다.

　여행 가이드에 그려진 '눈과 얼음' '다채롭고' '이국적인' '북국'(北國)
같은 이미지를 찾아서 관광객들이 하얼빈을 방문하고, 여행사는 그 이
미지들을 연출한다고 하는 상호관계는 앞으로 이 유창한 일본어에 의
해서 점점 더 구축되어 나갈 게 분명하다. 저팬 머니가 뿌려지는 곳에
서 일본어가 통하는 것은 지극히 당연한 일이다. 또 이 관광여행과 관
련해서 전개되는 타자의 표상은, 인류학자 오타 요시노부(太田好信)의
말처럼, 그저 일방적으로 이미지를 강요받는 것이 아니라 그 이미지를
일단 수용하면서 탈구시켜 새로운 문화의 창조를 도출하려는, 문화의

'전유'(轉有)라는 전략의 장이기도 하다.[2]

지금 문제삼으려 하는 바는 이 관광도시 하얼빈에서 여행사와 관광객이 주고받는 일본어 속에 뒤섞여서 침입해 오는, 식민주의에 의해 구축된 할아버지의 일본어다. 오늘날 세계 도처에서 전개되고 있을 문화의 표상을 둘러싼 각축전 속에서 식민주의의 기억이란 도대체 어떤 형태로 상기되는 것일까? 굳이 말하자면 포스트콜로니얼한 상황 속에서 식민지의 기억을 상기한다는 것은 과연 어떤 작업일까? 할아버지의 일본어는 문장으로서는 의미를 만들지 못할뿐더러 단어 자체가 사전적인 의미를 명시하고 있지도 못하다. 할아버지의 일본어에서 의미를 만드는 것은 '메시'라고 하는 너무나 진부한 말의 단어로서의 의미가 아니다. 그 말이 식민주의의 기억으로 이야기되고 있다는 점이다. 요컨대 문제는 단어의 언어적 의미가 아니라 일본어의 발화라고 하는 실천인 것이다. '메시'라는 구체적인 대상에 그 어떤 기억이 감춰져 있는 것이 아니다. '메시'라고 발화하는 실천이 유창한 발화 속으로 과거의 기억을 불러들이는 것이다.

할아버지의 이 뜻하지 않은 침입에 의해서, 관광도시 하얼빈에 펼쳐지고 있는 일본어가, 말의 의미에서가 아니라 발화한다는 실천 가운데 전장으로 이어짐을 볼 수 있게 된다. 너무도 당연한 일상적 실천이 관동군의 만행이나 731부대로 이어지고 있음을, 일본어를 발화한다고 하는 실천 속에서 다시금 상기하게 되는 것이다.

더욱이 일상적인 실천에서 전장을 상기시키는 할아버지의 개입은 당장 그 실천을 뒷받침하는 신체의 구성을 파탄시켜 나가는 작용을 할 것이다. 실천은 정지되고 그 실천에 의해서 유지되어 왔던 상황은 해체되기 시작할 것이다. 할아버지가 개입해 들어온 결과, 할아버지도 나도 침묵하고, 두 사람 사이에는 관광이라는 문맥으로는 분절화될 수 없는 공간이 펼쳐진 것이다. 이 침묵은 우연히 일어난 게 아니다. 할아버지는 분명히 나에게 먼저 말을 걸어왔던 것이다. 굳이 말하자면 정치적으로 개입해 왔던 것이다.

진부한 일상으로 갑작스레 침입하여 전장을 가져온다고 하는 점에서는 하라 가즈오(原一男)의 다큐멘터리 「가자, 가자, 신군(神軍)」에 나오는 오쿠자키 겐조(奧崎謙三)*의 경우도 마찬가지다. 이 영화가 관객을 오싹하게 만드는 것은 오쿠자키의 집요하고 폭력적인 추궁이 아니다. 인육을 먹었다는 전쟁의 진실이 파헤쳐져서가 아니다. 정말 무섭고 으스스한 것은 바로 오쿠자키의 변모다.

오쿠자키는 우선 접근해 온다. 그는 옛 부하로서, 함께 전장을 헤매던 전우로서 예전의 상관을 방문한다. 옛 제국 육군 내부의 상하관계나 인간관계는 전후에도 전우(戰友)라고 하는 관계로 계속 이어진 것이다. 그렇기 때문에 그를 맞이하는 옛 상관들은 아주 자연스럽게, 굳이 말하면 몸에 익은 동작으로 오쿠자키를 대하려 하는 것이다. 그런데 오쿠자키와 옛 상관 사이에 말 그대로 전우라고 하기에 적합한 이야기나 실천이 벌어졌을 때, 다시 말해서 그만큼 오쿠자키가 접근했을 때, 오쿠자키는 느닷없이 변모한다. 뜻하지 않은 그의 방문을 맞아 전직 중사(軍曹)†가 "1시부터 시민회관에서 행사가 있으니 나가 봐야겠는데……" 하면서 자리를 뜨려는 순간, 오쿠자키는 그에게 달려든다.

　　나는 말이죠, 주인장, 저 독립 공병 36연대의 일원이었죠. 그래서

---

* 1920년생. 아시아태평양 전쟁 당시 육군 공병으로 뉴기니 밀림에서 동료 '야마자키(山崎) 상등병' 등을 잃는 와중에서도 굶주림 속에서 인육을 먹으며 살아남았다. 패전 후에도 그 기억을 집요하게 추구한 그는 1969년 도쿄 황거(皇居)의 신년하례식에서 전쟁의 최고 책임자 히로히토 천황에게 "야마자키, 천황을 쏴라"고 외치면서 슬롯머신 구슬 4발을 발사, 폭행죄로 수감되었다. 출소 후 백화점 옥상에서 '천황 포르노 사진'을 뿌리는 해프닝을 벌이기도 하다가, 저명한 다큐 감독 하라 가즈오의 영화에 주인공으로 발탁된다. 영화가 완성될 무렵인 1983년 전 중대장 무라모토(村本)의 장남에게 발포해 살인미수죄로 징역 12년형을 받았다.

† 일본제국 육군의 하사관 계급은 고초(伍長)=하사, 군소(軍曹)=중사, 소초(曹長)=상사로 되어 있었다.

찾아왔더니, 인사나 해라, 뭐야, 이 새끼, 와, 이리 와, 무슨 말을 하는
거야, 이리 와, 자식아, 어째서 그런 태도를······.[3]

이리하여 오쿠자키는 전장에서 일어난 사건을 둘러싸고 갑작스레 상
대방을 힐문하기 시작하는 것이다. 오쿠자키가 상관과 맺으려 하는 관
계는 이른바 전우의 관계가 아니다. 전우라고 하는 관계가 떠오른 바로
그 순간에 그는 그 관계를 전장으로 끌고 들어가서 전장에서 그 관계를
재구성해 내려는 것이다. 당연하게도 이런 오쿠자키의 변모 앞에서 상
대방은 "미리 자기 이름을 밝힐 거면 밝히고, 순서를 밟아서······" 하고
응수하면서 일상으로 회귀하려고 한다. 그러나 오쿠자키의 추궁은 집
요하다. 그는 자기가 아직 전장에 있다는 것, 그리고 상대방 역시 그래
야 마땅하다는 것을 끝까지 들이대는 것이다.

이 영화를 두고 너무나 폭력적인 오쿠자키의 태도를 비판하는 견해
도 있었다. 그러나 여기서 폭력이라는 일반적인 문제를 따지는 일은 그
만두자. 중요한 것은 이 영화에서 여러 번 묘사되는 실랑이, 오쿠자키
와 그의 방문을 받은 사람들 사이에 옥신각신하는 실랑이가, 전후의 일
상적인 삶과 그것을 전장으로 끌어들여 전장에서 재구성하려는 오쿠자
키의 전략 사이에서 야기된 일이라는 점이다. 다시 말해서 오쿠자키는
그저 [옛 전우를] 폭력적으로 규탄하고 있는 게 아니라, 전우라고 하는
관계를 다시 한번 그대로 전장으로 끌어들이려 하는 것이다. 옛 전우관
계를 재연하면서 접근해서는 곧 전우를 전장으로 끌어들여 오싹하게
하고 해체시키며 재구성하는 것이다.

하얼빈의 할아버지이건 오쿠자키이건 전후 일본 사회 속에서 너무도
당연한 듯이 진부한 일상으로 구성되어 있던 실천을 되풀이하면서 그
것이 전장으로 이어지고 있음을 우리에게 알려주고, 그렇게 함으로써
진부한 일상을 다시 재구성하려고 하는 것이다.

2. 기억의 정치학

일상에서 익숙해져 있는 신체의 도식이 지금도 아직 전장에 있음을 상기하는 것은, 그 신체의 도식이 싫든 좋든 변용되어 버릴 가능성을 떠올리는 것, 바로 그것이다. 일상 속으로 전장의 기억을 끌어들이는 하얼빈의 할아버지나 오쿠자키의 개입이 커다란 충격으로 다가오는 까닭은 전장이 신체 도식의 변용 가능성을 유발하는 장이기 때문이다. 이런 폭력적인 신체 도식의 변용이 불러일으키는 의미세계의 변용을 프란츠 파농은 식민지 공간의 문제로서 탁월하게 묘사하고 있다. 파농에게 있어서 폭력을 사고한다는 것은 '대지의 저주받은 자들'의 주체성과 관련된 정치 전략상의 문제였다.

머리말에서도 말했듯이, 파농이 자신의 첫 저작인 『검은 피부, 하얀 가면』에서 묘사해낸 식민지 공간에서의 정체성은 결코 지배자와 피지배자로 분할되지 않는 불안정한 정체성이다. '식민주의자인 자기'와 '식민지화된 타자'의 이항대립이 아니라, 둘 사이에 가로놓인 거리 속에서 편집증에 빠져 가는 양의적 정체성, 그것이야말로 식민지 공간의 특징을 이루는 것이다. 하얀 가면 뒤에는 흑인의 진정한 정체성이 숨겨져 있는 게 아니다.[4] 되풀이하건대 이런 국민적 정체성과 연관된 이해방식은 이 책에서 거론하고 있는 '일본인'이 된다고 하는 문제와도 공통되는 것이었다.

한편 이렇게 불안정한 정체성은 편집증을 낳는 동시에 자기 정체성을 결정하지 않고 다양한 정체성을 갖고 살아가는 포스트콜로니얼한 상황에서의 정체성 전략과도 연결되어 있다. 호미 바바가 파농에게 주목하는 까닭은 '상상의 공동체'(앤더슨)로 포섭되면서도 그 공동성으로 확정되지 않는 임계영역을 포스트콜로니얼한 상황에서의 전략적 거점으로 설정하려 하기 때문이다. 이런 의미에서 오키나와 사람들이 걸었던 '일본인'이 된다고 하는 영위는 오늘날의 포스트콜로니얼한 상황과 연관되는 문제로서 논의될 필요가 있을 것이다.

그런데 문제는 '상상의 공동체'로 확정되지 않는 이 임계영역이란 어떻게 발견되는 것인가 하는 점이다. 다시 말해서 그것은 균질적인 국민적 정체성을 편집증에 빠뜨리고, 그 결과 부상하는 불안정한 영역을 새로운 '분절화'의 전략적 거점으로 설정해 나가는 과정의 문제이기도 하다. 적어도 파농에게 이 새로운 전략적 거점은 '상상의 공동체' 내부에 이미 마련되어 있는 영역이 아니다. 거기에는 폭력에 대한 파농의 냉엄한 통찰이 숨겨져 있다.

> 식민주의는 타자에 대한 계통적인 부정이며 타자에 대해 그 어떤 인간적 속성도 용납하지 않으려는 흉포한 결의이기 때문에, 그것은 피지배 민족으로 하여금 '나는 진정 누구인가?'라는 물음을 스스로 끊임없이 제기하게 만든다.[5]

파농에게 있어서 식민주의란 바바가 간파해낸 것처럼 포스트콜로니얼한 상황과 연결되는 공간을 의미하고 있을 뿐 아니라, 폭력이 지배하는 전장 바로 그것이었다. 파농의 경우 식민지 공간에서의 정체성 문제는 바바의 말처럼 양의적인 것일뿐더러 식민지 전쟁이 불러일으킨 정신적 외상(外傷)으로 아로새겨진 것으로서 묘사되고 있다. 지배와 피지배가 구분되지 않는 애매한 식민공간이 아니라 '폭력의 말'에 의해 적과 동지로 구분된 전장으로서의 식민주의가 상정되어 있는 것이다. 파농에게 포스트콜로니얼한 상황이란 흑인이라는 이유만으로 어느 날 갑자기 고문실로 끌려가 폭행을 당할지 모르는 위험성으로도 가득 차 있었던 것이다. 아무 말도 없이 돌연히 덮쳐오는 결정적 이분법. 진부한 일상에 내재하는 이 긴급사태는 종래의 신체 도식을 혼란에 빠뜨리고 자기 자신을 이야기해야 할 좌표축을 상실하게 만든다.

> "엄마, 저기 봐. 검둥이야. 나 무서워!" 무섭다! 무섭다고! 바로 내
> 가 두려움을 주기 시작했던 것이다. 나는 배꼽을 잡고 웃으려 했다.
> 하지만 그럴 수 없게 되어 버렸다. ……신체적 도식은 사방에서 공격
> 을 받아 붕괴되고 인종적·피부적 도식으로 바뀌었다. 기차 안에서는
> 이제 내 신체를 삼인칭으로서가 아니라 삼중 인격으로서 인식하지 않
> 으면 안되었다. 기차 안에서 사람들은 〔내게〕 일인분이 아니라 이인
> 분, 삼인분의 자리를 내주었던 것이다. 이제 나는 우스워지지 않았다.
> 이제 세계의 치열한 좌표축은 보이지 않게 되고 말았다. ……왝 토하
> 고 싶은…….(6)

느닷없이 엄습해 오는 이 '인종적·피부적 도식'에 의해서 종래의 신
체는 혼란을 겪고 붕괴되어 나간다. 그리고 자신에게 물음을 던지게 되
는 것이다. "나는 진정 누구인가?"

> 나는 자기 신체를 객관적인 시선으로 응시했다. 내 피부색이 검다
> 는 것을, 나의 인종적 특징을 발견했다. 그러자 식인, 정신지체, 물신
> 숭배, 인종적 결함, 노예 승인 같은 말들이 내 귀청을 찢었다. 특히 그
> "마신는 바나냐 잇서요"란 말이.(7)

이 혼란스러운 신체 속에서 파농이 상기하는 것은 애매한 식민지 공
간이 아니라 바로 폭력이 지배하는 전장이다. "미국에서 검둥이는 격리
되어 있다. 남미의 검둥이는 거리에서 얻어맞아 고꾸라진다. 거기서 검
둥이 파업 참가자는 기관총의 밥이 되고 있다."(8) 파농은 끊임없이 폭
력의 위험성을 생각했다. 굳이 말하자면 일상 속에서 계속 전장을 상정

했다는 것이다.

　새로운 좌표축은 미리 준비된 것이 아니라 구토마저 일으킬 혼란에 처한 신체로부터 구축되지 않으면 안된다. 일상 속에서 계속 전장을 사고한다는 것은 이렇게 새로운 신체의 구축과 새로운 좌표축의 획득을 희구(希求)하는 일인 것이다. 그것은 국민적 정체성으로 확정될 수 없는 임계영역을, 바로 전장을 계속 생각함으로써 부상시키고, 거기에 새로운 '분절화'를 가져오려고 했던 혁명가로서의 파농의 모습이기도 하다. 전장의 기억은 바로 정치다. '일본인'이 된다고 하는 진부한 일상 속에서 오키나와 전투의 전장을 상기하는 일 역시 파농이 지향했던 이 '분절화' 작업이 아니겠는가?

　오키나와 전투를 초래했던 전장 동원은 '목숨을 버릴 수 있는 신민'으로서의 광신적 자각이나 비인도적 사상의 결과가 아니다. 그것은 오히려 '일본인'이라고 하는 '상상의 공동체' 내부에서 되풀이된 일상의 진부한 실천과 결합되어 있었다. 그리고 이 몸에 익은 실천은 지금까지도 계속되고 있다. 전장을 상기한다는 것은 이런 나날의 실천이 전장의 몸짓임을 확인하는 일이며 신체화된 실천을 전장이라는 장에서 재구성해나가는 일인 것이다. 구축된 실천으로부터 다른 구축의 가능성이 부상하게 하는 것, 이것이 바로 전장을 상기한다고 하는 작업이다. 그렇기 때문에 이 상기한다고 하는 작업은 당장 토할 듯이 기분 나쁜 '신체 탈취자'(R. 머피)의 침입이라고 하는 신체적 변용으로서 시작되는 것이다. 기억은 담론이 아니라 무엇보다도 신체와 실천을 구성하는 것이다.

3. 에필로그: 『OKINAWA JINTA』

언젠가 야마토의 뮤지션들이 죄다 오키나와의 '섬노래'에 달려들어 마

치 '일본' 속에서 새로운 '문화'를 발견한 양 떠들어 대고 있을 무렵, 전
국노래자랑의 나하(那覇) 시 중계가 방영된 적이 있다. 보통 때에는 보
지 않는 프로그램이지만, 나는 섬노래가 많이 나올 게 틀림없다는 기대
를 갖고 채널을 고정했다. 그러나 그 기대는 보기 좋게 빗나갔다. 그것
은 마치 발리 섬에서 가무란*을 듣지 못한 것과 같았다. 도대체 나는 무
엇을 기대하고 있었던 걸까?

얼마 전에 나온 시디(CD) 『OKINAWA JINTA』(OFF NOTE)에는
다이쿠 데쓰히로(大工哲弘)[1]가 기분 좋게 목청을 떨면서 노래를 부르
고 있다. 그리고 그가 부르는 노래는 '섬노래'가 아니다. 「서생 가락」(書
生節), 「도쿄 가락」(東京節), 「카추샤의 노래」, 「만주 처녀」, 그리고 「오
키나와를 반환하라」 등 모두 '본토'에서 유행하고 오키나와에서도 불린
노래들이다.

무장 경관과 군대에 의한 '병합'으로 시작된 오키나와의 근대는 두말
할 필요도 없이 '야마토'화의 역사이기도 했다. 그리고 이 '야마토'화는
전장으로 귀결되었다. 그 뒤 미국의 점령을 거쳐 오키나와는 1972년
'조국'으로 '복귀'한다. 전전의 오키나와 지식인이 재채기하는 법까지
'야마토'를 모방하라고[2] 주장하는 가운데, 미점령군이 오키나와인은
일본인이 아니라고 하는[3] 가운데, 또 복귀운동을 주도한 노동조합이
이구동성으로 '민족의 구출극'이라 부르짖는 가운데, 자의든 타의든 사
람들은 이 노래들을 불렀다. 내가 '노래자랑'에서 섬노래를 기대했던 것
처럼, 오키나와 사람들은 '본토'와 똑같은 노래를 흥얼거리는 것이 기대
되었던 것이다.

그러나 이 『OKINAWA JINTA』는 그저 예전에 불렀던 노래를 수록
한 것은 아니다. 만약 오키나와 유행가를 나열해 놓았을 뿐인 앨범이라

---

* 인도네시아의 전통음악.

면, 그것을 듣는 사람의 뇌리에 '야마토'화의 귀결이었던 전장의 광경이
마치 다이쿠의 목소리에 홀린 듯이 떠오르지는 않았을 것이다.

> 단단한 땅을 깨고 민족의 분노로 타오르는 섬, 오키나와여
> 우리들과 선조들이 피땀으로 지키고 일군 오키나와여
> 우리는 외친다 오키나와여, 우리들의 것이다 오키나와는
> 오키나와를 반환하라, 오키나와를 반환하라

'피땀으로 지키고 일군 오키나와'를 '우리들의 것'이라고 절규하는
이 끔찍한 노래가 다이쿠의 입에서 몇 번이고 되풀이될 때, 4명 중 1명
또는 3명 중 1명 꼴로 살해당했던* 전장의 기억이 홀연히 부활하게 된
다. 가사에 전쟁이란 글자는 하나도 없다. 거기서 엿볼 수 있는 것이라
곤 무신경한 내셔널리즘뿐이다. 그럼에도 불구하고 다이쿠의 목소리를
듣고 있노라면 지금도 그 전장이 아직 계속되고 있음을 전율처럼 느낄
수 있다. 그 힘은 바로 다이쿠가 지금 낭랑하게 노래함으로써만 획득된
것이다. 이러한 과거를 소환해 내는 힘은 가사의 글자를 아무리 쳐다보
아도 생겨나지 않는다.

　노래는 글로 쓰인 말이 아니다. 설령 가사로 기술할 수 있다 하더라
도 그것이 노래는 아니다. 노래와 가사의 결정적인 차이는, 가사는 노
래하는 사람이 힘을 실어 소리를 떨며 발성하지 않으면 노래가 되지 못
한다고 하는 데 있다. 가사는 발성하는 사람의 힘이 결합해야만 노래가
되는 것이다. 역으로, 그렇기 때문에 노래는 사람의 힘을 결집시키는
가공할 동원의 기술이 되기도 한다.

　그러나 노래가 무서운 것은 그저 힘을 결집시킨다는 데만 있는 게 아

---

* 오키나와 전투의 민간인 희생자 약 15만 명은 당시 오키나와 현 전체인구 60만 명의 4분의 1에 해
　당하며, 주된 전장이었던 오키나와 본도만 놓고 보면 3분의 1에 육박한다.

니다. 노래의 무서움은 노래한다고 하는 이 힘의 발동을 기억으로서 끊임없이 확인하고 보존해 나간다는 데 있다. 가사뿐 아니라 발성방식이라는 몸짓까지 기억되지 않으면 노래할 수 없고, 또 역으로 계속 노래함으로써 이 기억은 확인되고 계승되는 것이다.

예컨대 일장기 앞에서 기미가요가 제창될 때, 거기에는 한 사람 한 사람이 발성하는 힘이 있는 동시에, 제창한다고 하는 실천을 통해서 이 힘이 '일본인'이라는 공동성을 연출해 나가는 동력으로 배양되는 것이다. 이런 힘의 결집은 기미가요 가사의 의미 작용에서 나오는 것이 아니라 바로 함께 제창한다고 하는 실천의 산물이다. 『OKINAWA JINTA』에 수록된 노래는 마치 기미가요처럼 많건 적건 오키나와 사람들이 노래 부르는 그 힘을 '일본인'이라는 공동성으로 통합했던 것이며, 나아가 이 공동성은 계속 노래한다고 하는 실천 속에서 끊임없이 기억으로서 확인되고 계승되어 왔던 것이다. 그리고 다이쿠 역시 이 노래에 의해서 아로새겨진 기억의 흔적을 하나 하나 상기하고자 한다.

다이쿠가 「만주 처녀」나 「오키나와를 반환하라」를 다시 부를 때, 그것은 가사의 내용에서 내셔널리즘이나 오리엔탈리즘을 발견해 내고 규탄하려는 의도가 아니다. 오키나와의 역사를 객관적으로 기록하자는 것도 아니다. 다이쿠의 전략은 〔그때 함께〕 노래를 부르고 말았다고 하는 기억으로부터 '일본인'으로 통합되었던 노래 소리를 확인하고, 어떤 의미에서는 그것을 계승하면서, 노래를 불러댔다고 하는 사람들의 힘의 발동을 구원해 내려는 시도다. 노래를 부르고 말았다고 하는 기억을 주체적으로 불러댔던 것이라고 하는 기억으로서 다시 제시하고, 나아가서 '일본인'으로 통합될 수 없는 기억으로서 획득하고자 하는 행위가 바로 〔다이쿠에 의해〕 낭랑하게 불려진 「만주 처녀」나 「오키나와를 반환하라」인 것이다. 부끄러움 없이 의연하게 또 즐거운 듯이 오키나와에서 유행한 '야마토' 노래를 불러댐으로써 역으로 '야마토'로 회수될 수 없는 과잉 기억을 상기할 수 있게 되는 것이다.

　이렇게 상기된 기억은 새로운 공동성을 창출할 것이다. 기억에 근거한 이런 노래야말로 섬노래라는 이름에 부합할는지 모르겠다. 섬노래란 음계나 리듬으로 환원해서 설명되어서는 안된다. 함께 소리내어 부른다는 실천에 의해서 상기되는 기억으로서 이야기되어야만 하는 것이다. 따라서 그것은 바로 함께 부르고 듣는다는 실천적 관계가 영위되는 장에서라야 비로소 가능할 터이다.

　함께 다시 부른다고 하는 것은 그 노래가 오키나와 전투로 이어지는 죽으러 가는 자의 노래임을 상기하고 다시 한번 노래한다는 실천 속에서, 다시 말해 성대를 떨고 있는 신체 속에서 또 다른 신체성을 발견해내자고 하는 것이다. 전장의 기억을 상기하는 작업이란 다시 함께 노래한다고 하는 실천적 행위, 바로 그것이다.

2부

폭력의 예감

5장 폭력의 서술: 프란츠 파농

1. 역사의 거부

1) 사고의 긴축

〔다음 장에서 자세히 검토하겠지만, '오키나와학(沖繩學)의 아버지'라고도 불리는〕이하 후유(伊波普猷, 1876~1947)의 사상에는 상반되는 두 측면이 서로 착종되며 굴절하고 있다. '오키나와인'(류큐인)과 '일본인'의 동일성, 즉 '일류동조론'(日琉同祖論)에 근거해서 일본이라는 나라에 포섭된 오키나와의 개화(開化)를 주장하는 측면과, 이 개화의 역사로 회수되지 않는 영역에 집착하는 측면이다. 그의 사상은 '일본인'이 된다는 의미의 개화를 주장하는 전자의 역사관을 전제로 삼으면서도, 개화의 역사가 완전히 회수하지 못하는 임계영역을 늘 수반하고 있다는 데에 주목한다. 가노 마사나오(鹿野政直)는 이처럼 이하가 '야마토화'(大和化), 즉 일본화 과정 속에서 계속 집착했던 이 임계영역을 '상흔'(傷痕)이라 이름붙인다.[1] 이런 개화의 역사와 그 임계영역에서의 '상흔'은, 이하가 1911년에 간행한 『고류큐』(古琉球)에서도 분명히 읽어낼수 있다. 그러나 『고류큐』에서 이 '상흔'은 '개성'으로서 정의되었고, 이하는 거기서 '류큐사'의 가능성을 찾아내고자 했다. 『고류큐』에 수록된 「류큐사의 추세」에서 이하는 이렇게 말한다.

> 하늘은 다른 사람들을 갖고서는 결코 자기를 발현하지 못하는 바를 오키나와인으로 하여금 발현케 하는 것입니다. ……오키나와인이 일본 제국에서 점하는 위치도 바로 이것에 의해서 정해지리라 봅니다. ……일본국에는 무수한 개성이 있습니다. 또한 무수한 개성이 새롭게 생겨나고 있습니다. 이처럼 각기 다른 개성을 지닌 인민을 포용할 여유 있는 국민이 곧 대국민(大國民)입니다.[2]

여기서의 주장은 '일본인'화라는 개화의 역사로 회수되지 않을 '상흔'을 일본제국 내의 결코 뒤섞일 수 없는 '각기 다른 개성'으로 정의하는 것이다. 그리고 이 잡다한 '개성'들이 소생하는 과정에서 아직 이루지 못한 '대국민'을 염원하는 것이다. 거기서 '오키나와인'의 '개성'(= '고류큐')은 소생하고, 이런 소생과 함께 '대국민'(=새로운 '일본인')이 설정되어 나가는 것이다. '개성'들을 포함해 나가면서 그런 가운데서 염원되는 단일성, '대국민'이란 바로 이것을 말한다.[3]

이 '류큐사'를 내셔널리즘이라고 지탄하기란 쉬운 일일 것이다. 또 거기서 안이하게 다문화주의(multiculturalism)로 빠지는 모습을 찾아낼 수도 있으리라. 하지만 그렇다면 〔당시 '류큐사' 이외에〕 도대체 어떤 역사서술의 가능성이 존재할 수 있었을까? 그것은 이하가 『고류큐』를 출간한 이후 일관되게 스스로에게 던졌던 물음이기도 하다. 『고류큐』에서의 '류큐사' 구상은 『고류큐』 이후에 이하가 다다르는 역사의 거부와 함께 이해되어야만 한다. "역사에 짓눌려 있다" "역사를 완전히 폐기해 버리는 편이 낫다" "그대들은 개성을 표현할 자기 자신의 언어를 갖고 있지 못하다"고 말하는 역사의 거부와 함께 말이다. 이하가 사용하고 있는 '외딴 섬의 고난'(孤島苦)이라는 말은 바로 이렇게 역사서술이 소실되는 지점을 표현한 것이다.

일본제국에 폭력적으로 편입되는 과정에서 오키나와는 일찌감치 무장해제를 당하고 징병제가 시행되었다(1898). 다른 식민지와는 결정적으로 다른 점이다. 그러나 '외딴 섬의 고난'이라는 말로 표현된 장(場)에서 이하가 발견한 것은 '오키나와인'과 '조선 민족'의 연속성이었다. 이하는 '야마토화'로 회수될 수 없는 '오키나와인'의 '상흔' 속에서 식민주의의 일상적 폭력에 노출되어 있는 식민지 주민의 징후를 발견했다. 거칠게 말해서 이하의 '류큐사'는 식민주의의 폭력을 부인함으로써 구상된 것이고, 역으로 이처럼 역사가 소실되는 지점에서 이번에는 식민주

의의 폭력이 발견된 것이다. 이하는 살해당했거나 살해당할지 모른다
는 위기감을 떨쳐버릴 수 없었던 것이다.(4) 그러면 살해당한 것은 누구
인가? 살해한 것은 또 누구인가?

여기서 살해당한 자들을 희생자로, 살해한 자들을 가해자로 묘사해
버리면 안된다. 살해당했거나 살해당할 위험에 노출되어 있는 자들을
희생자라는 말로 일괄해 버릴 경우, 가해자로서 주체화된 사람들 속에
잠재되어 있는 살해당할 위험성, 그리고 피해자로서 주체화된 사람들
이 가진 [저항의] 가능성은 함께 봉인되고 말기 때문이다.

더 중요한 것은 살해당한 자들이 무명전사의 묘지에 잠들어 '귀기 서
린 국민적 상상력'(ghostly national imaginings)을 양성한다는 점이
다.(5) 살해당한 자들이 어디 출신이건 또 어떤 역사를 갖고 있건, 죽은
자(死者)는 일원화되고 출신과 역사는 망각되며,(6) 그 가공할 익명성
위에 새로운 이름이 붙여진다. 그때 문제가 되는 것은 망각된 종래의
역사나 출신을 기억해 내는 일이 아니다. 그런 시도는 다시 이하 후유
와 동일한 지점에서 멈춰설 수밖에 없기 때문이다.

사회는 단순히 [식민자와 피식민자, 가해자와 피해자처럼] 둘로 분할
되어 있지 않다. 폭력이 두 세계 사이에서만 작동하는 것도 아니다. 이
분법적 단순화는 폭력에 직면한 사고의 긴축(緊縮)에 불과하다. 이런
사고의 긴축은 오키나와든 조선이든 제국주의에 지배당한 지역들을 희
생자로 뭉뚱그려 버림으로써, 작동해 나갈 폭력(=힘)에서 찾아내야 할
가능성을 은폐해 버리고 만다. 결국 사고의 긴축에 의해서 죽은 자들은
다시 한번 매장되는 셈이다.

이하의 '외딴 섬의 고난' 속에는 역사서술에 대한 절망과 함께 이와
같은 사고의 긴축이 존재한다. 그러면 이하가 역사서술을 거부한 지점
에서부터 다시 서술의 가능성을 고찰한다는 것은 과연 어떤 작업일까?
그저 폭력을 부인하며 역사를 이야기하는 것은 아니리라. 익명화를 강

요하는 폭력의 가공할 매력에 홀려서, 죽은 자들이나 죽어갈 자들에게 새로운 이름을 붙여 버리는 것도 아니리라. 이런 함정에 빠지지 않으면서 폭력을 사고하고 서술해 나간다는 것은 과연 어떤 작업일까? 이것이 바로 여기서 고찰하려는 기본적인 주제다.

2) 파농의 서술

그런데 폭력을 서술한다고 하는 문제는 프란츠 파농의 중심적 주제이기도 했다. 『검은 피부, 하얀 가면』의 결론에서 파농은 "나는 '역사'의 포로가 아니다. 나는 '역사' 속에서 내 운명의 의미를 찾지는 않을 것이다" [7]라고 말했다. 그것은 이하가 '역사에 짓눌려 있다'고 말한 역사의 부정과 동일한 지점을 가리킨다고 볼 수 있다. 하지만 파농의 말은 결코 서술의 종착점을 뜻하는 것이 아니다. 오히려 서술의 출발점을 가리키고 있었다. 이 글에서는 파농의 텍스트를 중심으로 해서 본원적 문화도, 폭력의 이분법도, 나아가 무명전사의 묘지도 아닌 서술의 가능성에 대해 탐색해 보고자 한다.

그런데 1952년에 간행된 『검은 피부, 하얀 가면』에서는 정신과 의사로서의 파농을, 1961년 사후에 간행된 『대지의 저주받은 자들』에서는 혁명가로서의 파농을 발견하는 것이, 논점의 제시와 관련해서는 일단 유익할 것이다. 그럴 경우 파농에게서 본원적 문화에 대한 비판을 이끌어내어 이른바 포스트콜로니얼이라는 상황을 정의하려 했던 호미 바바와 관련되는 문제점까지도 분명해지기 때문이다.

'이 책은 임상연구다' [8]라고 명시하고 있는 『검은 피부, 하얀 가면』에 묘사되어 있는 것은 백인=프랑스인과 흑인=알제리인으로 분할된 식민지 상황이 아니다. 양자 사이를 헤매는 '환자'의 정신분석이며, 백인=프랑스인이기를 염원하지만 그럴수록 편집증(paranoia)에 빠지는 흑인=알제리인의 모습이다. 호미 바바는 이런 파농의 서술에서 인종적·민족적 자기동일화의 내부로 숨어 드는 타자성을 읽어낸다. 말하자면 바바는 '백인=프랑스인'이 되기를 염원하면서도 온전히 그렇게 될수 없는 흔적을 파농에게서 발견했던 것이다. 그리고 그 '양의적' (ambivalent) 정체성의 양상을, 옛 식민지에서 옛 종주국으로 대량의 인구가 유입되는 포스트콜로니얼한 상황과 중첩시켰다.[9]

하지만 콜로니얼리즘과 포스트콜로니얼리즘을 구분하는 것은 불가능하다. 왜냐하면 파농이 『대지의 저주받은 자들』에서 주요한 주제로 삼았던 폭력은, 포스트콜로니얼이라고 불리는 현재에도 진행중이기 때문이다. 따라서 동일성의 내부에 숨은 타자성이 폭력─그것이 과거완료형이든 현재진행형이든─의 객체라고 하는 위험성을 간파하지 못한 채, 포스트콜로니얼리티를 그저 '양의적'인 정체성의 양상으로만 규정하는 것은 현실성을 상실할 우려가 있다.[10]

파농의 텍스트는 전개되면 될수록 '과학적'인 사실이 길거리에서의 경험에 의해 침식되어 간다. 사회학적 관찰이 문학적 기교에 의해 중단되고, 식민사회의 쇠퇴를 연상시키는, 짓누르듯 답답한 단조로움에 대항하도록 해방의 시(詩)가 느닷없이 제출되는 것이다.[11]

바바가 이렇게 말할 때, 식민사회의 폭력성이 드러나는 극한의 심연에서 바바가 논의를 제기하고자 함을 간파하지 않으면 안될 것이다. 텍스트는 지속되는 '비상사태'(발터 벤야민)[1] 속에서 끊임없이 중단되고 동요하는 것이다. 그래도 파농이 『검은 피부, 하얀 가면』에서 수행한 '임상 연구'가 식민사회 속에서 동요하고 중단되는 것처럼 보이는 까닭은, '바바의 파농'이 거기서 정지해 버리고 말았기 때문이다. "헌병과 군대가 항상 눈앞에 모습을 드러내고 종종 직접 개입해서 원주민과의 접촉을 유지하고 소총과 네이팜탄으로 꼼짝 말라고 명령하는"[12] 식민사회의 폭력, 그 폭력 앞에 멈춰선 것은 파농이 아니라 바바 자신이다. 파농의 서술은 『대지의 저주받은 자들』로 이어져 나가기 때문이다.[13]

헨리 게이츠(Henry L. Gates, Jr.)는 바바뿐만 아니라 에드워드 사이드(Edward Said)나 가야트리 스피박(Gayatri Spivak)의 텍스트에서 이루어진 파농 독해가 제3세계의 일반이론을 파농에게서 찾으려는 유혹에 사로잡혀 있으며 그것이 다양한 파농을 만들어냈다고 지적한 바 있다.[14] '바바의 파농'은 파농을 라캉으로 해소시킨 경우다. 바바의 텍스트는 파농에게서 '무엇을 잊고 싶은지'[15]를 보여준다. 바바가 폭력에 직면해서 정지한 것은, 게이츠의 지적처럼 그가 파농을 일반이론으로서의 정신분석학으로 해소해 버린다고 하는 문제와 밀접하게 연관되어 있는 것이다.[16] 파농의 텍스트에서 일반이론을 끌어낼 것이 아니라, 파농을 그가 부둥켜안고 있던 역사적 고유성이나 전장(戰場) 자체 속에서 읽어내야 한다는 것이 게이츠의 주장이다.[17] 그런데 나중에 논의하겠지만, 역사나 고유성의 영역을 아무런 전제 없이 설정하는 것이야말로 파농이 비판해 마지않았던 바다. 파농의 서술에는 일반과 개별 따위의 이분법은 존재하지 않는다. 게이츠의 논의는 일반론을 고유성으로, 보편의 역사를 개별의 역사로 너무 안이하게 대치시키고 있다.[18]

파농에 관한 연구는 1970년대부터 1980년대에 걸쳐서 많이 출간되었다. 그리고 정도의 차이는 있지만 대부분 알제리 혁명과 관련시켜서 파농을 거론하고 있다.[19] 게이츠의 바바 비판도 바바가 이런 연구들을 일체 무시하고 있는 점과 관련이 있을 것이다. 특히 1985년에 간행된 후세인 불한(Hussein A. Bulhan)의 저작 『프란츠 파농과 억압의 심리학』은 정신분석학 비판으로서 파농의 텍스트를 독해한 것인데, 거기에는 파농이 1956년 블리다(Blida) 병원을 그만두고 민족해방전선(FLN)에서 활동을 시작한 뒤에도 여전히 정신분석을 시도했다고 묘사되어 있다. 다시 말해서 식민자와 피식민자를 나누는 폭력의 이분법에 삼켜져 버린 듯이 보이는 『대지의 저주받은 자들』에서의 파농이지만, 그 저류에는 "'과학적'인 사실이 길거리에서의 경험에 의해 침식"되면서도 임상활동을 하면서 서술을 멈추지 않았던 파농이 존재했다. 파농의 정신분석은 『검은 피부, 하얀 가면』에서 멈추지 않았던 것이다. 이 글에서는 임상활동을 계속한 파농에 주목함으로써, 이 두 모습의 파농을 관통하는 서술을 고찰하고자 한다.

2. 비–역사 또는 우리들의 역사

1) 전유와 노예의 기억

파농처럼 마르티니크(Martinique) 섬*에서 태어나 역시 똑같이 에메 세제르(Aimé Césaire)[2]로부터 큰 영향을 받고 1946년 프랑스로 건너가서 아방가르드 문학활동에 참가했던 시인 에두아르 글리상(Édouard Glissant)[3]이 최초의 수필집 『의식의 태양』(Soleil de la conscience)을 간행한 것은 『검은 피부, 하얀 가면』이 출간된 지 4년 뒤인 1956년이었다. 같은 해에 글리상은 제1회 흑인 작가·예술가 회의에 참가하는데, 파농처럼 네그리튀드(négritude) 운동†과는 거리를 두었다.[20]

　글리상이 일관되게 서술하고자 한 것은 카리브의 역사였다. 그것은 폴 길로이(Paul Gilroy)가 윌리엄 두보이스(William E. B. Du Bois)[4]의 작품이나 시릴 제임스(Cyril L. R. James)[5]의 『흑인 자코뱅 당원』(The Black Jacobins)에서 읽어내듯이, 노예도 아니고 시민도 아닌 '흑인'이라는 데에서부터 근대가 시작된 사람들의 역사다. 또 그녀들에게 있어서 근대란 염원의 대상인 동시에 끊임없이 자신들을 소외시켜

---

* 카리브해 동부에 있는 프랑스의 해외 주.
† 에메 세제르가 만든 말로 아프리카 흑인의 정체성을 회복하자는 문화운동.

그것으로 회수되지 않는 흔적을 각인하는 존재다.[21] 그리고 이런 흔적은 아프리카의 전통이라는 본원적 유토피아로 귀결된다. 글리상의 작업은 이 본원적 유토피아를 그저 잘라내는 것이 아니라 그것을 본원적 기원으로부터 분리시켜 다양한 존재로 개방시켜 나가려는 것이었다. 그가 1981년에 출간한 『앤틸리스* 담론』(*Le discours antillais*)[22]도 그런 작업이었다. 거기서 그는 식민주의에 선행하는 본원적 유토피아 대신 '앤틸리스성(性)'이라는 것을 주장하고 있다.

글리상이 이 책에서 주목하는 것은 파투아어 같은 [프렌치] 크리올어에서 볼 수 있는, 비슷하면서도 다른 문화의 양태다. 글리상은 거기에서 미리 상정된 본원적 기원과의 틈새를 보는 것이 아니라, 그가 '전유'(轉有, appropriation)라고 부르는 과정을 발견한다. '전유'란 타자의 문화를 받아들여 자기 것으로 만드는 전략인 동시에 모방하지 않으면 안 된다고 하는 강박관념이다. 글리상은 이 '전유'의 과정 그 자체에서 본원적 기원으로 회수될 수 없는 문화의 가능성을 찾아내고자 한 것이다.[23]

바바가 『검은 피부, 하얀 가면』에서 발견한 '의태'(擬態, mimicry)와 동일한 문제구성을 글리상의 이 '전유'에서 찾아낸다고 해도 잘못은 없을 것이다. 두 개념 모두 그 배후에 본원적이고 진정한 문화적 기원의 설정을 거부하면서 오히려 애매하고 양의적인 양태 속에서 가능성을 발견하려 하기 때문이다. 하지만 그렇기 때문에 파농이 역사의 정지를 선언한 지점으로 이 '전유'를 다시 가져가서 고찰하지 않으면 안된다. 그럴 때 분명해지는 것은, '의태'로 설명할 수 있는 영역에 계속 머물러 있던 바바와, '전유'가 일단 정지된 피안(彼岸)에서 '전유'를 계속 작동시키는 힘을 찾아내려는 글리상의 차이다.

---

* Antilles, 프랑스령 서인도 제도.

글리상은 식민사회에서 '전유'가 작동하지 않게 되는 지점을 '전유의 심연(深淵)'이라 부르고 '완전한 붕괴'라고 표현한다. 그리고 이 '완전한 붕괴'에 직면하여 본원성으로 회피하는 것이 아니라 그 장에 계속 머물러 있을 책임을 주장하는데,[24] 이 책임을 문제삼을 때 글리상은 갑자기 파농을 등장시킨다. 글리상에게 있어서, 같은 마르티니크 섬 출신의 파농이야말로 '완전한 붕괴'의 장에 계속 머물러 있던 인물이었던 것이다.

그런데 파농에 대한 글리상의 평가는 좀 굴절되어 있다. 즉 "프랑스령 앤틸리스 제도 출신의 지식인 가운데, 자기 사상에 근거해서 행동해 나갔던 유일한 인간"이라는 열렬한 공감과 함께, 글리상은 파농의 『대지의 저주받은 자들』을 '보편주의'라고 지적하는 것이다.[25] 식민주의의 폭력에 직면해서 "나는 '역사'의 포로가 아니다"라고 선언하면서 굴하지 않고 전진해 나갔던 파농의 역정이 글리상에게는 폭력으로 양분된 세계로 함몰되어 버리는 것처럼 보였던 것이다. 그리고 역사의 거부를 파농과 공유했던 글리상의 선택은, 그가 '비-역사'(非-歷史)라고 부른 영역을 향해 서술을 지속시켜 나가는 것이었다.

서술을 계속하는 글리상은 크리올을 창출하는 '전유'라는 전략의 배후에서, 역사화되지 않는 식민지 지배의 흔적을 고찰하려고 한다. 이 흔적은 아프리칸 디아스포라의 가능성을 탐색하려 했던 길로이가 '노예의 기억'이라고 말했던 논점과 중복된다. 예컨대 글리상은 "(카리브의 음악이나 춤은) 우리에게 그다지 새로운 게 아니다. 그것이 의미하는 바는 먼저 우리가 어떻게 플랜테이션 속에서 등장했는가 하는 것이다"[26]라고 말했다. 길로이는 글리상의 이 지적에서 표상되지 않고(non-representational) 개념화되지 않는(non-conceptual), 전(前)담론적(pre-discursive)이고 반담론적(anti-discursive)인 몸짓이나 발화형식을 찾아낸다. 즉 본원적 유토피아로 돌아가는 것이 아닌 아프리칸 디아스포라의 가능성을 탐구하고자 하는 것이다.[27] 또한 길로이에게 있어서 이 전담론적 영역은 근대 합리주의가 배제했던 비합리나 광기 속에 있으며,[28] 이런 영역이야말로 "인식과 논리로 환원되지 않는 신체화된 주체성의 측면들을 보여주는"[29] 것이나.

2) 비-역사로 거슬러 오르기

그러나 글리상에게 있어서 '노예의 기억'이라는 것은 표상되지 않는 또 다른 주체성을 구성하는 것이 아니다. 우선 그것은 이야기되는 일도 없고 이야기할 수도 없다는 이중의 억압에 의해서 구성된 '알 수 없는 존재'로 설정된다.[30] 존재한다고밖에 말할 수 없는 이 불가지(不可知)의 영역이야말로 글리상이 말하는 '비-역사'(非-歷史)이며, 그것은 일단 풍경이나 토지 같은 자연적 존재로서 표현된다. '비-역사'는 주체성이 아니라 '알 수 없는' 자연인 것이다. 그것은 마치 화산 밑바닥에 잠긴 '마그마'[31]처럼 카리브 역사의 저류에 줄곧 있어 왔다. 그리고 글리상이 이 '알 수 없는 존재'에 직면해서 서술을 정지해 버리면, 이 '마그마'는 주체를 넘어서는 절대적인 존재로 군림하기 시작할 것이다. 그리 되면 '비-역사'는 단일한 역사를 산출하는 절대적인 잠재력으로서 존재하게 된다. 그럴 때 바로 글리상의 '비-역사'는 엘리아스 카네티(Ellias Canetti)가 내셔널리즘의 메타포로 열거하는 자연물로서 등장하고 마는 것이다.[32]

그런데 글리상은 이 '알 수 없는 존재'를 향해서 거슬러 오르기 시작한다.

> 우리들의 역사는 예기치 못한 충격과 함께 탄생한다. ……그것은 우리들이 허용할 수 있는 극한의 심연에서 발현된다. 그리고 이 발현은 우리들의 과거에 있었던 사건이 복잡하게 뒤얽힌 그물망과 곧 연동되어 나갈 수밖에 없다. 하지만 과거, 즉 우리들이 받아

들이고 또 우리들을 위한 역사로서 아직 등장하지 않은 이 과거는 현재에 붙박여서 떠나려 하지 않는다. 작가의 임무는 이 붙박여진 과거를 탐구해서 그것이 끊임없이 현재와 직결되어 있음을 밝히는 일이다. 따라서 이 탐구는 도식적인 연대기나 향수어린 애가(哀歌)와는 무관하다. 이 탐구는 서양이 이득을 얻어 온 시간의 영역에서가 아니라, 또 선조의 고향의 시원적 가치에 근거한 집단적 응집의 도움을 빌리지 않고서도, 고통을 수반한 시간관념을 확인하고 그것을 미래로 투기(投企)하는 일과 연관되어 나가는 것이다. 내가 '예언적 과거'라고 부르는 것이 바로 그것이다.[33]

'알 수 없는 존재'로 거슬러 오르는 과정에서, 역사화되지 못한 채 방치되어 온 '과거의 사건'은 느닷없이 발현되고, 그 발현은 연대기적 역사를 혼란에 빠뜨린다. 글리상에게 연대기적 역사나 '시기구분'은 장애물일 뿐이다. "사이비 시기구분이 객관적으로 이루어지면 이루어질수록, ('우리들의 역사'를) 열망하는 일이 주관적이고 충동적이며 모호한 것이 되고 억눌려 있다고 느끼게 되는"[34] 것이다. 그리고 이 혼란 속에서 글리상은 '우리들의 역사'를 발견하는 것이다. 이런 글리상의 거슬러 오르기는 '알 수 없는 존재'라고 하는, 말하자면 지각의 외부를 설정하고, 그 외부로 향하는 것을 의미하는 것이며, 이 거슬러 오르기의 과정에서 글리상의 지각 자체가 동요하고 혼란되기 시작하는 것이다. 그것은 푸코의 계보학이 '우리 자신의 지식이나 존재'에서가 아니라 '외재적인 우연적 사건'으로서 신체를 취급하려 할 때에 일어나는 혼란이기도 하다.

계보학은 종(種)의 전개가 아니며 사람들의 운명을 묘사하는 것도 아니다. 계보의 복잡한 흐름에 따른다고 하는 것은 지나간 사건을 각각의 산란(散亂)된 상황 속에 멈춰 두는 것이다. ……그것은 진리나 존재가 우리의 지식이나 존재의 근원에 자리잡은 것이 아니라 외재적인 우연적 사건 속에 존재함을 발견하는 것이다.[35]

이 '산란된 상황' 속에 발견되는 '사건'은 '미리 예상된 의미화가 아니라 지배들의 극한적인 전개'[36]로서 발현된다. 즉 '알 수 없는 존재'를 자연적인 것으로 봉인함으로써 성립되었던 종래의 역사나 문화가 '알 수 없는 존재'로 향하면서 '산란'되기 시작하고, 이에 따라 '알 수 없는 존재' 자체도 '예상된 의미화'를 넘어서 '외재적인 우연적 사건'을 부상시키는 것이다.

푸코의 이 계보학은, 글리상이 역사를 종래의 역사와 또 다른 역사로 이중화하려는 게 아님을 보여준다. 글리상이 말하는 '앤틸리스성'이란, 서술을 끝까지 밀고 나가는 글리상이 '알 수 없는 존재'로 거슬러 올라가서 스스로를 혼란시키면서 사용하기 시작하는 '우리들의 역사,' 바로 그것이다. 다시 말해 의미화를 뛰어넘은 '우연적 사건'을 계기로 해서 재편되고 전망되는 '우리들'인 것이다. 이때 중요한 것은 또 다른 '우리들의 역사'에 당도하는 것이 아니라, 역사를 끊임없이 '산란된 상황'으로 끌어들여 개방해 나가는 것이다. '우리들의 역사'란 산란되어 개방해 나가는 거슬러 오르기〔retrospect〕속에서만 전망될 수 있기 때문이다. 마찬가지로 '전유'나 크리올은 선택·혼합·대항이라고 하는, 두 개의 주체 사이에서 전개되는 사태가 아니라, 글리상의 거슬러 오르기 속에서 주체가 끊임없이 해체되어 나가는 가운데 일어나는 운동인 것이다.

하지만 글리상의 '비-역사성(性)'의 서술에서 군데군데 발견되는 '자연 대 문화의 변증법적 관계가 지닌 창조력'[37]이라는 표현은, 글리상에게도 낭만주의로의 함몰이라는 문제가 어쩔 수 없이 존재한다는 것을 보여준다. '비-역사성'은 우리들의 단일한 역사를 창출할 절대적

잠재력으로서 등장할 위험성까지 내포하고 있는 것이다. 따라서 추구
해야 할 것은, 자연 속에서 '우연적 사건'을 발견하는 글리상의 거슬러
오르기를 정지시키지 말고 계속하게 만들어야 한다는 것이다. 바로 그
지점에서 폭력을 계속 서술해 나간 파농이 마치 글리상을 지원하듯이
등장하게 된다. 결론부터 말하자면 글리상의 거슬러 오르기는 폭력의
작동과 깊이 관련되어 있는 것이다. '사건'의 발현은 '언제나 힘들의 특
유한 단계를 통해서 창출되는' 것이며, '발현은 그 힘들로 들어가는 입
구'인 것이다.(38)

글리상은 이렇게 거슬러 오른 끝에 깊은 바다 속의 '해저식물'을 묘
사하고 있다.

이 표현은 노예선이 적의 배에 추격을 당해서 '이제 끝장이다'라고
생각할 때면 어김없이 바다 속으로 내동댕이쳐졌던, 무쇠추와 쇠사슬
에 발이 묶인 아프리카인들을 떠올리게 한다. 그들은 해저에서, 지각
할 수 없는 현재라는 씨를 뿌린다.

그리고 해저에 둘러쳐진 '해저식물'의 뿌리는 "자유롭게 표류하며 결
코 본원적 지점에 고정되지 않고 그물망처럼 드넓은 가지를 경유해서
우리 세계의 도처로 퍼져 나가는" 것이다.(39) 글리상이 거슬러 오른 끝
에 만나는 것은 사물로서 객체화된 자연도 인간의 주체성도 아니다. 그
것은 이제 인간의 형상을 잃어버린 죽은 자(死者)들이며 '해저식물'이
라는 리좀(rhizome)형*의 정형화되지 않은 존재였던 것이다.

* 위계적이고 정형적인 계통화를 뜻하는 나무(arbre)형과 달리 비위계적이고 부정형적인 뿌리줄기
(根莖) 모양의 네트워크화를 뜻한다. 들뢰즈·가타리 지음, 김재인 옮김, 『천 개의 고원』 1장 참조.

3. 적의를 품은 자연 또는 사악한 바람

1) 인종적·피부적 도식

『대지의 저주받은 자들』에서 파농이 식민사회를 폭력으로 양분된 세계로 간주하고 있다고 보는 것은 일단은 옳다. 이 책에서 식민사회에 대한 파농의 논의는, "식민지화된 세계는 둘로 분할된 세계다. 그 분할선이나 국경은 병영과 주둔지에 의해서 표시된다"고 하는 인식을 전제로 해서 전개되기 때문이다. 또 "식민지로부터의 해방이란 언제나 폭력적 현상"[40]이라고 주장하는 파농에게서, 『검은 피부, 하얀 가면』에서 발견되는 집요한 정신분석을 찾아내기란 쉽지 않다.

물론 이처럼 『검은 피부, 하얀 가면』으로부터 궤도를 수정하게 된 배경에는 1954년 이후 알제리 혁명의 급속한 진전이 있었을 테고, 우리는 그 속에서 민족해방전선 활동에 투신했던 선동가로서의 파농을 찾을 수 있다. 그러나 식민사회를 계속 사고하고 서술하는 파농이 정체성도, 문화나 역사도 아닌 폭력으로 나아갔던 도정, 다시 말해 폭력을 발견해 나간 사고의 과정을 추적하는 것은, 파농이 폭력에서 무엇을 발견했는가, 그리고 계속되는 전장 속에 있으면서 무엇을 서술해 나갔는지를 고찰하기 위해서 필요한 작업이다. 또 그것은 파농 자신이 빠져 있는 사고의 긴축을 푸는 일이기도 하다.

『검은 피부, 하얀 가면』에 수록되어 있는 「흑인의 삶의 체험」은 흑인이라고 하는 '인종적·피부적 도식'을 표상으로 취급하려는 파농이 혼란에 빠져드는, 고통으로 가득 찬 서술이다. "흑인은 그저 검은 것이 아니라 백인에 대해서 검은 것"[41]이라고 말하는 파농은, 우선 흑인이라고 하는 신체의 규정을 거부하고자 한다. "나는 외부로부터 다원적으로 결정된다. 나는 남이 나에게 품고 있는 '관념'의 노예가 아니다. 나는 겉보기에 노예인 것이다."[42] 그런데 이 '겉보기'에 불과할 터인 '인종적·피

부적 도식'은 신체에 붙박여서 도무지 떨어지려 하지 않는다. 이 '인종
적·피부적 도식'을 뿌리치고 흑인으로서의 신체를 획득하기 위해서 파
농은 처음에는 이성에서 탈출구를 찾아보지만, "세계는 인종차별이라
는 이름으로 나를 거절했다." 이성(=로고스)은 파농에게 있어 포기해
야만 하는 존재였다. 파농은 그 다음에 네그리튀드에서 탈출구를 찾아
보지만, 그것조차도 "네그리튀드란 성질상 자기파괴적이며, 경과점일
뿐 도달점이 아니고, 수단이지 최종목표는 아니다"라고 하는 사르트르
의 말에 의해 지워지고 만다. 그리고 마지막으로 파농은 "그것은 있는
것이다"라고 잘라 말한다.[43] 지각은 할 수 없으나 확실히 있는 것이다.
글리상이 종래의 역사연대기를 거부하고 '우리들의 역사'를 찾아서 '알
수 없는 존재'로서의 자연으로 거슬러 올라갔듯이, 파농이 '인종적·피
부적 도식'에서 탈출하는 도정에서 다다른 것은 "그것은 있는 것이다"
라고밖에는 달리 말할 수 없는, 형태 없는 신체였던 것이다.

　하지만 '인종적·피부적 도식'의 저류에 또 다른 신체가 병존하고 있
다는 말은 아니다. 중요한 것은 바로 '겉보기'의 신체가 이 도정 속에서
해체되어 나간다는 것이다. 그리고 이 해체과정에서 파농이 글리상처
럼 '그것은 있는 것이다'라고밖에 말할 수 없는 부정형(不定形)의 신체
로 거슬러 올라가고 있다는 점이다. 같은 장에서 파농의 서술은 "나는
몸을 곧추세우려 했다. 그러나 내장을 적출당한 침묵이 날개마저 풀죽
은 채 내게 역류해 왔다. 무책임하게도 난 '허무'와 '무한'에 기대어 하염
없이 울어 버렸다"[44]라는, 말하자면 한없는 공허와 상실감으로 끝나
고 있다. 하지만 이 해체되고 분산된 '나'는 마찬가지로 『검은 피부, 하
얀 가면』에 수록되어 있는 「검둥이와 인지(認知)」에 등장하는 투쟁선언
으로 이어진다.

　　나는 사람들에게 나의 '욕망'을 기점으로 나를 음미하라고 요구한

다. 나는 그저 사물성(事物性, choséité) 속에 갇힌 채 여기-지금(ici-maintenant) 존재하고 있는 것이 아니다. 나는 다른 곳을 위해, 다른 사물을 위해서 존재하는 것이다. ……나를 인지(認知)하기를 주저하는 자는 나의 적이다. 가열찬 투쟁 속에서 나는 죽음의 충격, 돌이킬 수 없는 분해에 직면하는 것을 받아들인다. 하지만 또 불가능성의 가능성까지도 용인한다.[45]

　지각할 수 없는 존재로 거슬러 올라간 파농은 계속 해체되고 분산되면서 '나'를 발견한다. 그것은 '겉보기의 노예'도 아니고 본래의 자신도 아니다. '여기-지금'에 고정되지 않고 돌이킬 수 없는 분해와 죽음의 충격을 받아들이면서 투쟁하는 '나'다. 외부에 의해 결정된 '인종적·피부적 도식'이 해체되어 나갈 때, 파농은 폭력이라는 힘을 발견하는 것이다. 그리고 문제는 이제 자기 찾기로 이행하는 것이 아니라 새로운 사회성으로 이행해 나가는 것이다.[46]

2) 적의를 품은 자연

이런 거슬러 오르기는 『대지의 저주받은 자들』에 나오는 폭력론에서도 찾아볼 수 있다. 거기에는 분할된 세계를 전제로 한 격렬한 투쟁선언뿐 아니라 표상의 심층에서 폭력이라는 힘을 발견하려는 내성적(內省的) 작업으로서의 서술이 있다. 파농의 서술은 계속해서 이어지는 것이다.

　결국 단 하나의 영역만 점령하고자 하는, 말 그대로의 결의(決意)가 존재한다. 알제리인들, 베일을 휘감은 여성들, 자두나무숲이나 낙타는 풍경을 구성한다. 그것은 바로 프랑스인이라는 인간 존재의 자연적 배경이다.[47]

자연이 표상으로 구성된다는 것, 그것은 프랑스인이, 그리고 식민사회가 구성되는 것이기도 하다는 말이다. 그러나 이 자연은 단순히 식민사회에 의해서 구성된 '자연적 배경'이 아니라 '적의를 품은 자연'[(48)]이기도 하다. 파농은 신체 속에서 투쟁하는 '나'를 발견했던 것처럼, 이 자연 속에서 적의, 즉 폭력을 이끌어내고자 한다.

그런데 자연을 '적의를 품은 자연'으로 개방하는 작업을 생각할 때 풍부한 시사점을 주는 것이, 바로 남미에서의 '저강도 분쟁'(Low intensive conflict)*[6)]에 관한 마이클 타우식(Michael Taussig)의 서술이다. 그는 예컨대 다음과 같은 에르낭 비달(Hernán Vidal)의 말을 인용한다.

잠 못 이루던 그날 밤, 나는 끌려가 버린 남편의 꿈을 꾸었습니다. 문 두드리는 소리가 나더니 그이가 집으로 들어왔죠. 다시 만날 수 있게 된 게 너무 기뻐서 난 무릎을 꿇고 하느님께 감사드렸습니다. 그이는 4월 29일에 체포될 때처럼 파란 옷을 입고 있었어요. 벗겨진 잿빛 머리와 웃는 얼굴, 작은 이빨까지 똑같았죠. 침대 안에서 그이를 느꼈습니다. 품안에서 그이를 느꼈습니다. 그리고 눈을 떴을 때 내 사랑을 안고 있던 감촉은 아직 품에 남아 있었죠. 곁에 아무도 없다는 걸 곧 깨달았습니다. 하지만 나는 나 자신에게 혼자 말했어요. '그이는 화장실에 간 거야.'[(49)]

'나'는 꿈을 꾼 뒤로 단식투쟁에 돌입한다. 그리고 타우식은 폭력(=

---

* 미국이 베트남전쟁 패배 이후, 특히 레이건 정권이 들어선 이후에 제3세계 지배의 전략 개념으로 도입한 전쟁 형태. 보 응우옌 지압, 체 게바라 등의 인민전쟁이론을 연구하여 자신의 전략으로 역이용한 사례이다. 즉 제3세계에서의 전쟁은 군사적 투쟁만이 아니라 사회체제간의 투쟁이라고 하는 인식 아래, 심리전에 의해 상대방이 장악한 민중 부문을 중립화시키고 민중으로부터 분리하면서 반혁명적 성격의 사회발전을 추진하는 전략이다.

힘)이 생성되는 투쟁의 장을 바로 이 꿈에다 설정하려 한다. 즉 꿈에 등
장하는 살해당한 이들의 영혼은 압도적인 군사적 지배에 처해 있는 개
인의 내부에서 생성되는 폭력의 기점인 것이다. 또 그렇기 때문에 '저
강도 분쟁'에서 영혼은 개인의 꿈속으로 끊임없이 봉인당해야만 하는
것이다.[50]

　살해당한 이들의 영혼으로부터 폭력의 생성을 모색하는 타우식은 식
민지 지배하에서 살해된 이들이 방치되어 있는 죽음의 장소에 주목한
다. 그 장소에는 '사악한 바람'(evil wind)이라는 자연현상이 존재하고,
이 자연은 '비인간적 동인(動因)'으로서 사람들을 홀리면서 재앙과 공
포의 대상이 된다. 그리고 이 '사악한 바람' 역시 체포된 남편의 꿈처럼,
봉인당해야 마땅한 존재다. '사악한 바람'은 사람들을 홀려서 잊혀졌던
죽은 자들을 불러내어 사람들을 투쟁하는 '나'로 변신시킬지도 모르기
때문이다. 타우식은 이 '사악한 바람'에서, 살해되어 방치당한 이들에
대한 기억술(記憶術)의 가능성을 찾아내려는 것이다.[51]

　파농이 말한 '적의를 품은 자연'이란 바로 타우식이 발견한 '사악한
바람'처럼, 방치된 죽은 자들이나 죽음의 위험에 계속 직면해 있는 이들
이 만들어내는 '비인간적 동인'이다. 식민사회는 이런 '적개심=사악한
바람'을 사물화(事物化)해서 자연이라는 표상 속에 봉인시킴으로써 건
설되는 것이다. 반면에 '적의를 품은 자연'은 식민사회로 '사악한 바람'
을 불러들인다. 그리고 그것은 글리상이 발견했던, 카리브 해 깊숙이
숨쉬는 '해저식물'이기도 하다. 파농은 『대지의 저주받은 자들』에서 신
화적 폭력이 구현하는 '상상 속의 살해들'에 주목하는데, 그것은 그가
거기에서 이 '사악한 바람'이 이끌어낼 폭력의 가능성을 발견하려 했기
때문이다.

　　식민지 세계를 고찰한다는 것은 춤과 신들림(possession)을 이해

하는 일과 연관되어야만 한다. 원주민이 긴장을 푸는 것은 바로 근육이 연출하는 이 대대적인 향연의 시간이기 때문이다. 또 그 사이에 이 비할 바 없이 격렬한 공격성, 직접적 공격성, 직접적인 폭력이 유도되고 변형되어 유야무야되기 때문이다. ……〔그러나〕원주민은 현실적인 것을 발견하고 자신의 실천활동, 폭력행사, 해방의지를 통해서 현실을 바꿔 나간다.(52)

파농은 부정형(不定形)의 신체, 또는 '적의를 품은 자연'이라는 존재 속에서 현존 사회를 해체시키고 새로운 사회성을 열어나갈 힘의 원천으로서 폭력을 발견한다. 그리고 이 힘을 발견해 나가는 사고의 도정이, 바로『검은 피부, 하얀 가면』에서『대지의 저주받은 자들』로 전개되는 과정을 구성하는 것이다. 다시 말해서 '우리들의 역사'를 염원하는 글리상의 거슬러 오르기가 파농에게는 폭력의 발견으로서 설정되고 있다. 그리고 식민지 지배는 파농이 발견한 폭력을 자연적인 것으로 봉인하는 바로 그 지점에서 성립되는 것이다.

그런데 이렇게 폭력을 발견하는 과정은, 전장이 개인에게 불가피하게 요구하는 죽음이라는 문제와 밀접하게 연관될 수밖에 없다. 파농은 계속 해체되고 분산되는 '나' 속에서 "죽음의 충격, 돌이킬 수 없는 분해에 직면하는 것을 받아들인다"고 서술하고 있는데, 이와 관련해서 후세인 불한(Hussein A. Bulhan)은 죽음을 받아들인다는 것의 의미를 다음과 같이 말한다.

억압자는 무력에서 우월한 것 이상으로 심리적 죽음의 공포에서 힘을 갖는다. 억압의 정신분석학적 차원이 그처럼 중요한 이유 중 하나가 바로 이것이다. 만약 피억압자가 이런 공포, 우월한 무력, 폭력과 맞서 이길 수 있다면 억압자는 그 힘을 상실하기 때문이다.(53)

부정형의 신체에서 투쟁하는 '나'를 발견하는 도정은 폭력을 두려워하는 주체가 해체되는 과정이기도 하다. 물리적으로 반격할 수 있느냐 없느냐 하는 문제가 아니다. 폭력이 발견되는 그 순간부터, 그 폭력은 사회를 구성하는 두려워하는 주체를 소실시키고 사회 자체를 해체하는 힘으로 작동하기 시작한다. 폭력을 발견하고 이를 계속 서술해 나가는 작업의 중요성은, 이 죽음에 대한 공포를 분수령으로 해서 작동하기 시작하는 역동성 가운데서 이해해야 하는 것이다.[54] 덧붙이자면, 폭력을 사고하는 작업의 이 힘은 희생자와 가해자로 분할된 세계 속에서 이해할 필요가 없다.[55] 죽음을 받아들인다는 문제의 핵심은, 희생자와 가해자라는 분할이 전제가 된 성공이냐 실패냐의 결의성(決意性)에 있는 것이 아니다. 죽음에 대한 공포를 받아들였을 때 시작되는, 폭력을 두려워하는 주체의 소멸, 그리고 해체되고 분산된 투쟁하는 '나'의 등장이야말로 중요한 것이다.

불한은 이렇게 해체되고 분산된 투쟁하는 '내'가 정신병리학적으로 정의되어 광기로 처리된다는 것을 정확하게 짚어낸다. 맬컴 엑스(Malcolm X)의 선동, 즉 "필요하다면 수단과 방법을 가리지 않고"(by any means necessary)라는 선동은 "즉각 언어도단적인 것, 사회에 대한 위협, 또는 광인(狂人)의 정신착란적 절규라고 비난받는"[56] 것이다. 이 '광인'은 단지 일방적으로 붙여진 꼬리표가 아니다. 광기는 폭력이 작동하기 시작할 때 부여되는 최초의 사회적 정의로서 자타에게 공히 승인되는 것이다. 나중에 언급하겠지만, 정신의학에서 임상이라는 장이 중요한 까닭은 임상이야말로 이 광기의 정신병리학적 정의를 만들어내는 장이기 때문이다. 하지만 뒤집어서 말하자면 이 임상이야말로 폭력을 작동시키는 기점이기도 하다.

4. 전장과 임상치료

1) 폭력의 익명성

앞서 말한 대로 파농은 1956년에 블리다 병원을 그만두고 민족해방전선 활동을 개시한 뒤에도 민족해방군(ALN)의 위생부대에서 계속 임상활동을 한다. 『대지의 저주받은 자들』에 수록된 「식민지 전쟁과 정신장해」는 이런 임상활동의 한 단면을 보여준다. 이 글에 나오는 사례는 1954년부터 1959년까지 파농이 진찰했던 것들이다. 그리고 파농이 묘사하는 이들 사례에서 발견해야만 할 것은 바로 폭력의 작동에 수반되는 정신장해의 문제다.

> 우린 그애와 사이가 나빴던 게 아니에요. ……어느 날 우리는 녀석을 죽이기로 결심했죠. 유럽인이 아랍인을 죄다 죽이려고 하니까요…….[57]

'열세 살과 열네 살짜리 두 알제리인 소년의 유럽인 동네친구 살해'라는 제목이 붙어 있는 사례에 등장하는 이 소년의 증언은 무엇을 말하는가? 그것은 폭력이 작동할 때, 즉 친구를 칼로 찔러 죽일 때, 지금까지의 사회관계와는 다른 세계가 느닷없이 등장한다는 것이다. 고든의 표현에 따르면, 전쟁상태는 일상적인 생활을 구성하고 있던 주체를 단숨에 소멸시키고 익명화하는 것이다.[58]

이 익명화가 곧 '친구'에서 투쟁하는 '아랍인'으로 주체가 변함을 뜻하는 것은 아니다. 전쟁상태에서의 익명화라는 현상이 일차적으로 의미하는 바는, 새로운 주체(='아랍인')가 된다는 것이 아니라 폭력의 작동에 수반되는 주체의 해체라는 것이다. 해방투쟁을 소리 높여 외치는 파농은 분명 '알제리인' 대 '프랑스인'이라는 두 개의 주체로 분할된 투

쟁의 장을 상정한다. 그러나 결론부터 말하자면, 해방투쟁을 주장하는
동시에 이 전장에서 정신장해를 발견하는 파농의 서술은, 전장에서의
익명화에서 곧바로 새로운 주체의 등장을 발견하려는 것이 아니다. 오
히려 이렇게 '아랍인' '알제리인'이 주체화되기 한 걸음 전에 멈춰 서서
사회가 해체되고 열려 나갈 가능성을 발견하려는 것이다. 예컨대 파농
은 식민지 전쟁을 치른 병사를 거론하면서 이렇게 말한다.

> 독립한 지 몇 달 지나 그는 옛 점령국의 사람들을 알게 되면서 그들
> 에게 호감을 가졌다. ……그때 병사는 일종의 현기증을 느꼈다. 그는
> 곰곰이 자문해 봤다. '그 폭탄의 희생자들 속에 지금 내 이야기 상대와
> 같은 사람들이 있었다는 말인가?' (59)

아프리카에서 용감하게 해방투쟁을 했던 이 레지스탕스는, 폭탄을
설치해 적을 살해한 날이 돌아오면 불안과 자기 파괴에 빠진다. 여기서
파농의 이 문장과 앞서 인용한 알제리 소년의 증언을 비교해 볼 필요가
있겠다. 파농이 계속 주목하는 점은 폭력의 작동과 더불어 등장하는 익
명화가 개인에게 강요하는 분열이다. 즉 파농이 말하는 정신장해란, 적
과 동지로 양분된 '알제리인'과 '프랑스인' 어느 쪽으로도 주체화되지 못
하는 기댈 곳 없는 존재로서, 둘 사이를 거듭 헤매는 개인을 가리킨
다.(60) 자신이 살해한 프랑스인 여자가 악몽에 나타난다는 민족해방군
전사, 자기 아내와 아이에게까지 고문을 가한 유럽인 형사, 프랑스 정부
의 고관이던 아버지가 피살되어 불안에 떠는 여자, 그리고 고문! 무엇보
다도 고문은 이런 분열을 의도적으로 추구한다. 파농이 고문을 당한 이
들 중에서 '아무 것도 모르는 사람들'이라고 분류한 이들에게, 고문이란
어느 날 갑자기 연행되어 폭행을 당하는 것을 뜻한다. 고문을 받은 것
은 그가 '힘이 약했기' 때문이지 다른 이유라곤 전혀 없다.

고문을 받은 것은 힘이 약했기 때문이다. 그러니까 무엇보다 애써야 할 일은 자기 힘을 기르는 것이지 어떤 일이 근거가 있는가 없는가 하는 문제를 스스로 제기하는 것이 아니다. 문제는 오로지 힘이다.[61]

오직 힘만이 존재하는 그러한 장에 얼토당토아니하게 내동댕이쳐진 인간은 주체를 용해시키고 분열시키면서 정신장해에 빠져들게 된다. 폭력의 발동에 수반되는 익명화는 개인을 분열시켜 정신장해를 강요하게 되는 것이다. 다시 말해서 식민지 상황이란 일단 오이디푸스 개념이 들어설 수 없는 '임계영역' [7]이며, 정신장해가 끊임없이 만들어져 나가는 전장이다.[62] 파농의 서술은 바로 이 정신장해에 초점을 맞추고 있다.

2) 무명전사의 묘지

그런데 이 전장 속에서 해체되어 나가는 주체에게 '알제리인' '프랑스인'이라는 새로운 이름이 붙여질 때, 폭력의 작동은 '알제리인을 위하여' '프랑스인을 위하여'라는 식으로 새로운 주체를 향해 힘의 원천으로서 등장한다. 죽음을 받아들이는 것은 헌신으로서, 사자들은 무명전사로서, 적의를 품은 자연은 무명전사의 묘지로서 이 이름 앞에 총괄되어 버리는 것이다. 폭력의 작동은 내셔널리즘의 가공할 원천이 될 잠재적 가능성을 계속 갖는 것이며, 바로 그렇기 때문에 파농이 앞서 말한 익명화에 대해 어떤 입장을 취했는지를 유심히 살펴봐야 한다. 그것은 또 글리상이 말한 '비–역사'가 여전히 보유하는, 단일한 역사로 나아갈 절대적 잠재력의 문제이기도 하다.

'알 수 없는 존재'로 거슬러 오르는 과정에서 글리상은 '우리들의 역사'를 발견하고자 했다. 파농 역시 지각할 수 없는 부정형의 신체나 '적의를 품은 자연'을 향하는 가운데 현존 사회를 해체하고 새로운 사회성을 열어 나가는 힘(=폭력)을 발견한다. 이 힘이야말로 글리상이 말하

는 '우리들의 역사'를 만들어내는 것이다. 하지만 글리상의 '우리들의
역사'란, 서술하는 글리상이 '비-역사'로 계속 거슬러 오를 때에만 발견
된다. 만약 이 운동이 정지되어 버리면, 알 수 없는 존재인 '비-역사'가
절대적인 존재로서 우리들의 역사 위에 군림하게 된다. 파농의 경우,
사회를 해체하고 열어 나가는 힘을 계속 이끌어내지 못하는 한, 그 힘
은 절대적인 주체 아래 총괄되고 말 위험이 있는 것이다. '우리들의 역
사'란 끊임없이 사회를 열어 나가는 실천, '비-역사'로 거슬러 오르는
실천 속에서만, 다시 말해 계속해서 해방되어 나가는 힘 속에서만 생성
되는 것이다. 전장에서 가능성을 발견하는 파농이 받아들여야 했던 것
은 바로 이런 거슬러 오르기다.

　앞서 말했듯이 폭력의 작동에 수반되는 익명화는 사회를 새롭게 열
어 나갈 가능성이기도 하다. 그리고 파농이 주목하고 서술해 나가려 했
던 것은, 이 익명화가 창출하는 분열이자 정신장해다. 파농은 이처럼
분열되어 어느 쪽에도 주체화되지 못한 채 적과 동지로 양분된 주체들
사이를 헤매는 기댈 곳 없는 개인 속에서 사회를 열어 나갈 계기적인
힘을 발견하려 한다. 그리고 이런 힘을 계속 발견해내는 것이야말로 익
명성이 실명화되고 절대적 주체가 등장하는 것을 계속 저지해 나가는
것이다. 앞서 언급한 죽음에 대한 공포라는 문제는 이렇게 계속 거슬러
오른다는 측면에서 다시 고찰되지 않으면 안될 것이다. 그가 전장에서
정신장해에 빠진 것은 결코 결의가 부족했기 때문이 아니다. 폭력의 작
동은 끊임없이 정신장해를 낳는 것이다. 만일 죽음을 받아들이는 것을
결의의 문제라고 오해한다면, 파농이 주목하는 개인의 분열은 불완전
한 결의성으로 해소되어 은폐되고 말 것이다. 중요한 것은 죽음으로의
완전한 결의가 아니다. 애당초 그런 것은 없다. 죽음에 직면한 분열 그
자체에서 새로운 힘의 가능성을 계속 탐구하는 것, 그것이야말로 중요
한 일이다.

3) 파농과 마노니

앞에서 인용했던, 해방투쟁의 과정에서 폭탄을 작열시키고 그후 신경
증에 빠진 투사의 사례에 대해서, 파농은 "혁명이라는 장(場)에서의 책
임의 문제"라고 덧붙인다.[63] 소리 높여 민족해방투쟁을 부르짖는 것이
아니라, 익명화가 개인에게 강요하는 분열을 혁명의 '책임의 문제'로서
제기하는 것이다. 파농이 정신장해에 계속 집착한 이유 가운데 하나는
분명히 이와 같은 해방투쟁에서의 '책임의 문제'였다. 거기에는 1957년
5월 민족해방전선이 배신자에 대한 본보기로서 마을사람 30명을 처형
한 '멜루자(Mélouza) 사건'[8]이나, 같은 해 민족해방전선 지도자 람단
아반(Ramdane Abbane)이 다른 지도자의 음모로 살해당한 사건[9]에
대한 파농의 고뇌에 찬 폭력론이 있다. 그는 『혁명의 사회학』서문에서
암묵적으로 '멜루자 사건'을 언급하는 가운데서도 "혁명은 그 책임을
모면한 것일까?" 하고 질문을 던진다.[64] 사키야마 마사키(崎山政毅)의
말을 빌리자면 이처럼 고통에 가득 찬 '폭력의 겹쳐 쓰기' 속에서 파농
의 서술은 전개되고 있는 것이다.[65]

하지만 정신장해에 대한 주시(主視)가, 이런 해방투쟁의 전개뿐만
아니라 파농이 일관되게 행해 온 임상정신의학에 있어서의 임상치료라
는 실천에 기초를 두고 있음은 틀림없다. 앞서 말한 대로 1951년에 프
랑스 중부지방에 있는 생 탈방(Saint Albin) 병원에서 프랑수아 토스켈
(Froncois Tosquelles)과 치료공동체 프로그램에 참가한 이래, 민족해
방전선에서 활동하면서도 파농의 치료활동은 계속되고 있으며, 파농의
서술을 성립시킨 것은 바로 이 임상치료라는 실천이었다.

파농은 광기나 콤플렉스를 개인의 자질이나 가정의 문제로 국한시키
지 않았다. 정신장해는 어디까지나 사회적 산물이며, 식민지 지배나 민
족해방투쟁에서 창출된 것이다.[66] 앞서 언급했듯이 분열된 투쟁을 하
는 '나'에 대해 최초로 내려지는 사회적 정의가 바로 정신장해인 것이다.

그런데 파농은『검은 피부, 하얀 가면』에서 1950년에 간행된 옥타브 마노니의『식민지화의 심리학』을 거론한다.[67] 정신장해로부터 새로운 힘을 이끌어 내고자 했던 파농에게 있어서, 마노니의 이 책은 비판하고 넘어가지 않을 수 없는 대상이었다.

마노니는 마다가스카르인의 꿈이나 민담을 분석하여 그들의 '집합적 무의식'에는 사자(死者)들에 대한 공포로 인해 형성된 의존 콤플렉스가 존재하며, 그 콤플렉스가 프랑스의 식민지 지배를 뒷받침하고 있다고 지적한다. 다시 말해서 식민지 지배는 욕망되고 있는 것이며, 마노니는 그 욕망의 심층에서 의존 콤플렉스를 발견하는 것이다.

> 유럽인이, 우리가 생각해 온 형태의 식민지를 건설했던 곳이라면 어디건 유럽인의 도래는 나중에 지배받게 될 이들에 의해서 무의식 속에 기대되고 심지어 욕망되고 있었다고까지 말할 수 있을 것이다.[68]

파농의 비판을 고찰하기 전에, 욕망이나 그 심층에 있는 콤플렉스를 식민지 지배와 연관시켜서 정의한 마노니가 "그(환자)가 신경증적인 상태에 빠져 있는 것은 이 사회가 그에게 다양한 장해를 만들어내고 있는 바로 그런 한에서다"[69]라고 했던 파농과 아주 비슷한 입장이었음을 확인해 둘 필요가 있다. 식민지 지배는 마노니의 말처럼 '집합적 무의식'이나 꿈의 내부까지 침투해 있는 것이며, 그렇기 때문에 파농은 '인종적·피부적 도식' 이외에는 아무 것도 발견하지 못한 채 고뇌하는 것이다.

그렇다면 파농은 어떤 측면에서 마노니를 비판하는 것일까? 파농이 비판하는 것은 마노니가 이 '집합적 무의식'을 마다가스카르인의 고유문화로 설정했다는 점이다. 마노니는 꿈이나 민담에 내포된 다양한 징후로 고유문화를 구성해서 이를 '풍습 속으로 몰아넣은'[70] 뒤, 이 고유

문화를 가지고 마다가스카르인의 욕망을 설명했던 것이다.

주의할 점은 '집합적 무의식'이 고유문화라는 이름으로 주어진 이상, 설명한다고 하는 작업은 분석자인 마노니의 특권으로 부여된다는 것이다. 그리고 파농은 학문적 실천에 잠재해 있는 이 특권성을 비판하면서 거기서 식민주의를 발견해낸다.[71]

> [마노니가] "토착문화를 존중"하려는 배려는 항상 엿보이지만 그것은 결코 그 문화가 가져오고 인간에 의해 체현된 가치를 존중하자는 뜻이 아니다. 오히려 이 수법에서는 [그 가치를] 사물화시키고 캡슐 속에 봉인하고 포장하려는 의도를 읽어낼 수 있다. "녀석들에 대해서는 잘 알고 있어" "개들은 원래 그런 놈들이야"라는 상투어는 이 사물화가 최고로 성공을 거둔 사례임을 보여준다. 즉 녀석들을 정의하는 몸짓이나 사고를, 나는 이미 알고 있다는 것이다.[72]

파농이 마노니를 비판하면서 "마다가스카르인이라는 것은 이제 존재하지 않는다"[73]고 거듭 강조할 때, 그는 안다고 하는 실천 또는 설명한다고 하는 학문적 실천이 빚어내는 사물화를 비판하고 있는 것이다. 더욱이 이런 사물화는 안다고 하는 실천에만 그치는 문제가 아니다. 마노니는 마다가스카르인의 고유문화를 분석한 뒤 이런 결론을 내린다.

> 마다가스카르인을 그 의존성으로부터 구해내려면…… 우리는 열등성을 벗어날 고난의 도정을 따라 그들을 교도(敎導)해야 한다.[74]

사물을 인식하는 주체는 역시 교도하는 주체로서 등장한다. 다시 말해서 진찰은 치료와 떼려야 뗄 수가 없는 것이다. 마노니에 대한 파농의 비판은 진찰-치료라고 하는 임상치료상의 일련의 공정에 대한 비판으로서 존재하는 것이며, 계속되는 파농의 임상치료는 이런 비판 속에서 모색되어 나간 것이다.

파농이 임상치료라는 장에서 수행하는 것은 진찰을 해서 환자의 내부에 있는 병근(病根)을 발견하는 것이 아니다. 또 그것을 치료하는 것도 아니다. '백인이 되고 싶다는 욕망에 침식당해' 정신이 해체되어 가고 있는 환자에 대해서 파농은 "그런 꿈을 포기하게 하는 것이 나의 목적은 아닐 게다. 오히려 나의 목적은 동기가 한번 해명되면 그가 갈등의 진정한 근원을 향해서, 즉 사회구조를 향해서 행동을 선택할 수 있게 하는 것이다"라고 말한다.[75] 파농에게 있어서 임상치료란 사회를 새롭게 열어 가는 힘을 계속 끌어내는 일이다. 임상치료란, '인종적·피부적 도식'에 시달리면서도 신체는 '있는 것이다'고 단언했던 파농이 그 내부에서 폭력을 발견하는 과정이며, 정신장해로부터 끊임없이 힘을 이끌어내는 그의 서술 자체이다. 반면에 마노니는 이렇게 발견해야 할 폭력을 무의식이라는 이름의 고유문화로 가두어 넣은 뒤 이를 교도(무장해제)하는 것이다.

5. 전장의 서술

파농이 아셀라(S. Asselah)와 함께 블리다 병원에 있을 때 집필했다가 사임한 뒤에 발표한 논문 「치료환경에 있어서의 흥분현상: 정신병리학에서 그 중요성의 일반적 고찰」[76]은 파농이 왜 사임한 뒤에도 임상의료를 모색했는지를 고찰할 때 중요한 글이다. 파농은 전에 지도를 받았던 프랑수아 토스켈을 이 논문에서 처음으로 분명히 비판하고 있다.

토스켈은 1930년대부터 1940년대에 영국이나 미국의 임상정신의학에 도입된 치료공동체 방식의 치료를 프랑스에 최초로 도입한 선구자다. 정신과 의사로서 최초로 부임한 생 탈방 병원에서 알제의 블리다 병원으로 옮길 때까지 약 2년간, 파농은 토스켈의 지도를 받는다. 그 뒤로 파농은 블리다 병원에서도 치료공동체 방식의 치료를 진행시켜 토스켈의 치료방법을 실천해 보려 했지만 결국 실패하고 만다. 이 논문은 블리다 병원에서의 실천을 해본 파농이 토스켈의 치료방법을 총괄적으로 평가한 글이다.

파농이 비판한 것은, 종종 환자가 일으키는 격앙성 흥분(agitation)을 토스켈이 환경적·후천적인 것과 자연적·자질적인 것으로 구분한다는 점이다. 이런 분할은 본원적인 자질을 설정해 버리게 되는 것이고, 파농은 격앙성 흥분에 대한 토스켈의 이러한 정의를 비판한다. 모든 격앙성 흥분은 승인해야 할 '존재양식'[77]이며, 그것이 일어나는 사회적 장에서 이해되어야 한다고 주장하는 것이다.

그런데 '사회적 장'이라고 했을 때, 파농이 우선 문제로 삼아야 했던 것은, 단지 식민사회라고 하는 것이 아니라, 바로 파농 자신이 스탭의 일원이었던 병원의 내부에 만들어진 치료공동체였고 의사와 환자의 관계였다. 그리고 이런 문제가 토스켈에 대한 비판으로서 전개된다. 이 논문에서 파농은 치료공동체에 근거한 제도적 치료, 사회요법에 대해서, 사회가 거부한 환자를 다시 유사(類似) 사회로 봉쇄하여 '또 한 번 매장'하는 일이라고 비판한다. 승인되어야 할 환자의 흥분이, 환자에게 구속복을 입히고 격리시켜 약물을 투입하는, 치료라는 이름의 '또 한 번의 매장'에 의해서 치료공동체로 봉쇄된다는 것이다.[78]

이처럼 토스켈과 결별할 것을 선언한 파농이 치료공동체 대신에 주목한 것은, 사회와의 관계를 계속 유지하면서 치료를 진행하는, 이른바 데이 케어(day care), 즉 주간(晝間) 입원(L'Hospitalisation de jour)이다. 이 치료법은 1932년에 모스크바에서 시작되어 1958년에는 튀니지의 튀니스에도 도입되었다. 파농은 이 논문을 쓴 뒤에 레비, 제로니

미와 발표한 공동논문에서 이 튀니스에서의 시도를 면밀히 검토한
다.[79] 파농은 튀니스의 사례를 검토하면서 정신장해를 치료공동체로
'또 한 번 매장'시키지 않고, 사회를 향해 다시 개방시키려 했다. 예컨대
그는 1959년에 간행된 샤를 제로니미(Charles Geronimi)와의 공동논
문 「정신병 치료에서의 주간 입원: 그 의의와 한계」에서 이렇게 말한다.

> 제도적 치료에서 우리는 완강한 제도, 엄격해서 바꾸기 힘든 규칙,
> 곧바로 획일성에 빠지는 계획을 만들어 왔음을 끊임없이 상기해야 한
> 다. 이 새로운 사회에는 그 어떤 개입, 창조적 역동성, 신선미도 존재
> 하지 않는다. 진정한 혼란이나 위기도 존재하지 않는 것 같다.……
> 그렇기 때문에 우리는 오늘날 사회요법에서의 진정한 환경이란 구체
> 적 사회 그 자체라고 믿는다.[80]

여기서 주목해야 할 것은 데이 케어의 일반적 의의가 아니라 임상치
료라는 장을 사회가 새롭게 열어가는 기점으로서 계속 발견해 내고자
하는 파농의 모습이다. 정신장해에서 새로운 사회성을 찾아가는 힘을
줄곧 염원했던 파농은, 그 가능성을 임상치료를 부단히 외부로 열어 나
가는 문제로 생각했다. 그리고 사회가 열려가는 기점으로서의 임상치
료야말로 파농이 계속 사고하고 서술한 장이었던 것이다. 또한 파농의
이런 서술은 임상치료라는 장의 가장 큰 특징인 의사와 환자의 관계 속
에서 창출된 것이며, 그것은 『검은 피부, 하얀 가면』에서 『대지의 저주
받은 자들』에 이르기까지 일관되고 있다. 그의 초창기 논문으로서 『에
스프리』(*Esprit*)지에 실렸던 「북아프리카 증후군」(1952)에서 이미 파
농은 고통을 둘러싼 신체성의 정의가 환자 자신을 소외시켜 나가는 과
정을 의사–환자 관계에서 문제삼고 있다.

어찌 된 거야, 자네?

죽을 모양이에요, 선생님

목이 쉬어서 목소리도 잦아드는 것 같다.

아픈 데가 어디야?

온몸이 다요. 선생님.[81]

이 고통은 과연 누구의 것인가? 이 논문에 묘사된 대화, 의사와 환자 간에 아무런 교차점도 없는 고통에 대한 대화는 1959년의 데이 케어를 고찰한 논문에서 "치료에서는 두 명의 자유로운 인간이 만나야만 한다"[82]고 하는 파농의 서술로 이어지고 있는 것이다. 정신과 의사에서 혁명가로 나아간 극적인 궤도수정의 통주저음(basso continuo)으로서, 파농은 극히 경험주의적이고 신중하게 의사-환자 관계 사이에 자신의 위치를 설정하고 양자의 관계를 계속 탈구시켜 나갔던 것이다.

프랑스인을 지향하는 개화의 역사이건, 무명전사가 밑거름이 된 알제리 민족의 역사이건, 파농은 임상치료의 장으로부터 끊임없이 사회를 열어 가고 역사를 '비-역사'로 끌어들이는 힘을 발견해 나간다. 반면에 마노니는 같은 곳에서 환자의 내부에 있는 병근을 명명하고 치료한다. 이 의사는 발견해내야 할 힘을 병근으로 가두어 놓고 무장해제를 추진하려 하는 것이다.

이 무장해제의 결과, 역사는 다시 유일한 역사를 향해 움직이기 시작한다. 그것이 본원적 문화의 소생이건 무명전사의 묘지이건 간에 역사를 '비-역사'로 끌어들이는 힘을 계속 발견하지 않는 한, 역사는 '프랑스인' '알제리인' 또는 '일본인' '오키나와인'이라는 유일한 역사로서 등장하게 되는 것이다. 그리고 이때 의사는 신으로 탈바꿈하여 이름을 부여하고 당위의 역사를 교도하는 목사가 될 것이다. 이하 후유는 자기 내부에서 그 전율할 목사의 모습을 발견하고서 역사를 거부했던 것이다.

하지만 문제는 역사뿐만이 아니다. 진찰-치료의 공정에서 창출되는
것은 조련(調練)된 신체이며, 또 진찰-치료의 공정은 그것을 자신에게
시행한다고 하는 자기언급성을 갖는 것이다. 타우식이 거기에서 자본
주의적 노동과정의 성립을 간파해낸 것은 적확했다.[83] 유일한 역사는
자본주의와 함께 등장하기 때문이다. 그리고 진찰-치료의 공정을 비판
하면서 의사-환자 관계 사이에 계속 머무르는 파농의 서술은, 임상치
료라고 하는 극한의 장에서 이와 같은 유일한 역사와 자본주의의 등장
을 저지해 나가려는 것이다. 중요한 것은 설명하는 것도 역사를 부여하
는 것도 아니며, 자신을 그저 억제하며 침묵하는 것도 아니다. 계속 대
항하면서 거슬러 오른다고 하는 운동인 것이다. 파농의 서술은 그런 의
미에서 곧 전장의 서술이다.*

* 엔도 가쓰히코(遠藤克彦) 씨, 사키야마 마사키(崎山政毅) 씨, 그리고 후루쿠보 사쿠라(古久保さく
ら) 씨한테서 많은 조언을 받았다. 이들에게 감사드린다─지은이.

6장 '류큐인'이라는 주체: 이하 후유

1. 폭력의 예감

1) '노예해방'

1909년 『오키나와 신문』에 게재되었다가 『고류큐』(古琉球, 1911)에 수록된 이하 후유(伊波普猷)의 논문 「진화론으로 본 오키나와의 폐번치현(廢藩置縣)」에는 "메이지 12년(1879)의 폐번치현은 퇴화의 길을 걷고 있던 오키나와인을 다시 진화의 길로 나아가게 만들었다"고 되어 있다.[1] 여기서 이하가 쓴 '오키나와인'이라는 표현에 대해서는 나중에 주제로서 거론할 것이다. 그런데 『고류큐』의 각 논문에서 전개되고 있듯이, 이하는 '류큐 처분'을 1609년 이후 지속된 시마즈(島津)의 압정(壓政)1)에서 해방된 것이라 보고 있었던 게 분명하다. 또 근대 오키나와의 역사를 개화(開化)의 역사로 파악하면서 그 개화를 교도(敎導)하는 계몽가로서 자신을 자리매김해 간 이하에게, '류큐 처분'을 '해방'으로 보는 인식은 그의 역사관의 중심축을 이룬다. 잘 알려진 바와 같이 이하는 1914년에 논문 「류큐 처분은 일종의 노예해방이다」를 써서[2] 『고류큐』 재판(1916)에 수록하는데, 이후의 이하 후유론에서 종종 언급되는 '노예해방'이란 표현이 이 시기의 이하의 기본적인 역사인식을 이루고 있음은 분명하다. 이 '노예해방'이라는 표현은, 이하 자신은 부커 워싱턴(Booker T. Washington)2)의 저작과 관련해서 설명되고 있지만,[3] 이하는 이미 이 말을 다른 맥락에서 전해들어 알고 있었다.

청일전쟁 직후인 1897년 『오사카 마이니치 신문』은 오키나와에서 일어난 오타 조후(太田朝敷) 등의 공동회(公同會) 운동3)을 류큐 사족(士族)의 번(藩) 복귀운동이라고 비판한 「류큐 사족의 음모와 오키나와」라는 제목의 기사를 9회에 걸쳐 연재했다.[4] 집필자는 '나하(那覇) 통신원' 사사키 쇼주로(佐々木笑受郎)였는데, 사사키는 이 기사 때문에 당시 오사카 마이니치 사장이던 하라 다카시(原敬)4)로부터 감사의 편

지*를 받았다.(5)

이 기사는 당시의 공동회 운동이 불만에 찬 오키나와 사족(士族)들의 시대착오적인 번 복귀운동이라고 규정하면서 〔자치가 아니라 본토처럼〕 오키나와에서도 지방제도를 개혁하고 토지정리사업을 완수해야 한다고 주장했다. 사사키는 이 기사에서 폐번, 즉 '류큐 처분'에 대해 '폐번 이전의 류큐 평민은 모두 사족의 노예였다'고 한 뒤,(6) 이렇게 서술하고 있다.

　　　　　폐번은 농민들에게 노예해방령이나 마찬가지였다고 평가해도 틀린 말이 아니다.(7)

사사키가 '류큐 처분'을 '노예해방'이라는 말로 표현한 이 기사를 신문에 실었을 당시, 이하 후유는 제일고등학교(第一高等學校)5) 입학시험에 낙방한 뒤 수험공부에 여념이 없었다. 그러나 이하의 회상기 등을 통해서도 알 수 있듯이(8) 이하는 당시 사사키가 쓴 이 기사를 읽었다. 이하의 '노예해방'이라는 표현은 사사키의 이 기사를 보고 영향을 받았음에 틀림없다.(9) 사사키의 '노예해방'과 이하의 '노예해방'에 관해 문제삼고 싶은 것은 이하와 사사키의 인간관계가 아니다. 이 글에서 논의할 주제를 먼저 제시하기 위해 생각해 보고 싶은 것은, 이하가 사사키로부터 알아들은 이 '노예해방'이란 표현이 도대체 어떤 시대상황에서 나온 것인가 하는 문제다.

류큐가 일본으로 병합되어 간 과정은 1879년에 마쓰다 미치유키(松田道之) 류큐 처분관6)이 군대와 무장경찰을 이끌고 오키나와 현을 설치한다는 포고를 내림으로써 완료된 것이 아니다. 그 뒤로 이 '류큐 처

* 공동회 운동을 좌절시킨 원인 중 하나가 운동의 진행단계에서 터진 사사키의 특종기사였기 때문이다. 하라는 편지에서 그의 기사('논문')가 "귀하의 통신 가운데 공전(空前)의 것"이라고 격찬했다.

분'에 대한 청국의 항의를 받아 미야코(宮古)·야에야마(八重山) 분할안
이 대두했지만, 청국과의 국경선을 둘러싼 이 교섭은 최종적으로는 청
일전쟁에서의 무력적 대립에 의해서 결말을 보게 된다. 이런 병합과정
은 근대국가 일본의 국경선 설정이 애초부터 대외적인 제국주의적 확
대와 동시에 전개되었음을 말해 준다. 그리고 이 근대국가와 제국의 동
시 성립이 함의하는 바는, 곧 근대국가의 일원으로서 일본 국민이 된다
는 것과 제국에 의한 식민지적 지배를 받는다는 것이 동시에 개시되었
다고 하는 점이다.

　앤서니 기든스는 근대국가를 폭력의 독점으로 파악하여, 모든 폭력
이 국가에 의해 독점된 국내에서는 폭력이 아닌 감시라는 새로운 질서
가 수립되고, 국외에서는 독점된 폭력이 군사력으로서 행사된다고 했
다. 거기에는 근대국가의 성립이 곧 대외 침략을 수행하는 제국의 성립
이기도 하다는 뜻이 내포되어 있다.[10] 그러나 폭력의 독점에 의한 국
경선의 안과 밖이라는 구분은 결코 지정학적으로 명확해지는 것이 아
니다. 폭력은 안으로도 스며들고 감시는 밖으로도 퍼지기 때문이다. 류
큐 병합과정이 보여주는 바는, 국경선의 내부에 위치하면서도 식민주
의적 폭력이 끊임없이 작동할 수 있는 사회상황인 것이다. 그리고 중요
한 것은 이하가 사사키한테서 알아들은 '노예해방'이라는 개화의 역사
는, 폭력이 일상적으로 예감되는 그러한 사회상황 속에서 비롯되고 있
다는 점이다.

　청일전쟁 전후의 오키나와 사회에서는 청국의 승리를 믿는 사람들
가운데서 청국 함대가 [오키나와 내 친중파를 원조하기 위해] 오키나와로
올 것이라는 소문이 퍼졌다. 이런 움직임에 대처하기 위해서 경찰, 군
대 그리고 칼로 무장한 '내지인'(內地人) 관리나 상인이 자경단(自警團,
동맹의회[同盟義會])을 조직해 폭력적인 진압을 준비하고 있었는데, 사
사키는 이 자경단을 조직한 중심인물이었다.[11] 사사키는 청국의 승리

를 믿는 오키나와 주민의 동향을 『오사카 마이니치 신문』이나 『고쿠민 신문』에 보도하기도 했으니, 그는 단순한 '나하 통신원'이라기보다 국사(國事) 탐정에 가까운 인물이었던 것이다. 더욱이 사사키는 나중에 다음과 같이 회상했다.

> 당시 〔슈리성(首里城) 내에 주둔하고 있던〕 분견대(分遣隊)의 시모무라(下村) 중위라는 활달한 군인이 가끔 내 숙소로 찾아왔지요. 둘이서 두부부침을 먹으면서 곧잘 얘기를 나눴어요. 어느 날 중위가 정색을 하고 말하더군요. 만약 지나(支那) 군대가 오면 제일 먼저 구메촌(久米村)[7]을 불태울 계획을 세우고 있다, 석유통을 놔둘 곳은 나중에 얘기하자, 그때 의용대 쪽이 먼저 손을 쓰면 도리어 일에 지장이 있으니 모두 우리 군대의 뒤를 따라 움직여 주면 좋겠다, 그리고 만약 그때 필요한 물품이 있으면 내게 알려주고······.[12]

사사키는 군대와 손을 잡고 청국 지지자가 모여 사는 구메촌을 불태울 계획을 세우고 있었다. 중요한 것은 사사키의 '노예해방'이 오키나와 주민을 학살할 폭력이 준비되고 있던 사회상황 속에서 주장되었다는 점이다.

사사키가 자경단을 조직하여 습격을 준비하고 있을 당시 오키나와 심상중학교 4학년이었던 이하 후유는, 나중에 첨예하게 대립하는 고다마 기하치(兒玉喜八) 교장[8]이 조직한 의용대에서 사격연습을 하고 있었다. 물론 그 총구는 오키나와 주민을 향하고 있었다. 나중에 이하는 『고류큐』에 수록된 논문 「류큐사의 추세」에서 "누구라도 대세에 저항할 수는 없다. 자멸을 원치 않는 자는 대세에 따라야 한다. 한 사람이 일본화되고 두 사람이 일본화되어 마침내 청일전쟁이 일단락된 무렵에는 예전에 메이지 정부를 매도했던 사람들의 고장에서 '제국 만세' 소리가 들리게 되었다"[13]라고 말했는데, 거기에는 살해한다, 또는 살해당한다고 하는 절박한 상황이 염두에 있었음을 간과해서는 안될 것이다. 그리고 '노예해방'이라는 개화의 역사를 주장하며 그것을 교도해 나갈 계몽가로서 자신을 자리매김했던 이하의 서술에서는 폭력의 예감을 읽어내야 한다. '노예해방'이라는 표현에는 교도와 폭력, 이 두 가지가 동시에 함의되어 있는 것이다.

2) 관찰·교도·폭력

그런데 교도와 폭력의 관계에 대해 고찰하려면 폭력을 기든스와는 다르게 이해할 필요가 있다. 폭력은 수단으로서 국가에 독점되어 버리는 것이 아니다. 계몽이나 교도가 폭력과 무관하게 존재하는 것도 아니다. 기든스처럼 〔국민국가의〕 안과 밖을 구분하는 상황설정에 대해 문제를 제기한다는 것은, 식민지 상황을 국외로 한정해서 생각하는 사고방식에 대해 질문을 던지는 것이기도 하다.

이 점을 고찰하기 위해서 '마다가스카르인'의 '집합적 무의식' 속에 존재하는 의존 콤플렉스가 프랑스의 식민지 지배를 필연화시켰다고 한, 옥타브 마노니의 『식민지화의 심리학 : 프로스페로와 칼리반』을 살펴보기로 하자.[14] 정신장해로부터 투쟁의 힘을 이끌어내고자 하는 프란츠 파농은, 동일한 영역에서 식민지 지배의 필연성을 도출해낸 마노니에 대해서 "열등 콤플렉스 증상을 만들어내는 것은 인종차별주의자다"라고 철저히 비판한다.[15] 그런데 파농의 비판만 보면 좀 파악하기 어렵겠지만, 마노니의 『식민지화의 심리학』에서는 피식민자의 정신분석과 함께 식민자에 대한 분석도 이루어지고 있다.

흥미로운 것은 마노니가 식민지 경영에서 경제적 이익을 거두는 것보다 훨씬 더 큰 식민에 대한 욕망을 식민자의 정신구조에 깃든 콤플렉스와 염세 감정, 두 가지로 설명하려 한 점이다.[16] 식민자는 이 식민에 대한 욕망에 기초하여 외부세계에 대해 자신의 욕망을 북돋우는 판타지를 만들어낸다. 이런 판타지는 당연히 식민자의 정체성을 보증하게 된다.

그런데 식민주의가 단순한 판타지가 아니라 폭력을 수반하는 실천임을 생각한다면, 이런 자아도취적 욕망에 근거한 판타지는 현실에서 식민주의가 전개되는 가운데 끊임없이 위기에 봉착한다. 마노니에 따르면, 식민지 사회에서 이 판타지에 부합되지 않는 사태, 예컨대 주민의 권리 요구나 사소한 반항에 부딪혔을 때, 판타지에 상처를 입은 식민자는 분개하고 거기서 인종주의라는 폭력이 발동된다.[17] 다시 말해서 식민자의 판타지에는 식민에 대한 자아도취적 욕망이 내재해 있는 동시에, 현실의 식민지 지배 속에서는 그것이 부단히 배신당할지 모른다는 강박관념이 감춰져 있고, 이 강박관념은 곧 폭력이 전개될 것에 대한 예감이기도 한 것이다.

이 강박관념은 식민지 조사관으로서 마다가스카르 섬의 반식민지 투쟁을 조사했던 마노니 자신의 관념이기도 하다. 불한(Hussein A. Bulhan)이 파농의 정신분석학을 논하면서 언급했듯이, 마노니의 사고는 폭력적 전개를 예감케 하면서 모든 논의를 피식민자의 정신구조에 대한 분석으로 집중시킨다. 식민주의에 선행한다고 가정된 '마다가스카르인'의 '집합적 무의식'이라는 사고는 '마노니의 다른 모든 사고를 초월해 나가는' 것이다.[18]

마노니의 이런 사고의 전환에서 간파할 수 있는 것은, '마다가스카르인'을 관찰하고 그들 내부의 '집합적 무의식'을 분석한다고 하는 마노니의 작업 자체에 식민자의 욕망과 그것이 배신당할지 모른다는 강박관념이 침투해 있다는 것이다. 거칠게 말해서 자아도취적 판타지가 위기에 직면했을 때 마노니는 피식민자를 철저히 분석하는 관찰자의 입장으로 자신을 전개해 나가는 것이다. 역으로 말해서 관찰하고 분석한다고 하는 작업에는 식민에 대한 욕망이 부단히 침투해 있는 동시에 폭력

적 전개가 이미 예감되고 있다. 그리고 그렇기 때문에 마노니는 마다가
스카르인의 '집합적 무의식'을 분석한 뒤 이렇게 주장한다.

> 우리는 열등성을 벗어날 고난의 도정을 따라 그들을 교도(敎導)해
> 야 한다.[19]

교도. 그것은 판타지가 무너지고 폭력이 얼굴을 드러내는 와중에도
자아도취적 욕망을 계속 유지하려는 식민자의 실천인 것이다. 더욱이
그 실천은 교도되어 간다고 하는 개화의 역사를 부여해 나가는 작업이
기도 하다. 따라서 교도와 연관된 폭력의 예감은 이 개화의 역사를 계
속 유일한 역사로 설정하기 위한 공갈이기도 할 것이다. 마노니는 이런
폭력 발동의 예감과 교도 실천의 의지를 갖고서 '그들'(='마다가스카르
인')을 관찰하고 그 무의식을 분석해 나갔던 것이다. '마다가스카르인'
을 관찰대상으로 설정하는 것, '마다가스카르인'을 교도하여 그들에게
유일한 역사를 부여하는 것, 다른 역사로의 가능성이 발생할 때마다 진
압해 나가는 것, 마노니에게 이것들은 결코 별개의 사안이 아니다.

특히 관찰이라는 데 초점을 맞출 경우, 흔히 중립적이라고 생각하기
쉬운, 타자를 안다고 하는 학술적 작업이 교도의 실천, 역사의 부여, 폭
력의 예감이라는 문제계(問題系, problématique) 속에서 전개된다고
보는 것은 매우 중요하다.[20] 그리고 이 문제계는 '류큐인'을 연구하고
사사키 쇼주로에게서 '노예해방'이라는 표현을 들으면서 '류큐사'를 구
상했던 이하 후유의 경우에도 검토되어야 할 것이다.

이때 핵심적인 문제는 이하가 폭력을 어떻게 예감하고 있었는가 하
는 것이다. 예컨대 이하가 느끼고 있던 폭력의 예감은 자경단을 조직하
고 오키나와 주민을 불태울 계획을 세웠던 사사키의 그것과 동일한 것
이었을까? 이 문제는 또 후술하겠지만『고류큐』에 큰 영향을 준 도리이

류조(鳥居龍藏)[9]와 이하의 관계와도 연관된다. 즉 그것은 산악소수민족에 대한 토벌전이 전개되고 있던 타이완에서 그들에게 총부리를 겨누면서 조사를 수행했던 도리이의 연구에 대해 이하가 품고 있었을 폭력의 예감이 과연 어떤 것이었을까 하는 문제이기도 한 것이다. 이하의 서술 자체에 명시적으로 드러나지 않는 이 문제들을 이하의 서술을 따라서 표면화시켜 보려는 것이 이 글의 목적이다. 논점을 미리 제시하자면 이 폭력의 예감이라는 문제는 무엇보다도 우선 '류큐인'이라는 주체의 제시와 연관된다.

두말할 필요도 없이 『고류큐』로 대표되는 이하의 초기 작품 전체의 모티프는 '류큐인'이 도대체 누구인가를 분석하고 제시하는 것이었지만 거기에는 하나의 전제가 있었다. 근대 일본이 남쪽 국경선 부근에 편입시킨 새로운 주민들은 도대체 누구인가 하는 질문, 즉 당시 쓰보이 쇼고로(坪井正五郎)나 도리이 류조 등이 전개하고 있었던 인류학에서의 질문이 바로 그것이다. 이런 인류학의 질문은 '일본인'이라는 정체성(＝자기동일성)을 만들어 나가는 작업과 무관하지 않다. 인류학에서는 '일본인'의 임계영역이라고 간주되었던 사람들을 관찰하고 분류해 나가는 작업에 의해서 역으로 '일본인'의 영역을 확정해 나간다고 하는 전도(轉倒)된 작업이 이루어진 것이며, 이 작업 속에서 '류큐인' '아이누'가 관찰되고 분석되고 있었던 것이다.[21] '류큐인'이 '일본인'과의 관계에서 어떤 위치로 설정되는가, 다시 말해 '류큐인'과 '일본인'의 관계를 어떻게 정의할 것인가 하는 점이 바로 '일본인'이라는 동일성을 만들어내는 것이며, 거기에는 미리 '일본인'이라는 동일성을 상정하고 그것과 '류큐인'과의 관계를 정의함으로써 '일본인'을 확인(＝추인)한다고 하는 전도된 작업이 진행되고 있는 것이다. 그리고 이런 작업 속에서 이하는 '류큐인'을 제시해 나가는 것이다.

'일본인'의 동일성을 확인하는 일을 떠맡게 된 '류큐인'은, 당연히 체계적인 본질이 내재된 주체로서 표상되어야 하고, '일본인'과의 관계 역시 개념적으로 명확히 정의되어야 했다. '류큐인'이라는 주체를 설정하는 것이 곧 '일본인'이라는 주체를 구성하고 유지하는 작업인 만큼, '류큐인'은 자세히 관찰되고 분석되며 가시화되고 명확하게 이해되어야 했던 것이다. '류큐인'을 이해할 수 없게 된다는 것은 곧 이 전도된 작업에 의해 추인받아 온 '일본인'이라는 자아도취적 동일성이 위기에 직면하는 것이기 때문이다. 그러므로 대부분의 경우 이런 이해불능은 아직 해명되지 않은 내실로서 '류큐인'의 내부로 봉쇄당하면서 가일층의 관찰대상으로서 설정되어 나간다. 그러나 이해불능〔이라는 사태〕은 '류큐인'과 '일본인'의 정의된 관계까지 뒤흔들며 '일본인'이라는 동일성을 위기에 빠뜨리는 기점이기도 하다. 바로 여기에 관찰이라고 하는 실천을 둘러싼 항쟁의 장이 존재할 것이다.[22] '녀석들에 대해서는 잘 알고 있다'고 그들은 말한다. 하지만 "인종주의의 종언은 갑작스런 이해불능과 함께 시작되는 것이다."[23]

'류큐인'을 관찰대상으로 설정하는 것, '류큐인'을 교도하여 그들에게 유일한 역사를 부여하는 것, 다른 역사로의 가능성을 계기적으로 진압해 나가는 것. 마노니처럼 이하 후유에게 있어서도 이것들은 결코 별개로 논의될 사안이 아니다. '류큐인'을 제시하고 개화의 역사로서 '류큐사'를 구상하는 이하의 작업은, 폭력이 부단히 예감되는 가운데 어떻게 전개되는가? 이 논점은 이해할 수 없는 으스스한 그 무엇을 마주하고서, 다시 말해 '류큐인'과 '일본인'의 정의된 관계가 동요하기 시작하는 사태 속에서, 이하 자신이 어떻게 궤도수정을 하게 되었는가라는 문제로서 논의되게 된다. 결론부터 말하자면 이런 이해불능으로부터는 '류큐인'을 가시화하고 개화의 역사를 교도하는 계몽가에서 벗어나려는 이하의 새로운 서술과, 주체로서의 '류큐인'도 '일본인'도 아닌 영역으로의 거슬러 오르기가 폭력의 예감과 함께 개시되는 것이다.[24]

2. '류큐인'이라는 주체

1) 이하 후유와 도리이 류조

도리이 류조는 1896년과 1904년에 오키나와를 방문하여 조사활동을
벌였다. 오키나와에 대한 도리이의 연구는 1904~1905년에 「오키나와
인의 피부색에 대하여」, 「오키나와 제도에 거주한 선주인민에 대하여」,
「야에야마(八重山)의 석기시대 주민에 대하여」[25]로 보고되었다. 이들
연구는 1911년에 간행된 이하 후유의 『고류큐』에 큰 영향을 미치고 있
는데, 거기에는 앞서 말했듯이 '류큐인'[26]이란 누구인가 하는 도리이
의 인류학적 질문과 이 질문에 대한 이하의 응답이라는 관계가 존재한
다. 이런 도리이의 관계를 생각할 때 우선 검토해야 할 문제는 도리이
에게 있어서 '류큐인'이란 누구인가라는 질문이 도리이와 조사대상 간
의 어떤 관계 속에서 발화되었는가 하는 점이다.

'류큐인'이란 누구인가라는 도리이의 질문을 생각할 때 도리이의 오
키나와 조사가 타이완 조사와 병행해서 이루어졌다고 하는 점이 매우
중요하다. 도리이는 청일전쟁 직후인 1896년의 조사를 필두로 1900년
까지 모두 네 차례 타이완을 방문했고, 그 연구보고는 1897년부터 10
년 동안 잇달아 보고되었다. 시기적으로 보아 도리이의 오키나와 조사
와 타이완 조사는 동시에 진행되었고 또 보고되었던 것이다. 그런데 도
리이는 타이완 연구를 시작하면서 이렇게 말하고 있다.

　　이제 다카사고(高砂)의 섬, 또는 Ilha formosa*라고 불렸던 실로
사랑스럽고 아름다운 타이완은 우리 영토가 되었다. 이 타이완에서
앞으로 우리 인류학 연구자가 가장 흥미롭게 느낄 것은 저 지나인 이

* 아름다운 섬이란 뜻의 포르투갈어.

외에 예로부터 이 섬에 서식하는 이른바 생번(生蕃)[10]이란 존재가 아
닐까.[27]

　이 문장에서는 도리이의 조사가 제국 일본의 영토확장과 보조를 맞
추어 전개되고 있음이 여실히 드러나 있으며, 그것은 도리이가 제창했
던 제국의 학문으로서의 '동양민족학' '동양인종학'으로 이어지고 있
다.[28] 또 이 문장에서는 도리이의 타이완 조사가 제국이 새롭게 획득
한 영토에 사는 '생번'을 노리고 시작되었음을 알 수 있다. 같은 시기에
도리이보다 한발 앞서 타이완 조사를 개시한 이노 가노리(伊能嘉矩) 역
시 타이완 조사를 시작하면서 "포르모사라는 이름으로 땅의 풍요로움
과 수려함이 형용되어 왔던 타이완은 이제 우리 대제국의 판도로 귀속
되었다. ……그 땅에 붙박고 사는 번민(蕃民)을 어떻게 개화시키고 보
호하며 인도할 것인가 하는 문제가 또 우리 국민의 임무 가운데 하나로
서 적극 강구되지 않으면 안된다"고 말했듯이,[29] 새롭게 영토로 편입
된 '생번'을 '개화시키고 보호하며 인도'하고자 하는 의도와 함께 타이
완에서의 '생번' 조사는 시작되었던 것이고, 도리이의 오키나와 조사는
문자 그대로 새롭게 영토가 된 식민지 주민에 대한 이러한 조사와 함께
수행되고 있는 것이다. 도리이에게 있어서 '생번'이란 누구인가라는 질
문과 '류큐인'이란 누구인가라는 질문은 동시에 설정되고 있다. 또 그
시기는 앞서 지적했던 청일전쟁 전후의 시대상황 속에서 오키나와 주
민에 대한 폭력적 진압을 계획했던 사사키 쇼주로가 '류큐 처분'을 '노
예해방'이라고 불렀던 시기와도 겹친다.
　그런데 도리이의 '생번' 연구와 '류큐인' 연구를 일련의 작업으로서
고찰해 보면, 도리이가 양자의 차이를 인류학적으로 정의하려 하면서
도 그러지 못한 채 종종 분류상의 혼란에 빠지는 것을 확인할 수 있다.
예컨대 야에야마에서 발견된 석기시대 유적에 대해서는 "이 석기시대

의 주민이 오늘날의 야에야마 도민일 것이라고 생각된다"고 해놓고서,
나중에는 "이 석기시대 유적은 우리나라의 유적과는 관계가 없다. 앞으
로 연구해야 할 것은 타이완의 석기시대 유적이라고 해야 할 것이다.
아직 섣불리 단언할 수는 없지만, 야에야마의 유적과 타이완의 유적은
앞으로 비교연구해야 할 주요 과제일 것이다"라고 해서, 타이완의 원주
민인 '생번'과의 연관성을 시사하고 있다.[30] 도리이 자신이 '류큐인'에
게서 발견되는 '일본인'의 징후로서 언급했던 곡옥(曲玉)의 경우에도,
'생번'의 장식품에 대해 언급할 때에는 그것과 '류큐인'의 곡옥을 동일
시하고 있다.[31] 또 '생번'의 문신에 대해서도 "일본의 오키나와에서도
했었다"고 서술하고 있다.[32]

　물론 이런 혼란이 '류큐인'은 '일본인'이라고 하는 도리이의 기본적
사고를 뒤흔드는 것은 아니었다. 야에야마의 석기시대 유적에 관해서
도, 도리이는 '생번'과의 관련성에 대해 시사했던 글 「야에야마의 석기
시대 주민에 대하여」를 나중에 『유사(有史) 이전의 일본』(1925)에 재
수록할 때에 마지막 결론부분을 고쳐 써서 "이 야에야마의 유적을 오키
나와 본도 아이누의 유적과 비교해 보면 전혀 다른 별개의 것이다. 그
차이는 마치 일본 내지에서 아이누의 석기시대 유적과 야요이식 토기
를 사용한 석기시대 우리 조상의 선구자(고유 일본인)의 유적이 다른 것
과 똑같다. 그런데 야에야마의 유적은 우리 선구자의 유적과 동일한 데
다 그 토기의 형식도 야요이식 계열에 속한다. 이 사실로 미루어 볼 때,
야에야마의 석기시대 민중은 우리 조상과 동일했으며, 규슈(九州)쯤
에서 옛날에 이곳으로 이주해 왔을 것이다"(강조는 인용자)라고 했
다.[33] 그러나 이런 분류상의 혼란과 그것을 다시 정의해 보려는 인류
학적 노력은 그 뒤로도 도리이로부터 하세베 고톤도(長谷部言人), 마쓰
무라 아키라(松村瞭), 스다 아키요시(須田昭義), 가나세키 다케오(金關
丈夫) 등에게 계승된다.[34]

문제는 인류학의 학문적 성과에 의해 '생번'과 '류큐인' 양자의 차이가 어떻게 확정되었는가라는 것이 아니라, 설사 양자의 분류 자체를 학문적으로 뒤엎지는 않았다손치더라도, 도리이를 비롯해 인류학에 존재했던 분류상의 혼란을 이하가 어떻게 느꼈을까 하는 점이다.

도리이는 '생번'과 '류큐인'을 동시에 조사했다. 그러나 이 동시성은 시기적인 동시성에 그치는 것이 아니다. 도리이의 '생번' 조사는 석기나 토속에 대한 조사뿐만 아니라 신체측정을 비롯해서 최장광두 지시수(最長廣頭指示數), 얼굴 모양, 머리 모양, 코 모양, 머리카락, 피부색 등 문자 그대로 '인체측정학'(anthropometry)의 방법에 따라 수행되었는데,[35] '생번'을 관찰하는 이 기법들 가운데 피부색과 신체측정 같은 것은 '류큐인'에게도 똑같이 적용되었다. 거칠게 말해서 '생번'과 '류큐인'은 같은 시기에 같은 기법으로 관찰대상이 되었던 것이다. 그리고 관찰기법이라고 했을 때, 도리이가 무력적 진압이 계속되고 있는 가운데 '생번' 조사를 하고 있었다는 점을 간과해서는 안될 것이다. 도리이 자신도 조사하러 갈 때 경관을 대동하고 권총을 휴대하고 있었다.[36] 도리이는 신체측정과 관련해서 이렇게 말한다.

> 토인(土人)은 처음부터 우리의 조사방법이 적절했는지 이제는 굳이 우리에게 폭력을 행사하려 드는 자가 아무도 없소. 도리어 우리가 그들의 체격을 조사할 때 권총을 들이대고 할 정도요.[37]

이처럼 '생번'의 조사는 총을 들이대면서 수행되었다. 청일전쟁 직후라는 같은 시기에 동일한 관찰기법이 '류큐인'에 대해서도 적용되었던 것이다. 이런 관찰 속에서 도리이는 '류큐인'을 '일본인'으로 분류했다. 그러나 결과적으로 '류큐인'과 '생번'이 분류상 구분되었다고 해서, '누구인가'라는 질문에 내포된 문제, 즉 미지의 존재에 대한 교도와 폭력이 뒤섞인 관찰이 〔'류큐인'에게서는 비껴나〕'생번'이라는 영역으로 밀봉되었다고 생각한다면, 그것은 본말이 전도된 일일 것이다. '생번'이나 '류큐인'이라는 존재는 미리 전제되어 있는 것이 아니라, 미지의 존재에 대한 도리이의 이러한 관찰에 의해서 표상되어 나가는 것이며, 폭력과 교도는 이 표상의 과정 속에서 전개되고 있기 때문이다. '생번'이니까 폭력의 대상이 되고 '류큐인'이라서 그 대상에서 제외되는 것이 아니라, 이런 표상이 만들어져 나가는 과정 그 자체에서 폭력은 항상 이미 예감되고 있었던 것이다.

2) '개성'과 '대국민'

도리이의 오키나와 연구는 기본적으로 '류큐인'의 내부에서 관찰된 곡옥(曲玉), 언어적 공통성, 피부색, 신체측정, 석기시대 유적 등을 '일본인'의 징후로서 읽어 나가는 작업이었다. 그러나 도리이의 연구가 '류큐인'을 일방적으로 관찰하는 작업이었던 데 반해서, 이하는 도리이의 논의를 원용하면서도 '일본인'의 내부에서 '류큐인'과의 공통점을 발견해 나간다. 즉 도리이에게 관찰대상은 어디까지나 '류큐인'이고 '일본인'을 가리키는 구체적 징후 역시 어디까지나 '류큐인'에게서 언급되는 반면, 이하에게는 '류큐인'에게서 '일본인'의 징후를 발견할 뿐 아니라 '일본인'에게서 '류큐인'의 징후를 발견하는 시선이 있다. 예컨대 이하는『고류큐』에서 신화, 종교, 민속동요 등에 대해서 유비(analogy)를 전개하여 '일본'의 신도(神道)에서 '류큐'의 종교를,『고사기』(古事記),『일본서기』(日本書紀),『풍토기』(風土記)에서 '류큐'의 신화를 발견해 내는 것이다.(38) 그런데 이 유비라는 기법을 둘러싼 도리이와 이하의 시각 차이는 이하의 '동조'(同祖)라는 개념과 관련이 있다. 즉 '일본인'의 징후를 일방적으로 '류큐인'에게서 발견하지 않고 '일본인' 속에서 '류큐인'을 발견함으로써, 양자의 공통된 영역을, '일본인'도 '류큐인'도 아닌 세번째 범주인 '동조'로서 설정했던 것이다.

『고류큐』에서 이하가 말하는 '류큐인'이나 '류큐사'를 고찰할 때 도리이와 이하의 이와 같은 시각 차이는 중요한 점이다. 이하가 '류큐사'를 정면으로 논한『고류큐』에 수록된 글「류큐사의 추세」에서 '일본화'란 '류큐인'이 '일본인'으로 동화되는 것이 아니라, 일단은 양자의 공통점, 즉 '류큐인'의 내부에도 존재하는 공통성을 키우는 것으로서 정의되고 있다.

> 나는 오키나와인이 이 일치하고 있는 점을 적극적으로 발휘하게 하는 것이, 곧 오키나와인을 일본 제국의 유력한 성원이 되게 만드는 것이리라 생각합니다.(강조는 이하)[39]

'일본화'란 '일본인'도 '류큐인'도 아닌 세번째의 범주인 '동조'에 대한 염원을 뜻한다. 이하의 기본적 사상으로서 지적되곤 하는 '일류동조론'(日琉同祖論)은 이른바 동화사상이 아닌 것이다. 이하는 계속해서 이렇게 말한다.

> 지금 말씀드린 바와 같이 일치하고 있는 점을 발휘하게 하는 것은 물론 필요한 것입니다만, 일치하지 않는 점을 발휘하게 하는 것 또한 필요할지 모르겠습니다.[40]

이 일치하지 않는 점이야말로 이하가 '개성'이라고 이름 붙인 영역이다. 그것은 유비라는 기법을 둘러싸고 도리이와는 다른 이하의 시선이 부각시킨 영역이기도 하다. 그리고 이하가 말하는 역사의 주체로서 '류큐인'은 바로 이 '개성'이라는 영역에서 나타난다.

하늘은 다른 사람들을 갖고서는 결코 자기를 발현하지 못하는 바를 오키나와인으로 하여금 발현케 하는 것입니다. ……오키나와 인이 일본 제국에서 점하는 위치도 바로 이것에 의해서 정해지리라 봅니다. ……일본국에는 무수한 개성이 있습니다. 또한 무수한 개성 이 새롭게 생겨나고 있습니다. 이처럼 각기 다른 개성을 지닌 인민을 포용할 여유 있는 국민이 곧 대국민(大國民)입니다.(강조는 이하)[41]

'개성'에 의해 '류큐인'을 역사의 주체로 설정한 이하가 구상하는 류 큐사는, '동조'와 마찬가지로 '류큐인'이 '일본인'이 되는 것이 아니다. 거 기에는 염원의 대상인 '대국민'을 목적인(目的因)으로 삼는 단일한 역 사가 설정되어, '류큐인'으로서 주체를 형성하는 것과 '대국민'이 된다 는 것이 동일한 것으로 주장되고 있다. 이 '대국민'은 '류큐인'도 '일본 인'도 아닌 양자를 함께 포용하면서 각 '개성'의 차이를 정의하는 공통 평면으로서 등장한다. 이하에게 '류큐인'이라는 주체를 설정하는 일은 '일본인'과 '류큐인'의 차이를 정의하는 공통 평면인 '대국민'을 설정하 는 작업이기도 했던 것이다. 다시 말해서 '일본인'과의 종차(種差)에 의 해 '류큐인'이라는 주체를 설정한 이하는 이 종차를 정의하는 유적(類 的) 동일성까지도 설정했던 것이다.[42]

이하의 '대국민'이라는 표현은 『고류큐』가 발간된 이듬해인 1912년 에 『오키나와 마이니치 신문』에 연재한 글 「고류큐의 정교일치(政敎一 致)를 논하여 경세가(經世家)의 종교에 대한 태도와 비교한다」(1912년 3월 20일~30일)에서도 등장하는데, 이하는 이 글에서 일본이 세계의 '대국민'이 되려면 조선과 타이완에서 '식민지인의 인격을 무시'하는 일 을 멈추지 않으면 안된다고 지적하고 있다.[43] 또 이 글은 나중에 『고류 큐의 정치』(1922)에 수록되는데, 그때 다음과 같은 문장이 덧붙여졌다.

내가 요즈음 조선을 다녀온 사람한테서 들은 말인데, 대학 교수의 일한동조론(日韓同祖論)보다, 또 기독교 선교사의 동포주의 설교보다 월슨의 민족자결 선언이 조선인의 심금을 울리는 바가 크다고 한다. 이것은 일본 국민이 좀더 숙고하지 않으면 안될 점이라고 생각한다. 일본인은 과연 그러한 이민족들을 어떻게 동화시키려는 것일까?(강조는 이하)(44)

이와 같은 그의 주장을 보는 한, 이하의 '개성' 또는 '대국민'이라는 설정은 확실히 식민주의에 대한 비판이나 '다원적 자치'론으로 논의될 수 있을지도 모르겠다.(45) 하지만 동시에 그 설정은 '대동아공영권'에서 의 '협동주의'까지도 시야에 넣고 논의해야 할 것이다. 예컨대 '대동아 공영권' 구상의 브레인 역할을 했던 히라노 요시타로(平野義太郎)11)는 『태평양의 민족=정치학』(1942)에서 '협동주의'에 대하여 "공영주의에 의한 민족정책 또는 자주주의·협동주의는 원주자 사회생활의 전통을 존중하고 그 역사적 존재의 사실을 인정하면서 이를 그 고유한 방향에 따라 발달시키려는 것이므로, 동화정책이 획일적인 것과는 달리 개별적 이고 특수적이다"라고 말했는데,(46) 이 짧은 문장에는 고유한 '전통'에 대한 상대주의적 인식과 '고유한 방향'에 내재하는 '발전'이라는 공통의 보편주의적 실천이 존재하고 있다. 또 본원적인 문화적 동질성을 여러 민족에게 정의한 뒤 그것들을 '협동주의'라는 이름 아래 '대동아공영권' 으로 포괄하려는 이 이념은, 종차를 정의하는 작업이 동시에 유적 동일 성의 설정으로 나아가는 이하의 논의와 흡사하다. 그렇기 때문에 이 '개 성'과 '대국민'이라는 설정에 감춰진 문제, 다시 말해서 이하가 '류큐인' 이라는 주체를 세웠을 때 느꼈을 폭력의 예감을 논의해야 하는 것이다.

간과해서는 안되는 것은 이하 스스로가, 일본 정부가 '류큐인'의 "풍 속·습관·제도 등을 없애 버리는 것"을 비판하고 있는 데서도 알 수 있

듯이, 이하의 '류큐사' 구상의 배후에는 국민화가 '일본인'이 된다는 것
으로밖에 전개되지 않는 현실이 전제되어 있다는 것이다. 그리고 거기
에는 가노 마사나오(鹿野政直)가 말했듯이 온전히 '일본인'이 될 수 없
는 심정이 '상흔'(傷痕)으로서 아로새겨져 있는 것이다.[47] 이처럼 온전
히 '일본인'이 될 수 없는 '상흔'이 이하로 하여금 '개성'이라는 '류큐인'
의 주체성을 설정하게 했다고 볼 수 있다. 또 '개성'의 배후에 있는 온전
히 '일본인'이 될 수 없다는 '상흔'은, '류큐인'에게서 '일본인'의 징후를
발견해 나간 도리이의 시선에 대해 이하가 줄곧 느꼈던 위화감이기도
할 것이다.

이런 '상흔'이나 위화감은 '개성'에 의해 정의된 역사주체로서의 '류
큐인'으로 해소될 것인가? 결론부터 말하면 이하는 '개성'으로는 정의
할 수 없는 '류큐인'을, 그리고 '류큐인'과 '일본인' 사이에 대국민으로는
정의될 수 없는 차이를 감지하고 있었다. 그럼에도 불구하고 '류큐인'을
정의하고 역사주체로서 상정한 것은 어떤 의미에서 이하가 역사에 도
박을 걸었다고 해야 할 것이다.

이하의 '개성'이라는 표현을 생각하면, 앞서 거론한 인용에서도 상상
할 수 있듯이, 거기에는 분명히 '류큐인'과 똑같이 '조선인'에게도 그 '개
성'이 설정되어 있다고 볼 수 있다.[48] 그러나 동시에 이하가 '개성'을
지닌 주체로서의 '류큐인'을 정의할 때, 거기에는 '류큐인'과 '아이누' 생
번' 사이의 아주 뚜렷한 구분이 도입되고 있다. 앞의 「류큐사의 추세」란
글에서 이하는 류큐 처분 이후 '류큐인'의 발전에 대해서 이렇게 말한다.

우리 쪽에도 이렇게 될 만한 개성이 있었다고 하는 것을 좀 말씀드
리고 싶습니다. 위정자나 교육자가 아무리 뛰어나더라도 오키나와인
이 아이누나 생번 정도의 인민이었다면 30여 년 만에 이만한 성과를
거두기란 도저히 불가능했으리라 생각합니다.[49]

이하의 '개성'이라는 개념은 '류큐인'이나 '조선인'을 '대국민' 속의 역사주체로 정의했지만, 동시에 '아이누'나 '생번'으로부터는 주체를 박탈했던 것이다. 이하는 전자를 '네이션'(nation), 후자를 '피플'(people)이라고*12) 불렀다.(50) 이하의 '개성'을 주체로 한 '대국민' 속에는 '개성'의 자격을 부여받지 못한 채, '대국민'이 된다는 단일한 역사로부터 배제된 세계가 펼쳐지고 있는 것이다. '피플'이라 명명된 '아이누'나 '생번'은 모두 그렇게 배제된 세계에 사는 사람들을 뜻한다. '개성'에 의해 주체들을 정의하고 그 종차를 정의할 유적 동일성으로서의 '대제국'이 구축될 때, 그 유적 동일성으로부터 배제된 영역이 묵묵히 펼쳐지게 되는 것이다. 거기에는 다문화적 세계에서 계기적으로 작동하는 폭력이 존재할 것이다.

다시 도리이와 이하의 관계로 돌아가 보자. 도리이는 '류큐인'과 '생번'을 동시에 관찰하면서 '류큐인'을 '일본인'으로 분류했다. 그러나 이하에게 있어서 '생번'이란 '류큐인'으로부터 분리된 실체가 아니라 도리이의 '누구인가'라는 질문에 내포된, 미지의 존재에 대한 폭력의 예감 그 자체였다. 도리이의 시선이 '류큐인'의 내부에서 이해불가능한 무언가를 발견할 때, 이하는 거기에서 끊임없이 '생번'을 떠올리게 된다. 이하가 느낀, 온전히 '일본인'이 될 수 없는 '상흔'이나 도리이의 시선에 대한 위화감이란, 바로 이처럼 '생번'과의 동일시에 의한 공갈을 부단히 감지하는 장이기도 했다. 그렇기 때문에 이하가 이 '상흔'을 '개성'으로서 수립하고자 했을 때, 어떻게 해서든 이 폭력의 예감을 부정해 둘 필요가 있었던 것이다.

그러나 도리이를 비롯해 인류학 내부에 존재했던 '류큐인'과 '생번'의

---

* 'nation'은 국가를 형성할 정치적 능력을 갖춘 민족, 'people'은 그런 능력을 갖추지 못한 민족을 가리키며, 이런 기준의 설정은 이하가 귀스타브 르봉(Gustave Le Bon, 1841~1931)의 인종사상에서 영향을 받은 것이라는 분석도 있다.

분류상의 혼란은, 이하가 부정하고자 했던 이 폭력의 예감을 불러일으
키고 만다. 예컨대 도리이의 분류상의 혼란은 야에야마에서의 석기시
대 유적과 연관된 것이었는데, 이하는 이 점에 대해서 다음과 같이 말
하고 있다.

> (도리이 씨는—인용자) 저 석기시대 유물·유적을 보고 15~16세기
> 경까지 이시가키(石垣) 섬의 시시산(獅子嶽) 중턱에 말레이인(馬來
> 人)이 생존해 있었을 거라고 상상하셨다. 그렇게 가까운 시기까지 야
> 에야마에 말레이인이 살았다는 주장에는 선뜻 찬성하기 힘들지만, 상
> 고(上古) 시기에는 다분히 그랬을 것이다. 그것은 요나구니(與那國)
> 섬에 식인 풍습의 전설이 있는 걸 보더라도 알 수 있다. 인육에 대한
> 기호는 말레이 인종과 파푸아 인종에게서 두드러지며 몽골로이드에
> 는 없기 때문에, 야에야마의 영웅이 요나구니로 건너가서 식인종을
> 정벌했다고 하는 구비전승 같은 것은 남도(南島)에서 류큐인의 조상
> 과 말레이인 사이에 접촉이 있었음을 능히 상상케 한다.[51]

 앞서 말했듯이 도리이가 "이 석기시대의 주민은 오늘날의 야에야마
도민"이라고 한 데 반해서, 이하는 야에야마에 '말레이인', 즉 '생번'의
존재를 인정하면서도 그 유적은 '생번'의 것이고 그 '생번'을 정복한 것
이 바로 '류큐인'이라고 말한다. 그 결과 이하의 경우 '류큐인'은 야에야
마를 정복한 식민자로서 묘사되기에 이른다. 바꿔 말해서 이하는 도리
이가 '류큐인'과 '생번'의 분류에서 일으킨 혼란을 야에야마로 밀어넣은
후 '생번'을 정복한 존재로서 '류큐인'을 재정의한 것이다. 야에야마(=
'생번')라는 폭력의 예감은 '류큐인'을 폭력 행사의 주체로 구성해냄으
로써 억압되었다. 그리고 야에야마에 대한 이 설정은 나중에 이하의
'남도인'(南島人)이라는 설정과도 연관이 된다.

3. 주체의 행방

1) 이해불능

이하의 『고류큐』 서술이 그 뒤로 어떻게 전개되었는가를 생각할 때, 1920년대 중반에 일어난 이하의 궤도수정은 중요한 논점이 된다. 세계 시장에서 설탕가격이 폭락함으로써 시작된 1920년대 오키나와 경제의 파탄은 보통 '소철지옥'이라고 표현된다.[52] 이 '소철지옥'을 기점으로 해서 이하가 1920년대 중반부터 사상적 전환을 보였다는 것은 종래 히야네 데루오(比屋根照夫), 아라키 모리아키(安良城盛昭), 가노 마사나오(鹿野政直) 등에 의해서 거듭 지적된 바 있다.[53] 하지만 여기서는 그러한 이하의 궤도수정을, 도리이 류조 등의 인류학적 시선 속에서 '류큐인'이라는 역사주체를 제시했던 이하의 서술이 어떻게 변모하는가 하는 문제로서 고찰해 보고자 한다. 특히 이때의 논점은 '개성'에 의해서 정의된 '류큐인' 속에 깃든 폭력의 예감이다.

이하 후유의 『고류큐』에 수록된 「류큐인의 조상에 대해서」라는 글은 『류큐 신보』(琉球新報)에 게재되었다가(1906년 12월 5일~9일) 일단 『류큐 인종론』(1911)이라는 제목으로 출간되는데, 『류큐 인종론』의 속 표지 뒷장에는 "이 책을 쓰보이 쇼고로 선생과 도리이 류조 씨에게 바친다"고 적혀 있다. 도리이 류조는 1904년 6~7월에 오키나와 조사를 했는데, 이때 이하는 도리이를 안내하면서 '조수'[54]로 도리이의 작업에 관여했다. 도리이는 이하를 가리켜 "오키나와인으로서 오키나와에 관한 최고 권위자라고 해야 할 나의 유익한 벗"이라고 말했는데,[55] 좀 난폭하게 말한다면, 도리이에게 있어서 이하는 자신의 오키나와 조사에서 정보제공자(informant)적 측면을 지닌 위치에 서 있었던 것이다. 그리고 이하 자신이 '류큐인'을 표상할 때, 자기 생각을 가장 잘 뒷받침하는 선행연구로서 도리이의 연구를 인용하는 것이다. 인류학적 담론

속에서 이하 스스로 '류큐인'을 표상해 나갈 때, 자신이 정보제공자로서 도리이에게 표명했던 '류큐인'이 선행연구로서 다시 거론된다고 하는 뒤얽힌 과정이 존재했던 것이다.

그 과정을 정리해 보자면 이렇다. 먼저 도리이가 '류큐인'이란 누구인가라는 질문을 제기하고, '류큐인'인 이하에게 '류큐인'의 내용을 말하도록 요구한다. '류큐인'의 내용은 애초부터 이하의 내부에 있는 게 아니라 도리이가 기대하고 예정하고 있었던 것이지만, 도리이의 질문에 이하가 답변함으로써 도리이의 그 예정은 추인을 받게 된다. 한편 이하 자신이 '류큐인'을 표상할 때 그 전제는 도리이가 구성해 놓은 이 '류큐인'이다. 정보제공자로서의 자신의 발화(發話)에 의해서 추인을 받은, 도리이가 묘사한 '류큐인'을 전제로 해서 이하는 '류큐인'을 표상해 나가는 것이다. 결국 이하는 인류학이 '류큐인'으로서의 이하에게 기대한 '류큐인'의 내부성을 스스로 인류학으로 번역함으로써 '류큐인'이라는 표상을 구성해 나갔던 것이다.

그런데 이런 이하와 도리이의 뒤얽힌 관계를 염두에 두면서 이하의 궤도수정을 생각하기 위해서 우선 잡지 『오키나와 교육』(137호, 1924)에 게재된 짧은 수필 「세키호 군을 위하여」를 살펴보자. 세키호(寂泡)란 가인(歌人) 이케미야기 세키호(池宮城積寶)를 가리키는데, 이 수필은 이케미야기 등의 '류큐 문예'에 대해서 쓴 글인 동시에 이하 자신의 독백이기도 하다. "소(小)민족인 주제에 특수한 역사나 언어를 갖고 있다는 것은 현대에 있어서는 적어도 불행의 하나가 아닐 수 없다"는 말로 시작되는 이 수필은 다음과 같은 결정적인 문장으로 나아간다.

그대들은 개성을 표현할 자기 자신의 언어를 갖고 있지 못하다. 그대들이 갖고 있는 언어는 빌려 온 것이다.[56]

'류큐인'이라는 주체에 내실을 부여할 터인 '개성'을 표현할 수 있는 〔자기〕 말이 없다고 하는 이 문장은, '류큐인'의 내부성을 인류학의 언어로 번역함으로써 '류큐인'을 표상해 왔던 이하의 작업의 연장선상에서 이해되어야만 한다. 즉 이하는 지금까지의 말로는 번역해낼 수 없는 무언가를 '류큐인'의 내부에서 감지하고 말았던 것이다. 그것은 일단 인류학에서의 이해불능이라는 문제라고 할 수 있겠다. 그런데 이 사태는 도리이에게 있어서는 한층 집요한 '류큐인' 관찰로 전개되지만, 이하에게 있어서는 자기 내부성에 대한 이해불능·번역불능으로 등장한다. 그리고 그것은 지금까지 '류큐인'을 번역하고 표상해 왔던 말 자체가 이하에게 있어서 서먹서먹한 '빌려 온 것'의 모습을 띠게 되는 것이기도 할 터이다.

미리 설정된 타자의 말과 표상에 의해서 자기를 표현하고 구성할 수밖에 없는 사람이 자기 내부에 그 말로 번역할 수 없는 무언가를 감지했을 때, 그 사태는 '그 말로는 말할 수 없다'고 하는 자기 자신에 대한 이해불능으로서 등장할 수밖에 없다. 그러나 자신이 인류학의 말로 말하려고 한 정보제공자는 정보제공자로 되돌아갈 수도 없는 노릇이다.[57]

위의 수필은 마지막 부분에서 "이제 우리는 이 특수한 역사에 의해서 강제도살되고 있다"고 하는 문장으로 귀결된다.[58] '류큐인'의 내부에 번역(=이해)할 수 없는 영역을 껴안는 것은 '대국민'이 된다는 단일한 역사에 대한 절망으로서도 등장하는 것이다.[59] 그리고 바로 이 번역할 수 없는 내부성이야말로, 이하에게 있어서 인류학적 관찰에 교차되는 폭력의 예감을, 다시 말해서 단일한 역사로 교도해 나가기 위한 부단한 공갈을 감지하는 신경계이기도 할 것이다.

「세키호 군을 위하여」를 쓴 2년 뒤인 1926년에 잡지 『태양』(太陽, 32권 8호)에 게재되었다가 같은 해 간행된 『외딴 섬의 고난(孤島苦)』으로

서의 류큐사』(1926)에 「남도의 자연과 인간」이라는 제목으로 수록된
글인 「고난의 섬」에서는 「세키호 군을 위하여」와 마찬가지로 "외딴 섬
의 고난을 자기 자신의 말로 표현할 수 없게 되어 그저 역사에 의해 도
살당한 비통한 표정으로만 그 고난을 표현하기란 견디기 힘든 노릇이
다"[60]라는, 이제 '류큐인'을 역사주체로 설정할 수 없다고 하는 발버둥
이 표명되고 있다. 그리고 이어서 다음과 같은 문장이 나온다.

> '개성'을 오모로나 건축으로 표현했던 민족이 남양 토인과 비슷한
> 운명의 소유자가 된다는 것은 견디기 힘들다.[61]

역사주체로서의 '류큐인'이 설정될 수 없음을 이하는 '남양 토인'이
된다고 하는 것으로 감지한다. 또 이하에게 있어서 이 '남양 토인'은 도
리이가 총을 들이대며 일방적으로 관찰했던 '생번'이기도 할 것이다. 이
「고난의 섬」은 마지막을 이렇게 매듭짓는다.

> 일본 민족의 먼 분파로서 작지만 독특한 문화를 갖고 있던 류큐가,
> 마치 소멸해 가는 아이누가 고대의 생활양식을 많이 보존하고 있다고
> 해서 국보로 중시되는 것처럼 학자들의 주목을 받는 것말고는 세상의
> 식자, 특히 정치가들의 주의를 끌지 못하고 있음은 심히 유감스러운
> 일이다.[62]

'류큐인'이란 누구인가라는 도리이의 질문 속에서 역사주체로서의
'류큐인'을 구성했던 이하에게, 일방적으로 관찰되고 박제당하여 박물
관에 전시된 '류큐인'은 도저히 받아들이기 힘들었을 것이다. 도리이 류
조의 오키나와 조사와 함께 태어난 이하 후유의 '류큐인'은 여기서 하나
의 결말을 보게 된다. 이하에게 있어서 1920년대의 궤도수정은 발화의

정지와 역사의 포기가 폭력의 예감과 함께 몰아쳐 오는 사태였던 것이다. 그러나 새로운 서술은 이미 시작되고 있었다.

2) '남도인'의 신체

1920년대 중반에 궤도수정을 하면서 이하의 서술에는 '남도'(南島)라는 표현이 등장한다. 1926년에 간행된 『류큐고금기』(琉球古今記)의 서문에 있는 "[이 책은] 내가 일개 남도인으로서 주로 내부에서부터 남도를 관찰한 내용으로서, 말하자면 남도인의 정신생활의 기록 가운데 하나라고나 해야 할 것입니다"라는 문장은,[63] '남도'라는 표현이 이하의 새로운 서술의 시발점이라는 것을 여실히 말해 준다.

이 '남도'라는 표현은 이 책의 속표지 뒷장에 야나기타 구니오(柳田國男)의 이름이 등장하는 것에서도 알 수 있듯이, 1922년에 발족한 야나기다의 '남도 담화회'로 상징되는 '남도' 연구에서 따온 것이다. 아마이하가 도쿄로 이주한 점도 영향을 미쳤을 것이다. 또 이 '남도'는 사사모리 기스케(笹森儀助)의 『남도 탐험』(南嶋探檢) 등에 나타나는 표상, 즉 근대 일본의 영토확장과 관련된 표상과도 무관하지 않다.[64]

가노 마사나오의 지적대로 '남도'가 연발되는 가운데 시작된 이하의 연구에서는 종래의 역사에 대한 집착은 소실되어 오키나와를 일본의 방계(傍系)로 자리매김하고 오키나와와 일본의 공통성을 탐색하는 방향으로 나아간다. 거기서 '남도인'은 분명히 '일본인'의 한 방계로서 정의되고 있는 것이다.[65]

그러나 서술의 문제와 관련해서 말한다면, "내가 일개 남도인으로서 주로 내부로부터 남도를 관찰"한다고 하는 시선은 『고류큐』에 나타난 이하와 도리이의 뒤얽힌 관계와 비교할 때 분명히 이질적이다. 발화를 정지시키고 역사를 포기하며 폭력의 심연으로 나아간 이하가 새롭게 개시한 서술이란 대체 어떤 것이었을까?

"개성을 표현할 자기 자신의 언어를 갖고 있지 못하다"는 넋두리와 함께 시작된 새로운 서술에는 '일본인'과의 차이를 정의하여 '류큐인'이라는 주체를 상정하려는 강박적 사고는 없다. '류큐인' 대신 '남도인'을 내세울 때, '남도인'은 '일본인'의 방계를 뜻한다. '남도인'은 의심할 여지없이 '일본인'으로서 분류되는 것이다. 반면에 '류큐인'을 역사주체로서 상정하려 했을 때 분명히 구분되었던 '생번'과의 경계가 이 '남도인'의 서술에서는 애매해지게 된다.

'남도' '남도인'이라는 말이 아로새겨진 글 「『수서』(隋書)에 나타난 류큐」와 「『수서』의 유구(流求)에 대한 의문」[66]은 7세기 초의 〔중국 정사〕『수서』에 기재되어 있는 '유구'(流求)에 관한 논고다. 이 '유구'가 도대체 어디를 가리키는지에 대해서 당시 이하와 히가시온나 간준(東恩納寬惇)[13] 사이에 논쟁이 있었다.[67] 이하는『수서』에 서술되어 있는 것을 '남도인'이라고 한 반면 히가시온나는 타이완의 '생번'이라고 했던 것이다.

문제가 된 것은 거기에 서술되어 있는 식인(食人)·문신·출산·장례 풍습이었다. 특히 식인 풍습에 대해서 히가시온나는 예컨대 "쇼토쿠 다이시(聖德太子) 섭정의 문명국과 빈번히 교류했을 정도의 주민(國人)이 굳이 죽은 사람의 썩은 고기를 탐해 먹을 리가 있는가?"[68]라고 서술하거나 "과연 그랬다면 이처럼(식인을 하는─인용자) 문화의 소질이 저열한 민족이 어떻게 저 웅대하고 신비한 오모로를 만들었겠는가? ……저 신가(神歌)〔=오모로)에 담겨 있는 수준의 웅대하기 그지없는 사상은 식인을 도덕으로 생각하는 그런 민족의 소산이 결코 아니다"라고 하면서,[69] 이하에게 반론을 가하고 있다. 히가시온나는 식인 같은 야만적 풍습은 '저열한 민족'의 문화이지 오키나와의 문화가 아니라는 것이다. 거기서는 '쇼토쿠 다이시 섭정의 문명국'인 '일본'과의 공통성이 강조되고 있다.

그러나 이하는 히가시온나의 주장과 달리 인육을 먹는 풍습은 아주 최근까지 존재했고 또 "남도인은 남쪽에서 말레이인과 접촉"하고 있었음을 지적하면서 식인 관련 서술이 '남도인'을 가리키는 것이라고 주장했다.[70] 또 문신에 관해서도 "이 토속(土俗)은 남도인이 생번에게 영향을 미친 것인지, 반대로 생번이 남도인에게 영향을 준 것인지 확실히 알 수 없다"고 하면서 "어쨌든 이 오랑캐 풍습(蠻風)이 야만적인 생번 사이에서 곧 소실된 반면 개화한 남도인 사이에서는 오래 남아 있었던 것은 불가사의한 일이라 하지 않을 수 없다"고 서술하고 있다.[71]

이하와 히가시온나 사이의 이 논쟁에서 알 수 있는 것은, 이하가 거기서 '류큐인'을 '네이션', '생번'을 '피플'이라고〔예전처럼〕엄격히 구분하려 들지 않고, 오히려 양자의 교류나 공통성에 주목하고 있다는 점이다. '일본인'의 방계라고 한 '남도인'이라는 개념에 있어서는 이하는 '생번'과의 관계를 인정하고 있는 것이다.

그런데 이하가 '남도인'과 '생번'의 관계를 수용해 나가는 과정은, 지금까지 개화 속에서 개선되고 불식되어야 할 존재라고 설정되어 온 뒤처진 풍속과 제도를 재평가하는 것이기도 했다. 예컨대 『오키나와여, 어디로』(1928)에서는 구래의 토지제도인 마기리(間切) 제도*에 대해서 "참정권이라는 미명을 얻고 소철지옥에 떨어지는 것보다는 이 특수한 토지제도를 보존해 두면서 서서히 다음 시대를 기다리는 편이 더 현명했던 게 아닐까?"라고 서술하고 있다.[72]

이처럼 미개·야만을 재평가할 때 종종 언급된 것이 '모아소비'(毛遊)다. 이하는 『오키나와 여성사』(1919)에서 "모아소비란 묘령의 여자들이 제각기 남자와 서로 손잡고 거의 매일밤 야외에서 노니는 일을 말하

---

* 류큐 왕국의 형성과정에서 행정구획으로 편성된 제도. 마(間)는 구역, 기리(切)는 나눈다는 뜻이다. 마기리를 구성하는 '시마'(村) 중 하나를 주읍(主邑)으로 삼아 관할케 했다. '류큐 처분' 이후 일시적으로 존속되다가 1907년 폐지되어 정촌제(町村制)로 변했다.

는 것"이라 하여 성병의 전염과 모아소비의 관계를 언급한 뒤에 이를
'나쁜 습속'이라고 말했다.[73] 그런데 1930년 잡지 『민속학』(2권 1호)
에 게재된 「야가마*와 모아소비」란 글에서는 "모아소비는 농촌에서는
없어서는 안될 청년 남녀의 오락 기관(機關)이며 배우자 선택의 기관이
기도 했는데, 행정관이나 교육자의 불필요한 간섭 때문에 한 시대 전에
금지되고 말았다"고 서술한다.[74] '모아소비'에 대한 재평가는 '남도인'
의 서술 중 도처에서 발견된다.[75]

　여기서 주의해야 할 것은 이하가 '모아소비'를 여성사 또는 여성을 둘
러싼 섹슈얼리티(sexuality)의 문제로 논하고 있다는 점이다. '남도인'
의 미개·야만을 재평가하고 수용해 나가는 작업은, 다른 한편에서는 미
개하고 야만적인 여성 이미지에 대한 재평가로서 전개되었던 것이다.
마찬가지 사례는 '모아소비' 외에도 예컨대 '생번'과의 연관성을 보여주
는 문신에 대해서도 찾을 수 있다. 이하는 "개화된 현대 남도인 가운데
어떤 이는 종교적 의미를 갖는 이 장식이 일찍이 존재했음을 남이 알게
되는 것조차 고통스러워하며, 나아가 과거의 모든 문화를 저주할 정도
로 민족을 비하하는 사람이 되어 있음을 적어 둔다"고 서술하고 있는
데,[76] 이 문신 역시 '류큐 부인(婦人)'의 문신인 것이다.

　'남도인'과 '생번'의 관계를 수용해 나가는 과정에서 발견된 것은 미
개의 여성만이 아니다. 야에야마 또한 '남도인'과 '생번' 간의 접촉의 장
으로서 발견되고 있는 것이다. 이하는 1927년에 「일본 문학의 방계로서
의 류큐 문학」에서 야에야마와 생번·말레이인의 '토속'상의 공통성을 지
적하고 있으며,[77] 이런 주장은 1939년에 쓴 「아마미야에 대한 고찰」[78]
로까지 이어지고 있다.

　앞서 말한 바와 같이 인류학에서 '류큐인'과 '생번'을 분류하고자 한

---

* 오키나와어로 야(屋·家)와 애칭 어미인 가마가 합성된 말로 '작은 집'이라는 뜻이며, 모아소
비의 장소로 사용되었다.

조사는 도리이 류조 이후에도 일본의 인류학자들에 의해 이루어졌다. 그 가운데서 예컨대 가나세키 다케오(金關丈夫)는 손바닥 무늬, 특히 손가락 무늬(지문)와 발바닥 무늬에 대해 상세히 검토하고, '류큐인'의 지문에 대해서는 "원시성이 매우 풍부하여 생번인과 가장 가까운 관계를 보인다"(79)고 했으며, 발바닥 무늬에 있어서 '생번'과의 유사성은 "특히 미야코(宮古), 야에야마에서 그러하다"고 했다.(80)

이런 분류의 혼란은 '류큐인'을 역사주체로 상정하려 했던 종래의 이하였다면 어떻게든 반박하지 않으면 안되었을 것이다. 그러나 이하는 '남도인'의 서술에서 이 가나세키의 연구에 대해 언급하면서 야에야마와 '생번'의 관계가 밀접함을 보여주는 것이라고 긍정적으로 인용한다.(81)

그런데 이하가 이렇게 인류학 연구를 인용할 때 놓쳐서는 안되는 점이 있다. 그것은 가나세키 등 대다수의 인류학자가 '류큐인'과 '생번'의 유비로서 논의를 전개하고 있는 데 반해서 이하는 그것을 야에야마와 '생번'의 관계로 바꿔 읽고 있다는 점이다. '생번'과의 관계는 수용하되 거기에 야에야마라는 매개항이 설정되어 있는 것이다.

'남도인'과 '생번'의 관계를 수용하면서 이하는 '남도인'의 내부에서 미개의 여성과 야에야마를 재발견하고 있었던 것이다. 이하는 앞에서 거론했던 「일본 문학의 방계로서의 류큐 문학」에서 '사키시마(先島)* 문학'에 대해 이렇게 서술한다.

야에야마는 실로 노래의 고장이자 춤의 섬이다. 그곳 무명시인들은 리드미컬한 장편 민요를 수도 없이 남기고 있다. 또 그곳 처녀들은 이 아름다운 노랫가락에 맞춰 마치 너울너울 춤추는 나비와 같은 춤

* 난세이 제도 중 타이완에 가장 가까운 미야코 제도와 야에야마 제도를 일괄해서 부르는 명칭. '兩先島'라고도 한다.

을 보여주기도 한다.(82)

'남도인' 속에서 야에야마와 여성은 야만이나 미개로서 발견되고 낭
만화되고 있다. 앞에서 말했듯이 역사주체로서의 '류큐인'을 상정했던
이하에게 있어서 '생번'은 미지의 존재에 대한 폭력의 예감 그 자체였
다. 그 '생번'과의 관계를 받아들여 가는 가운데서 이하는, 마치 폭력의
예감을 못 견디겠다는 듯이 낭만적인 야만, 미개, 그리고 '생번'과의 만
남을 묘사하고 있었던 것이다.

결국 분류상으로는 계속 '일본인'의 방계로서 자리매김하는 이하의
'남도인' 서술은 '일본인'으로는 표상될 수 없는 야만, 미개, 그리고 '생
번'을 끌어안고 있었다. 이하에게는 이와 같이 '일본인'으로 표상될 수
없는 영역 또한 '남도인'인 것이다. 이하에게 '남도인'이란 '일본인'이면
서 '일본인'이 아닌 존재, '일본인'이면서도 '일본인'으로 번역될 수 없는
영역을 껴안은 존재인 것이다. 그렇다고 '남도인'의 이 영역이 '일본인'
과는 전혀 다른 별개의 주체로 표상되는 것도 아니다. 그것은 '일본인'
의 방계로서의 '남도인' 내부에, 표상되지 않은 채 항상 '웅변적인 침묵'
(eloquent silence)(83)으로서 머무르고 있는 것이다. 이 영역을 이하
후유의 신체성(身體性)이라고 불러 두자.

4. 아넷타이 / 아열대

'류큐인' 대신에 등장한 '남도인'은 '일본인'이면서 '일본인'이 아니다.
이하의 '남도인'에 내포된 이처럼 이중화된 발화의 의미를 고찰하기 위
해서 야마노구치 바쿠(山之口貘)의 시 「회화」(會話)를 살펴보자.

고향은? 하고 여자가 말했다

글쎄, 내 고향은 어딜까, 일단 나는 담뱃불을 댕긴다만, 문신과 자비센 등의 연상(聯想)으로 물들어, 도안 같은 풍속을 가진, 저 나의 고향인가!

저기 저어쪽

저기 저어쪽이라면? 하고 여자가 말했다

그건 저기 저어쪽, 일본열도의 남단(南端) 바로 못 가서다만, 돼지를 머리에 인 여자가 있다거나 맨발로 걷는다거나 하는, 우울한 방위(方位)가 습관이 되어 있는 저 나의 고향인가!

남방

남방이라뇨? 하고 여자가 말했다

남방은 남방, 짙은 쪽빛 바다에 자리잡은 저 상하(常夏)의 지대 용설란과 데이고(梯梧)와 아단(阿旦)과 파파야 같은 식물들이 눈부신 계절을 입고 들러붙어 있다만, 저건 일본인이 아니라는 둥 일본어가 통하느냐는 둥 지껄이며, 세간의 기성개념들이 기류(寄留)하는 저 나의 고향인가!

아열대

아넷타이! 하고 여자가 말했다

아열대인데, 나의 여자여, 눈앞에 보이는 아열대가 안 보인단 말인가! 바로 나처럼, 일본어가 통하는 일본인이, 바로 아열대에서 태어난 우리라고 나는 생각한다만, 추장이니 토인이니 가라테(唐手)니 아와모리(泡盛)니 하는 것들의 동의어라도 바라보듯이, 세간의 편견들이 바라보는 저 나의 고향인가!

　　적도 바로 밑 저 근처[84]

　「회화」는 1924년 두번째로 도쿄에 온 야마노구치가 온갖 직업을 전전하면서 쓴 시집 『사변의 뜰』(思辨の苑, 1938)에 수록되어 있다. 이 시에 대해서는 이미 여러 논의가 있는데,[85] 예컨대 작가 가와미쓰 신이치(川滿信一)는 밖으로부터의 시선에 의해서 "작자의 내부에 점점 선명해져 가는 '나의 고향(國)'으로서의 오키나와를 중압감 속에 보듬어 나가는" 모습을 읽어내고 있다.[86]

　확실히 '고향은?' '저기 저어쪽이라면?' '남방이라뇨?'라는 일련의 질문은 중압감을 가지고 '나'에게 다가온다. 도대체 너는 어디서 왔는가, 누구인가? 우선 '고향은?'에서부터 시작되는 일련의 질문 속에 공감조의 울림이 깃들어 있음을 간파해야 할 것이다. 이 공감 때문에 '나'는 질문이 기대하는 자아상(自我像), 아니 오히려 기대하고 있다고 '내'가 생각하는 자아상을 좋든 싫든 자신의 내부에서 발견할 수밖에 없는 것이다. 더 주의해야 할 것은 물어오는 질문이 극히 단순한 데 반해서 '내'가 자기 내부에서 발견하는 자아상은 아주 구체적이고 세부적이라는 점이다. 그것은 '내'가 '고향은?'이라는 질문 속에서 '너는 누구냐?'라는 물음뿐만 아니라, 어디를 개선하지 않으면 안되는지 끊임없이 감시하는 교도의 시선까지 느끼고 있기 때문이다. 그리고 이 교도의 시선에는 폭력의 예감이 깃들어 있을 것이다.

　이 교도의 시선을 내포한 질문 속에서 '내'가 자기 내부에서 발견해 나가는 것은 '문신' '자비센' '돼지' '맨발' '일본어' '토인' 등으로 구성된 개선되어야 할 자아상이다. 거기에는 개선해야 할 구체적 요점들이 세부에 걸쳐서 지시된다. 미리 설정된 물음 속에서 기대되는 자아상을 질문자의 말을 따라 제시하지 않으면 안되는 '내'가 느끼는 강박감은, 도리이의 시선에 대응하여 '류큐인'이라는 답을 제출했던 이하의 강박감이기도 할 것이다.

그러나 '나'는 이처럼 기대되고 있는 자아상을 제시하려 하지는 않는다. 그것은 대답하기를 계속 거부한다는 행위로 수행되어 나간다. '나'는 '여자'에게 어떻게 대답해야 하는지 알고 있다. 그리고 자신에게 기대되고 있는 표상을 자아 속에서 발견하고 있다. 그럼에도 불구하고 '나'는 그것을 설명하지 않고 상대방에게 전달하지도 않는다. 나아가 '여자'의 "고향은?"이란 질문이 결국 "너는 누구냐?"라는 것임에도 불구하고, '나'는 그 물음에 대해 "나는 어디서 왔는가?"라는 질문을 자신의 과거를 향해 내성적으로 던져 나가는 것이다. 거기에는 예정된 말로 또 기대된 바대로 자기가 번역되고 표상되는 것을 계속 거부하려는 몸짓이 있다.

이런 과거로의 거슬러 오르기 속에서 '아열대'라는 말이 등장한다. '나'는 '아열대'(亞熱帶)를 제시하고, '여자'의 "고향은?"에서 시작된 일련의 질문은 '아넷타이'라는 대답을 얻는다. 그러나 '여자'가 '아넷타이!' 하고 마침내 얻은 대답에 감탄할 때, '나'는 거꾸로 '여자'에게 질문한다. "눈앞에 보이는 아열대가 안 보인단 말인가!" 공감조의 질문에 대해서 자신이 제시된 바로 그 순간, 공감에 대한 반문이 개시되는 것이다.[87] 그리고 이 반문은 바로 '아넷타이'와 '아열대'라는 동일한 용어 속에 내포되어 있는 것이다.

'누구냐?'라는 질문이 '아넷타이'라는 표상을 획득하여 그 배후에 있는 내실을 이해했다고 생각한 순간에, 그 표상은 '아넷타이'/'아열대'가 되어 이해불능에 빠져 버리는 것이다. "눈앞에 보이는 아열대가 안 보인단 말인가!" 결국에는 예정된 결론으로 나아가려는 회화를, '나'는 과거로의 내성적 소급과 자기 제시의 거부로, 해체시켜 나간 것이다. 하지만 그렇다고 해서 '아열대'가 진정으로 획득해야 할 표상인 것은 아니다. '아넷타이'와 '아열대'는 이중성을 띠면서도 결코 별개로 유형화된

표상은 아니기 때문이다.[88] 그리고 이해했다고 생각한 순간에 이해불
능에 빠지고 마는 이 '아넷타이' / '아열대'는, 거짓 표상에서 진짜 표상으
로 이행하는 것이 아니라, 이해할 수 없는 으스스함을 '웅변적 침묵'으
로서 계속 유지하는 것이다. 결코 표상되지 않는 채로.

자신의 내부성은 이제 표현할 수 없다고 선언하고 이해불능의 영역
을 보듬은 자가 "너는 누구냐?"라는 물음에 대해 "나는 '남도인'입니다"
라고 표명했을 때, 그 질문은 과연 어떤 대답을 얻은 것일까? 1920년대
의 궤도수정을 기점으로 시작되는 이하의 서술을 생각할 때, 이하의
'남도인'에서 발견해야 할 것은 '아넷타이' / '아열대'와 마찬가지로 교도
와 폭력의 예감이 교차되는 관찰이라는 작업 그 자체를 이해불능으로
끌어들여 나가는 몸짓이다. '일본인'으로서의 본질적인 내실이 있다고
믿으면서 방계인 '남도인'을 관찰하고자 하는 인류학적 시선은 이런 이
하의 몸짓에 의해서 끊임없이 이해불능에 빠질 수밖에 없는 것이다.
'녀석들에 대해서는 잘 알고 있다'고 그들은 말한다. 하지만 "인종주의
의 종언은 갑작스런 이해불능과 함께 시작되는 것이다."

그러나 이 「회화」에서의 '나'의 발화를 생각할 때, 거기에 깃든, 제거
하기 힘든 남성적 울림을 놓쳐서는 안된다. 자기 내부에 이해불능의 영
역을 보듬은 '나'는 한편으로 극히 이해가능한 남성다움 속에서 자기를
보존해 두고 있는 듯 보인다. 그리고 이 문제는 '이하'의 발화에서도 지
적되어야만 한다. 앞서 살펴본 바와 같이 '남도인'의 내부에 야에야마와
여성을 설정함으로써 이하는 '일본인'으로는 번역될 수 없는 '남도인'의
영역을 서술의 대상으로서 고정시키고 있는 것이다. 거기에는 이하 자
신이 이해불능의 영역을 관찰하고 교도하며 진압할 위험성 또한 존재
하고 있다고 해야 할 것이다. 다시 말해서 그것은 '류큐인'이 이제껏 배
제해 왔던 여러 타자들을 '남도인' 내부에서 발견해 나갈 때에, 이런 타
자들로 거슬러 오르는 것이 아니라 다시 한번 그것을 영유해 버린다고

하는 위험성이다. 그리고 그 위험성은 야마노구치의 「회화」에서의 '나'를 빗대어 말한다면 '나의 여자여'라고 할 때 소유격 '의'가 자아내는 영토화의 욕망이라는 문제이기도 하다.

마지막으로 이하에게 있어서 '류큐인'으로부터 '남도인'으로의 궤도 수정과 깊이 관련되어 있는 '소철지옥'이란 도대체 무엇이었을까? 이를 계기로 오키나와 사람들은 급류를 타듯 본토 노동시장에 편입되어 갔고 나아가서 새로이 막 영유한 남양군도에 농업노동자로서 포섭되어 갔다. 이런 압도적 프롤레타리아화야말로 소철지옥의 현실이었다.[89] 이하의 '류큐인'이라는 역사주체를 해체시킨 것은 바로 이 프롤레타리아화에 의한 '방황하는 류큐인'(히로쓰 가즈오[廣津和郞])[14]의 등장이었던 것이다. 이제 역사는 자본주의일 수밖에 없다고 하는 사태에 직면하여 이하는 역사와 역사의 주체를 상실했던 게 아닐까? 그렇다면 이하가 '남도인'에서 발견했던 신체는 '일본인'이라는 주체를 월경(越境)해 나가는 자본주의의 신체로서 다시금 논의되어야 할 것이다.*

---

* 이 글은 오사카 대학 문학부와 교토 대학 문학부에서 '이하 후유 및 오키나와 문화'에 대해 강의하면서 논의되었던 내용들을 토대로 한 것이다. 강의에 참석해서 진지하게 질문해 주신 학부·대학원생 여러분께 감사드린다—지은이.

7장 폭력의 예감

1. 법 안에서의 발화

1) 구제의 법

법적 구제(救濟)를 받는다는 것은 과연 어떤 사태일까?[1] 구제의 법은 어떤 집단을 대상으로 하는 만큼, 그 집단을 가리키는 이름이 존재하게 마련이다. 법적인 구제대상으로 명명한다는 것, 또는 역으로 대상 밖의 존재로 명명한다는 것. 그리고 명명된 자들이 구제를 신청할 때 스스로를 법의 대상이라고 자칭한다는 것, 또는 그런 자칭을 거부한다는 것. 이처럼 법과 관련된 이름을 명명하거나 자칭한다는 것을 어떤 사태로서 받아들여야 할까? 설령 법적 구제의 대상을 지시하는 이름을 자칭하지 않아도 된다 하더라도, 이 문제계와 무관한 장소는 존재하지 않는 것이 아닐까?

오키나와에는 미군 점령 초기부터 이른바 가리오아(GARIOA) 기금 (Government and Relief in Occupied Areas Fund〔점령지통치구제기금〕)을 비롯한 각종 자금들이 쏟아져 들어왔다.[1] 행정권이 일본으로 넘어간 뒤에도 별로 달라지지 않았다. 오키나와 개발청이 설치되어 각종 진흥개발사업이 추진되었다. 오키나와는 지금까지 구제·부흥·진흥·개발이라는 법적 제도의 대상으로서 설정당해 왔던 것이다.

그리고 이런 법의 대상이 된다고 하는 것이, 동시에 기지를 받아들이는 것으로서 강요되어 왔다. 거칠게 말해서 기지와 개발의 이 불가사의한 거래야말로 오키나와의 전후(戰後)를 만든 법적 틀의 근간을 이룬다고 하겠다. 그리고 이 거래를 어떤 과정으로 고찰할 것인가는, 현재까지 이어지는 오키나와의 역사성을 어떻게 묘사할 것인가와 직결되는 중대한 문제이다.

여기서 '기지와 개발'을 둘러싼 교섭의 과정을 이른바 '사탕과 채찍'이라는 식으로 정리해 버려선 안된다. 그런 설명은 사탕을 원하며 채찍을 얻어맞는 자들의 역사를 너무 단순화시켜 버리기 때문이다. 예컨대 거기에는 다음과 같은 아사토 데쓰시(安里哲志)의 발언이 끼여 들어갈 여지가 없다.

기지가 옮겨 갈지도 모른다고 생각했던 몇 년 전의 정치과정은 지금도 확실히 우리의 어떤 욕망을 자극하고 있다. 현 내부에서 들끓은 기지유치운동은 경제가 발전했으면 하는 지역의 요구가 만들어낸 것인데, 거기서는 기지를 터부시하는 종래의 심성 자체가 과거의 유물로 간주된다. 우리는 기지를 욕망적으로 보는 현대적 시선을 획득했던 것이다. 기지든 뭐든 일방적으로 강요한다고 해서 다 맘대로 만들 수 있는 것은 아니다.[2]

아사토가 말하는 '몇 년 전의 정치과정'이란 1995년 9월에 발생한 소녀 강간사건 이후의 일련의 동향을 가리키는 것인데, 여기서 생각하려는 바는 아사토가 말한 '기지를 욕망적으로 보는' 바로 그 점이다. 그런 시선이 1995년에 갑자기 생긴 것은 아닐 것이다.

우선 아사토의 발언에 몇 가지 주석을 달 필요가 있을 것 같다. 이 욕망을 성립시키는 것은 무엇인가? 기지라는 부담을 안은 사람들을 구제받아야 할 존재로 인정하고 그 부담에 걸맞은 재화의 투입을 제도로 만들어 나간다고 하는 구제의 법이다. 그리고 '기지를 욕망적으로 보는' 것이란 바로 이 부담의 사정액(查定額)을 둘러싸고 기지가 계산 가능한 욕망의 대상이 된다는 것을 가리킨다. 여기서 기지는 기회비용적 계산 속에서 마치 상품처럼 취급당하게 된다. 또 그 기지의 가격은 시장이 아니라 부담의 사정을 둘러싼 상담(商談)에 의해서 결정되어 나간다. 다시 말해서 구제의 법은 원래 시장에서 유통될 수 없는 존재를 유사상품으로 간주하여 상담의 장에 설정해 나가는 것이다.

물론 이런 상담은 여러 문제를 안고 있다. 하지만 여기서는 이런 상담의 외부, 다시 말해 구제·부흥·진흥·개발이라고 하는 구제의 법 외부에 서서 기지에 대한 저항의 근거를 주장하는 것이 아니라 이런 상담에 참가한다는 것, 또는 참가할 수밖에 없다는 것에서부터 이야기를 풀어나가고자 한다. '오키나와 문제'라고 불리는 영역에서의 여러 발화나 명칭을 고찰하려면 이런 발화나 명칭이 우선 구제의 법 안에서의 것임을 비판적으로 문제삼을 필요가 있기 때문이다. 오키나와라는 이름을 명명하거나 자칭하는 것은 이 구제의 법 내부에서 논의되어야만 할 터이고, 거꾸로 이 법의 외부를 미리 설정하는 것은 저항이라는 말 자체를 극도로 단순화시켜 버리게 될 것이다.

아사토의 발언으로 되돌아가자. 거기서 간파할 수 있는 것은 무엇일까? 기지를 유사상품으로 간주하면서 상담에 임한다는 것은 곧 운명적인 기지의 존재를 조작 가능한 대상으로 치환하는 일이기도 하다는 것이다. 다시 말해서 운명을 계산가능한 경제의 문맥으로 치환함으로써 상담행위자라는 의미에서의 주체로 만드는 것이다. "30여 년간 기지 속에 오키나와가 있었다. 하지만 지금은 다르다. 오키나와 속에 기지가 있는 것이다."[3] 아사토의 이 표현은 이와 같은 주체화를 정확히 반영한다고 하겠다. 이런 구제의 법 아래서의 주체화, 그리고 신청과 인가라는 과정으로 전개되는 상담이라는 교섭의 과정이야말로 이 글에서 고찰하고자 하는 주제인 것이다.

그런데 구제의 법이란 도대체 어떤 법인가? 구제의 신청과 인가에 의해 전개되는 이 상담(=교섭)은 되풀이하건대 본래적 의미에서의 시장거래가 아니다. 이 상담을 가능케 하는 기초는 말하자면 시장의 실패 또는 불완전성인 것이다. 피해액·필요액·보상액을 산출해서 신청하고 승인을 얻어 재화가 교부된다고 하는 이 상담은, 법리적인 문맥에서는 사회정책과 관련된 노동법제, 또는 산업정책과 관련된 단체주의적 입

법의 문제로서 논의되어 왔다. 그러나 여기서는 사회정책과 산업정책
을 구분해서 그 중 어느 하나로 문제를 국한시키지는 않을 것이다. 또
시장거래가 아니라 신청과 승인이라는 교섭에 의해서 재화가 유통된다
고 하는 과정에 주목하는 한, 식민정책으로서 논의되어 왔던 영역이나
개발정책이라 불리는 영역에서도 똑같이 이 상담을 찾아낼 수 있다.[4]
그러므로 여기서 상담이라는 점에서 문제시되고 있는 구제의 법은, 이
른바 국내법과 식민정책이라는 지정학적 구분이나 노동법제, 산업정책
이라는 법 구분의 어느 한 쪽에 한정해서 가두어둘 수는 없을 것이다.

　구제의 법을 이렇게 설정하는 까닭은 단순히 개념을 확장하기 위해
서가 아니라 이 글에서 무엇을 논의하고자 하는가와 관련이 있다. 즉
논의의 초점은 바로 신청과 인가에 의해 구성되는 이 상담에 어떤 주체
로서 참가할 것인가, 어떤 주체로서 주체화를 할 것인가 하는 점이다.
국내법, 식민정책, 사회정책, 산업정책, 개발정책식으로 법이 작동하는
대상과 그 의미를 미리 결정해 버리는 분류방식은 이런 주체화를 예정조
화적인 주체로서 묘사해 버릴 우려가 있다. 도대체 어떤 행위자로서 법
에 참가할 것인가 하는 점이야말로 가장 먼저 문제삼아야 하는 것이다.

2) 폭력을 예감한다는 것

그런데 이 상담에 대해서는 좀더 주석을 달 필요가 있다. 우선 다음에
서술할 주석은, 운명적인 기지의 존재라는 것이 도대체 무엇을 의미하
고 있는가라는 점과 관련된다. 이 점에 대한 주석을 빼놓고서 상담에서
의 기지의 조작성이라는 표현을 사용할 수는 없을 것이다.

　앞에서 아사토가 말한 '몇 년 전의 정치과정'과도 관련되지만, 1997
년에 「주둔군용지 특별조치법」(이하 특조법)이 '개정'되었다. 이 특조법
은 개인이 소유한 재산(토지)을 군용지로서 계속 강제사용할 수 있도록
법제화한 것이며, 얼마 전 성립된 [미·일 방위]협력지침(가이드라인) 관

련 법안에서 쟁점 가운데 하나가 된 군사행동시 사적 재산의 강권적 사용을 선취한 것이었다. 그리고 이 '개정'의 초점이 오키나와에서의 미군 군용지를 둘러싼 국가의 불법점거를 합법화하는 데 있었음은 의문의 여지가 없다. 이 '개정'과정에서 1996년 8월에 당시의 가지야마(梶山) 관방장관의 주선으로 '오키나와 미군기지 소재 시정촌(市町村)에 관한 간담회'가 만들어졌다. 간담회 구성원인 경제학자 시마다 하루오(島田晴雄)는 오키나와 기지문제를 오키나와에 대한 진흥정책으로 치환시키면서 국가에 의한 군용지의 사용은 안전보장과 관련된 '국가의 신용' 문제이자 불문율이라고 주장한다.[5]

이런 시마다의 오키나와 진흥 주장을 통해서 구제의 법이 어떤 문맥에 놓여 있는지 분명히 알 수가 있다. 즉 기지는 법을 초월하는 국익과 연관된 존재로서 설정되고, 따라서 불법점거라는 폭력은 국익이라는 초법적 불문율로 언급되는 한편, 기지를 둘러싼 교섭은 진흥정책이라는 구제의 법에서의 상담으로 설정되고 있는 것이다. 다시 말해서 기지의 존재를 둘러싼 관계는 불법점거라는 물리적 폭력 그 자체이며, 상담이란 바로 이 폭력적 관계의 환유적(換喩的) 표현[2]인 것이다.

그리고 바로 그렇기 때문에 이 상담을 어떻게 생각할 것인가 하는 점이 중요해진다. 즉 상담만을 거론해서 거기서의 행위자를 고정적인 주체로 간주할 경우에는, 이 상담이 계속 환유적으로 표현하고 있는 물리적 폭력의 흔적을 소멸시키게 될지도 모른다. 폭력적인 것을 경제적인 것으로 치환시키고 벗어나기 힘든 운명을 조작 가능한 것으로 달리 읽는 상담은, 물리적 폭력의 흔적을 부인하는 위험한 과정이기도 한 것이다. 하지만 역으로 거기에는 상담의 과정을 환유적으로 읽어냄으로써 폭력의 흔적을 부각시킬 가능성 또한 존재한다. 다만 미리 말해 두자면, 그 폭력의 흔적이란 상담의 외부에 다시 물리적 폭력이 등장한다는 것이 아니라, 상담 자체가 끊임없이 폭력에 의해서 유지되고 또 폭력에 노출되고 있음을 상담의 과정 속에서 예감한다는 것이다. 또 그것은 구제의 법의 대상으로서 명명된 오키나와라는 이름과 그 역사를 어떻게 서술할 것인가라는 문제도 되는 것이다.

구제의 법에서의 상담 속에 이와 같은 환유적 의미를 포함시키는 것은, 곧 법 속에 살아가는 이들을 법 밖이나 법 앞에 있는 것도 아니고 법에 의해 결정된 주체도 아닌, 수행적(performative) 행위자로서 사고하는 것이기도 하다. '기지 속에 오키나와가 있는' 게 아니라 '오키나와 속에 기지가 있다'고 아사토가 말할 때, '오키나와'는 법의 외부에 존재하는 저항자도 아니고 단순한 법적 주체도 아니며 바로 이런 행위자로서 상정되어 있는 것이다.

그리고 이런 상정은 이야기된 텍스트와 발화자의 관계를, 텍스트를 읽는 독자가 어떤 식으로 그려내느냐 하는 점과도 관계가 있을 것이다. 거기에는 피해야만 할 두 가지 오류가 숨어 있다. 하나는 텍스트 자체를 뽑아내서 자유롭게 논의할 수 있다고 하는 텍스트주의적 오류이고, 또 하나는 텍스트 이전에 발화하는 주체를 전제로 해서 그 텍스트를 이해한다고 하는 환원주의적 오류다. 그리고 이 오류들은 현장조사의 서술에 관해서 클리퍼드 기어츠가 지적했던 우려, 즉 "대상에 접근할 때 충분한 객관성이 담보되었는가 하는 학문적 배려" 그리고 "대상과의 친밀한 관계의 설정이 불충분하지 않은가 하는 휴머니즘적 우려"와도 연결된다.[6] 나중에 거론하듯이, 나는 전자를 법적 구제에서의 '사실확인적'(constative)[7] 발화를 어떻게 재해독할 것인가 하는 문제로, 후자를 발화가 환원될 장소로서의 '기반주의적'(foundationalist)[8] 저항자를 법적 구제의 외부에 미리 상정하지 않은 채 어떻게 정치나 저항이라는 말을 사용할 수 있는가 하는 문제로 고찰해 볼 생각이다.

그런데 상담을 행위수행적으로 고찰하기에 앞서서 다시 한번 강조해 두고 싶은 것은, 이 상담이 폭력의 환유로서 존재한다는 점이다. 이런 점에서 이 법 속에서의 행위수행성은 우선 니코스 풀란차스가 말하는 법의 '연극성'(théâtralité)이라는 문제로서 지적해 두어야 한다.[9] 풀란차스가 말하는 연극성이란, 오스틴(John L. Austin) 등의 언어행위론이나 라캉의 정신분석학을 거쳐 온 행위수행성이라고 하는 설정과는 달리, 훨씬 더 기반주의적 개념이고, 물질화된 법이나 국가를 반복한 표현이기는 하다. 하지만 바로 그렇기 때문에 그의 논의는 법이 일차적으로 국가나 제국의 제도임을 상기시키면서 법에 대한 비판적 작업이 무엇을 지향해야 하는가, 또는 법 속에서의 상담과정에서 무엇을 재해독하고 다시 서술해야만 하는가를 마치 나침반처럼 가리켜 준다.

풀란차스에게 있어서 법의 외부는 국가의 테러와 폭력의 영역이며, 그런 뜻에서 비합법성이란 무엇보다도 먼저 '국가의 비합법성'인 것이고 "국가의 비합법성은 국가가 설정한 합법성 속에 언제나 각인되어 있는"[10] 것이다. 법은 법을 설정한 국가의 폭력에 둘러싸인 감옥이며 "법은 조직된 공적 폭력의 코드다."[11] 국가의 이런 폭력성을 풀란차스는 법의 '물질성'이라고 말한다. 이처럼 외부가 없는, 아니 오히려 '국가의 비합법성'이라는 외부밖에 없는 법 속에 연극성이 설정된다. "이 연극성은 근대법 속에, 그리고 이 법률이 물질화되어 있는 미궁·미로 속에 각인되어 있는" 것이다.[12]

법의 외부는 '국가의 비합법성'이며 법의 외부에 연기자가 서 있을 장소는 보장되지 않는다. 폭력에 노출된 비상구 없는 극장에서 풀란차스가 설정한 이 연극성을, 나는 감히 오독(誤讀)해 볼 작정이다. 즉 법을 연극으로 살아낸다는 것은, 무엇보다도 연기하는 것 자체에서 그 극장이 국가의 폭력과 테러에 노출되어 있는 감옥임을 발견해내는 일이다. 따라서 그것은 법의 내부에 있으면서 자신이 이제껏 폭력에 노출되어 왔고 앞으로도 노출될 위험에 처해 있다는 것, 다시 말해서 자신이 국가의 폭력과 테러에 의해서 살해된 존재, 또는 살해당하려 하는 존재라는 것을, 법의 내부에 있으면서 자기 속에서 발견해내는 일이기도 하다. 그것은 감옥 속에 있으면서 감옥 밖에서 살해된 타자를 찾아내서, 자신도 그렇게 되었을지 모른다는, 또는 앞으로 그렇게 될지도 모른다는 것을 예감하는 '폭력의 예감'이다. 그 속에서 살해당할지도 모르는 미래와 살해당했을지도 모르는 과거가, 예감한다고 하는 현재 속에서 교차된다.

이런 폭력의 예감에 수반해서 발견되는 폭력이란, 감옥을 둘러싼 물리적 폭력 그 자체가 아니라 바로 감옥 밖으로의 상상력 가운데서 재발견되는 것이며, 그런 뜻에서 이 연극은 이미 존재하고 있는 국가의 비합법성을 상상력의 장에서 다시 설정하는 작업인 것이다.[13] 법을 연기할 때 획득되는 것은 바로 이 법 밖으로의 상상력이다. 그리고 이 상상력은 법의 외부에서 '국가의 비합법성'이 아닌 세계까지 발견해낼 것이 분명하다. 이런 의미에서도 법의 외부는 예감해야 되는 것이리라. 이와 같은 논점은 마지막에 언급할 이하 후유(伊波普猷)의 사상과도 관련이 있다.

2. 제국의 위기와 구제의 법

1) 소철지옥이라는 위기

그런데 오키나와라는 이름을 둘러싸고 구제의 법이 등장하는 것은 앞서 말한 미군의 가리오아 기금이 처음은 아니다. 법적 구제의 대상을 가리키는 오키나와라는 이름이 등장한 것은 바로 1920년대에 이른바 '소철지옥'이라 불리는 위기에서 등장했던 오키나와 구제 논의와 이 구제론을 받아들여 1932년에 이루어진 오키나와 진흥계획이었다. 도대체 이 법적인 구제, 즉 오키나와 구제와 진흥계획은 어떤 법으로 등장했던 것일까?

　'소철지옥'이라는 명칭은 1920년 국제설탕시장에서 설탕가격이 폭락하면서 생긴 위기라고 일단 설명할 수 있을 것이다. 그 위기란 일본제국의 확대에 발맞추어 타이완과 남양군도로 확대된 제당업 자본의 전개와, 이제까지 상품유통으로서만 자본주의와 관계를 맺고 "상품들이 만들어지는 생산과정의 성격이야 아무래도 좋은"[14] 위치에 있었던 오키나와 농업 사이의 모순이 농업문제로 등장하게 되는 과정이라고 말할 수 있다.[15] 설탕가격이 세계적으로 폭락하는 가운데 해체되기 시작한 오키나와 농업은 두 가지 길, 즉 국제설탕시장에 참가할 수 있는 식민지 농업으로 재편될 것인가 아니면 국내 농업으로 보호할 것인가의 갈림길에 서게 되고, 오키나와 구제 역시 이런 선택지 속에서 논의되기에 이른 것이다. 결론적으로 말해서 일본의 총자본은 후자의 길을 오키나와 농업의 기본적인 방향성으로 선택했고, 오키나와 농업에 관해서는 생산과정의 재편이 아닌 산업예비군의 외연적 창출이 새로운 쟁점이 되기에 이른다.[16]

　위와 같이 경제사적으로 '소철지옥'을 이해할 경우 몇 가지 중요한 논점을 도출할 수 있다. 우선 '소철지옥'이라는 위기는 경제의 피폐나 그 파탄의 참상에 그치는 문제가 아니라 구제의 법을 빼놓고서는 오키나와라는 이름을 명명할 수도 자칭할 수도 없는 상황이 도래했음을 가리킨다. 또 오키나와라는 이름은 산업예비군의 외연적 창출과 관련해서 프롤레타리아화의 과정에서도 등장한다. 즉 그것은 구입된 노동력의 출신이라는 문제로서 고찰되지 않으면 안된다.[17]

　'소철지옥'에 관한 경제사적 설명은 이와 같이 중요한 논점을 제시한다. 그럼에도 불구하고 이런 설명에서 부동의 전제가 되어 있는 법의 이해, 즉 법 외부의 법이 필요해지는 위기를 미리 설정하거나 법을 선택하는 총자본의 의지를 상정하는 법의 도구적 설정을 참조할 필요는 있지만 나는 거부하려 한다. 법을 그렇게 이해할 경우에는 법을 둘러싸고, 역사적 필연성으로서 설정된 위기와, 그 위기에 대한 대응을 계획할 자유의지가 설정되어 버리기 때문이다. 그 결과 위기는 법칙적이거나 사실확인적(constative)으로 파악되고, 법은 계획적 또는 계산적인 것으로 서술되며, 그 배후에 합리적인 자유의지가 설정된다. 필연성과 자유의지의 관계는 라클라우와 무페의 말처럼 '경계 관계'(a relation of frontiers)이며,[18] 경계선이 이동할 뿐 이원론 자체가 극복되지는 않는 관계다. 위기를 둘러싼 이런 이원론 자체가 다름 아닌 위기의 징후다.[19] 법의 등장과 위기의 설정은 불가분의 것이고, 위기는 법의 등장과 떼어놓고 논할 수 없는 것이다. 반복하건대 법의 행위자를 법의 외부나 앞에 상정할 수는 없다. 그러므로 위기를 어떻게 취급할 것인가 하는 데 있어서 중요한 것은, 위기를 사실확인적으로 정의하는 서술 자체를 비판적으로 검토하면서, 법에 참가한다는 것을 행위수행적인 것으로 재해독하고, 법 자체를 연극적 존재로 다시 서술함으로써, 법을 협박하고 있는 위기(=폭력)를 법 자체의 서술에서부터 부각시키는 것이다.

2) 구제받아야 할 오키나와

1920년대 이후 오키나와 구제를 둘러싼 논의(나중에 '오키나와 구제 논의'라 불리게 된다)가 신문과 잡지에 등장하고 이에 대한 책 몇 권이 출판되었다. 『오키나와 구제 논집』, 『빈사(瀕死)의 류큐』, 『오키나와 경제 사정』, 『오키나와여, 일어나라』 등이 바로 그것이다.[20] 이런 구제 논의와 함께 제국의회나 현의회에서도 오키나와 구제가 토의되었다. 말하자면 오키나와가, 해결되어야만 하는 '오키나와 문제'로서 등장했던 것이다.

이런 가운데 1925년의 제50의회에서 「오키나와 현 재정경제의 구제 조장(助長)에 관한 건의안」, 「오키나와 현 구제에 관한 건의안」이 결의되고, 이 건의안에 근거해서 1926년부터 5년 동안 '산업조성금'을 지출하기로 결정되었다. 또 제52의회에서도 1927년부터 10년간 '공업조성금' 지출이 결정되었다. 1932년에 총예산액 6,847만여 엔으로 결정된 오키나와 현 진흥계획은 이런 흐름 속에서 입안되었던 것이다.[21] 좀더 자세히 말하자면 1931년부터 32년까지 오키나와 현은 「오키나와 현 진흥계획안」과 「오키나와 현 진흥사업설명서」를 작성하고, 정부 내에 이 계획안을 심의하기 위한 오키나와 현 진흥계획 조사회가 설치된 것이다. 그것은 오키나와가 구제의 법의 대상으로서 논의되고, 법의 대상으로서의 오키나와라는 이름이 확정되어 나간 과정이기도 했다.

이 「오키나와 현 진흥 사업설명서」(1932)에는 '진흥계획의 이유'로서 우선 오키나와 현의 역사적 독자성, 즉 류큐 왕국과 시마즈의 침공을 거쳤다고 하는 독자성을 언급한 뒤 이렇게 말하고 있다.

> 메이지 12(1879)년에 처음으로 현의 명칭을 받고 나날이 일시동인(一視同仁)의 황은(皇恩)을 똑같이 입기에 이르렀다. 명칭은 현이지만 실은 요람에서 막 벗어난 아이나 마찬가지다. 양육과 보호가 있을 때 비로소 제대로 자랄 수 있을 것이다. 사태가 이러함에도 조선·타이완·홋카이도와는 달리 유독 오키나와 현에 관한 한 위정자나 식자나 모두 그 내용의 충실을 꾀하지 않고……[22]

'조선·타이완·홋카이도'와 오키나와를 비교해서 보호와 구제를 받지 못한 채 방치되어 온 오키나와를 주장하는 것은, 구제논의에서 진흥계획으로 전개되는 과정에서 매우 특징적인 논의다.[23] 특히 타이완은 오키나와 구제의 정당성을 주장할 때 언제나 참조대상으로 언급되었다. 또한 같은 시기에 진흥계획과 밀접하게 연동되면서 설탕 소비세와 관세를 둘러싼 진정이 오키나와 현 농회(農會), 오키나와 설탕동업자조합,

정촌회(町村會) 등으로부터 자주 제출되고 있었는데, 거기에도 타이완
과 같은 적극적인 제당업 보호정책을 요구하는 서술이 많다. 예컨대 오
키나와 현 농회와 오키나와 설탕동업자조합이 작성한 「흑설탕·백설탕
소비세 면세 및 오키나와 현산 분밀당(分蜜糖) 원료 생산자 보호 탄원
서」(1926)에는 "오키나와 제당업은 종래 타이완 제당업처럼 확고한 보
호정책 아래서 성장해 왔던 게 아니다"라고 하면서,[24] "본 현의 제당업
은 타이완 제당업의 보호와 장려에 비해 은전(恩典)이 희박함"[25]을 비
판하고 '보호와 장려'를 요구하고 있다.

　타이완과 비교하면서 타이완과 같은 법을 요구하는 이런 구제의 정
당성 주장은, 오키나와 구제 논의에서 등장했던 '식민지 행정의 장점'을
가미한 '제국 내의 특별행정구역'으로서 오키나와를 자리매김하는 논의
와도 연결되어 있다.[26] 하지만 이런 구제의 정당성은 동시에 다음과
같은 반론을 불러일으켰다. 앞서 거론한 오키나와 현 진흥계획 조사회
의 제1회 모임에서 진흥계획을 설명한 오키나와 현 지사 이노 지로(井
野次郎)에 대해서 당시 사이토 마코토(齋藤實) 내각의 법제국 장관으
로 있던 호리키리 젠지로(堀切善次郎)는 이런 질문을 던지고 있다.

　　　오키나와 쪽에서 타이완에 못지 않은 경영을 할 수 있는가, 바로 그
　　점이 충분히 납득이 가질 않습니다. ……적어도 앞으로 문제가 되지
　　않을 일본의 산업으로 만들기 위해서는 타이완과 경쟁해서 뒤지지 않
　　는다는 논거가 없으면…….[27]

　이 질문에 대해서 이노는 "타이완에는 뒤지지 않도록 할 수 있지 않
을까 생각합니다"라고 대답하지만,[28] 이번에는 구로다 히데오(黑田英
雄) 대장성 차관이 다음과 같이 질문한다.

달리 적당한 토지가 있어서 거기서 경제적으로 해나갈 수 있다면 족할 텐데, 그런 것[타이완과 비교한 오키나와 구제]에 무리하게 구애받는다면 그로 인해 장래에 다시 난처한 일을 겪게 될 위험이 있지 않겠소?(29)

앞서 말했듯이 제당업 자본은 당시에 타이완에서 남양군도로 확대되고 있었다. 특히 제1차 세계대전 이후 새롭게 획득한 남양군도로의 자본 투하는 급증하고 있었다. 오키나와가 안된다면 '달리 적당한 토지'를 찾으면 그만이라는 이 구로다의 발언에서 중요한 점은, 단순히 식민지 경영에서의 경제합리적 정책결정이나 합리적 의지를 읽어낼 수 있다는 점이 아니다. 중요한 것은 구로다의 이런 발언이 어떤 이들에게는 오키나와가 폭력적으로 영토화된 토지임을 상기시키고 또 그 폭력이 새롭게 작동할지도 모른다는 예감을 불러일으킨다는 점이다. 식민지와 비슷하게 명명된 구제의 대상으로서의 오키나와라는 이름은 그 이름이 명명되거나 자칭될 때마다 영토 획득의 폭력을 끊임없이 상기시키게 된다.

그런데 여기서 다시 「오키나와 현 진흥사업설명서」로 되돌아가 보자. 설명서의 '진흥계획의 이유'에는 '조선·타이완·홋카이도'에 대한 언급이 있을 뿐 아니라, "현민(縣民) 생활 같은 것도 그 정도가 다른 부현(府縣)과 비교할 바 못된다"고 하여 다른 부현과의 비교도 언급되고 있다. 거기서는 '위생상태'가 문제시되고 그 개선이 주장된다.(30) 앞서 언급했던 당시의 설탕 소비세와 관세를 둘러싼 진정 가운데서도 다른 부현과의 이런 비교가 오키나와 제당업 보호의 정당성으로서 주장되고 있다. 예컨대 오키나와 현 농회장, 오키나와 현 각종 산업단체, 오키나와 현 농민 일동의 명의로 제출된 「설탕 관세 및 부가세 철폐 반대 진정서」(1935)에는 "정부는 다른 부현의 농촌에 대해서는 쌀값의 유지와

인상, 잠사업의 보호와 구제 등에 거액의 국고를 쏟으며 온갖 방책을 강구하고 있지만, 오키나와 현민은 이런 혜택을 전혀 받고 있지 못할뿐 더러……" (31)라고 되어 있다. 즉 국내 농업에 대한 보호정책으로서 오키나와 제당업을 보호해 달라는 요구이며, 거기에는 식민지와의 유비(analogy)가 아니라 국내의 한 현으로서의 오키나와라는 것이 강조되고 있다.

오키나와 구제 논의부터 오키나와 현 진흥계획에 이르는 이런 과정에서 우선 간파할 수 있는 것은, 구제의 법의 대상으로서의 오키나와란 무엇인가라는 질문이다. 거기서는 식민지 농업으로서의 적극적 재편이냐, 아니면 국내 농업으로서의 보호냐 하는 양자택일의 방향성이 존재하는데, 구제의 법을 둘러싼 논의 속에서 발견되는 것은 식민지도 국내도, 그 어느 쪽도 아닌 공백으로서의 오키나와가 식민지와 국내로 유사 동일화되는 사태라고 할 수 있다. 오키나와는 식민지도 국내도 아니지만 양쪽 모두이기도 한 것이다.

이런 대상의 공허함은 구제의 법에서 전개되어야 할 상담의 정당성을 둘러싼 위기로서 끊임없이 등장할 수밖에 없다. 그리고 그렇기 때문에 법은 이 공허함을 허용하지 못하고 따라서 사회와 역사의 내실을 요구하게 된다. 다시 말해서 법에는 구제해야 할 실제적인 대상이 필요한 것이다. 이 내실을 찾아 나가는 작업은 바로 다음에 고찰할 구제신청을 둘러싼 사실확인적 발화의 문제이지만, 그것은 라클라우와 무페가 공백과 충전으로 특징지었던 '봉합'이라는 헤게모니적 실천이기도 할 것이다.(32) 그리고 이런 의미에서 구제받아야 할 오키나와라는 이름은 공백(=위기)의 환유적 표현이며 그것은 끊임없이 사실로서의 내실을 요구해 나가는 것이라고 일단 말할 수 있다. 또 위기란 법의 외부에 존재하는 것도 아니고 법에 의해서 해결될 것도 아니어서, 실로 법의 대상으로서 명명된 오키나와라는 이름의 환유적 성격으로 계속되어 나갈 것이며, 이 이름을 명명하고 자칭하는 상담의 언저리에 늘상 이미 존재하고 있는 것이다.

마지막으로 '진흥계획의 이유'에는 이상의 논의에 입각해서 "본현 현민으로 하여금 쇼와(昭和)의 치세에 일본 신민(臣民)으로서 태어난 영광을 느끼게 하고 천황의 은혜를 입도록 하는 일은 실로 식자들과 위정자들의 책무라 하지 않을 수 없음을 통감한다"[33]고 서술되어 있다. 뻔뻔스런 '일본 신민'이 바로 '소철지옥'이라는 위기 그 자체다.

3) 법과 신청

법은 역사를 요구한다. 드루실라 코넬(Drucilla Cornell)은 니클라스 루만(Niklas Luhmann)의 오토포이에시스(autopoiesis)[3]를 비판적으로 검토하면서, 법의 '규범적 공정성'(the normative rightness)과 '시간양식'(the modality of time)의 관계에 대해서 논의를 전개한다. 즉 법을 시스템의 작동으로 고찰할 경우, 법의 규범적 공정성은 과거의 판례에 근거를 둔 반복된 진정성이며, 이때 법은 그 기원에서부터 규범적 공정성을 갖고 있는 존재로 등장하게 된다. 그러나 법의 판단은 언제나 거기에 결정될 수 없는 난제(aporia)를 내포하고 있으며, 이런 의미에서 판단은 항상 '새로운 판단'(fresh judgement, 스탠리 피시)인 것이다. 코넬은 데리다를 언급하면서 그 판단에 정의와 책임을 설정한다. 그리고 과거의 판례의 반복인 규범적 공정성은 바로 이 난제를 은폐하면서 자립적인 계산 시스템으로서의 법과, 과거의 판례집이라는 계산서 다발로서의 무책임한 역사를 동시에 설정하는 것이다.[34] 이와 같은 코넬의 법 비판을 구제의 법에 적용해서 말한다면, 그것은 구제의 법을 성립시키는 판단, 곧 구제 인정(認定)이라는 법적 판단의 규범적 공정성과 관련된다.[4]

구제의 법에 있어서 인정이라는 것을 생각할 때, 인정에 선행하는 것

으로 되어 있는 신청이라는 것을 우선 거론해야만 할 것이다. 구제의
법에 있어서의 상담은 우선 신청이 이루어지고 그 신청에 대해 인정을
하는 것으로 되어 있다. 따라서 신청자는 아직 법의 대상자로는 인정받
지 못하며, 이런 의미에서 일단 법의 외부에 존재한다고 간주된다. 그
런데 다른 한편으로 신청자라는 존재는 법의 대상영역을 명시하고 법
적 구제의 필요성을 증거함으로써 법의 근거를 부여한다. 법은 이런 신
청을 접수하고 규범적 공정성을 가지고 구제의 필요성을 계산하고 심
의하여 법의 대상으로 인정하게 된다는 것이다.

그러나 도대체 무엇을 신청이라고 볼 것인가? 또 누구를 신청자로
볼 것인가? 구제의 법을 존립시키는 데 필수불가결한 신청이나 신청자
라고 하는 영역을 정의하는 것은 도대체 무엇인가? 거기에는 구제의 법
과 불가분의 형태로 존재하며 무엇을 신청이라 볼 것인가와도 관련되
는 또 하나의 은폐된 법이 존재한다. 거칠게 말해서 신청은 법의 외부
에 존재하는 것이 아니며, 구제나 인정은 모두 구제의 법과 이 은폐된
법에 의한 자기연출인 것이다. 그럼에도 불구하고 신청은 법의 외부에
존재해야 한다. 왜냐하면 법의 외부에 신청이 존재해야 비로소 신청은
법의 대상에 내실을 부여하고 법의 존립근거도 될 수 있기 때문이다.
이 신청과 관련되는 은폐된 법이야말로, 앞서 언급한 난제를 미리 제거
하고 구제 인정에서의 규범적 공정성을 수립하는 것이다.

그러면 이런 신청의 영역에서 오키나와 구제 논의를 고찰해 보자. 이
논의에서 구제대상인 오키나와는 단지 국내 또는 식민지로의 유사동일
화에 의해서만 설정되지는 않았다. 앞서 말한 공백은 그 어느 쪽도 아니
라는 의미에서의 비결정성은 아닌 것이다. 따라서 국내냐 식민지냐 하는
지정학적 구분과 관련된 논의와는 다른, 구제의 법을 둘러싸고 등장하는
새로운 언어를 문제삼아야 한다. 그것은 구제받아야 할 오키나와의 현상
을 설명하는 극히 물질적이고 경제적인 사실확인적 담론이다.

예컨대 앞서 말한『오키나와 구제 논집』에 수록된 전『오사카 마이니치 신문』기자 마쓰오카 마사오(松岡正男)의 글「적나라하게 살펴본 류큐의 현상」에는, 구제받아야 할 오키나와가 식료생산액, 이출입액, 통화량, 금리, 농지 면적, 국세 미납액, 지방세 미납액, 생산력, 생활수준, 체격 등을 통해 묘사되어 있다.(35) 또 '오키나와 현 진흥계획 조사회'에서 진흥계획의 필요성을 주장한 지사 이노는 구제받아야 할 생활에 대해서, 가옥의 형태나 식생활까지 파고들어 언급하고 있다.(36)

이런 사실확인적 담론이야말로 앞서 말한 공백을 메우는 물신(物神, fetish)을 구성하는 것이며, 법의 외부를 위장하여 구제의 근거를 명시하는 기반주의적 담론인 것이다. 그 결과 구제 인정은 객관적 사실에 근거한 법적 판단이라고 하는 정당성을 획득해 나간다. 그리고 이 과정은 오키나와라는 이름의 공백이 충전된다기보다는 생산력이나 생활수준이라는 말로 제시되는 개별구체성을 가진 사실확인적 담론에 오키나와라고 하는 이름이 붙게 되는 과정이라고 하는 편이 맞을 것이다. 따라서 하나 하나의 사실들이 제시될 때마다 이런 사실확인적 담론이 오키나와의 제유(提喩)로서 읽히게 된다.

그런데 이처럼 사실확인적 담론으로 전개되는 신청은 몇 가지 행위수행적 의미를 지닌다고 할 수 있다. 우선 첫째로 이런 신청에 의해서 앞서 말한 공백이라는 위기는 사실확인의 문제로 치환되어 지연되면서, 일어나야 할 항쟁을 무력화시켜 나간다. 즉 법 내부의 위기가(37) 법 외부의 대상으로 치환되는 것이다. 둘째로 지적해야 할 것은 이 사실확인적 담론이 구제를 요구하는 목소리를 표현하고 있다는 전제가 존재한다는 점이다. 즉 배후에는 목소리가 있다고 하는 음성중심주의적 사실의 서술이야말로 신청에 있어서의 기반주의적 담론인 것이다. 목소리를 신청의 외부 영역으로 몰아넣고 그 목소리를 신청이 대변한다고 하는 이 목소리와 신청의 분담관계는, 신청이야말로 진정한 민중의 목소리이며 현실을 반영하고 있는 것이라고 하는 전도(轉倒)를 초래한다. 그리고 이런 전도 속에서 목소리는 어디까지나 구제를 요구하는 평화적 요구들의 목소리로서 미리 축소되게 된다.

이 분담관계와 그 전도는 상투적인 정치적 구분, 즉 구제의 법을 둘러싼 신청이라는 정치와 그 배후에 있는 민중의 목소리라고 하는 정치적 구분과 중복될 것이다. 상담의 외부는 항상 평화적 요구들의 목소리로 가득 차 있다고 하는 신념, 그리고 요구를 말하지 못하는 사람들을 자의적으로 목소리의 부재(不在) 상태로 몰아넣는 신념이, 상담이라고 하는 정치를 에워싸게 된다. 그러나 목소리는 평화적 요구들에만 한정되는 것이 아니며, 목소리의 부재 또한 말하고 싶어도 말할 수 없는 상태에만 한정되지 않는다. 풀란차스라면 먼저 상담의 외부에 국가의 테러를 상정할 게 틀림없다.

또한 이 정치적 구분은 다음에 언급할 '신청을 알아듣는 자'라고 하는 논점과도 관계가 있을 것이다. 요컨대 그것은 민중의 목소리를 알아듣고 상담을 행하는 매개자의 문제인 것이다. 또 신청에서 제시된 사실이야말로 민중의 목소리라고 하는 이 전도는, 역사서술의 문제로 말하자면, 생산력, 생활, 이출입액이라고 하는 물질성과 거기에 설정된 법칙성이야말로 민중의 역사라고 생각하는 전도이기도 하다. 역사서술에서 신청을 알아듣는 자라고 하는 매개적 위치에는 말 그대로 역사가가 자리잡게 된다.

어찌되었든 이런 신청을 알아듣는 자가 어떤 존재로서 등장하는가라는 점이 이 사실확인적 담론의 행위수행성을 고찰할 때 중요한 논점이될 것이다.

4) 신청을 알아듣는 자

오키나와 구제가 논의되고 오키나와 현 진흥계획이 제정되어 가는 과정에서 다수의 관료, 언론인들이 오키나와를 방문해서 시찰을 했다. 이 시찰에는 오키나와에 사는 지식인, 언론인, 정치가 등도 참가하여, 수많은 오키나와 구제에 관한 서술이 생산되었다. 앞서 말한 『오키나와 구제 논집』에 수록되어 있는 『도쿄 니치니치 신문』 기자 니이즈마 간 (新妻莞)의 글 「류큐를 방문하고」도 그 중 하나다.[(38)]

"이것이 주택입니까?"

"그렇습니다. 중류 이하의 주택인데, 마을 전체로 보면 이런 집이 꽤 많지요."

"침대가 없는 것 같은데요—."

"이게 침대랍니다."

가리키는 곳을 보니 거기에는 낡은 거적이 깔려 있는데 바깥 지면보다 약간 높을 뿐이고, 거적을 들춰내고 보니 해안에서 가져온 모래가 깔려 있었다.

"여기서 잔다구요?"

"그럼요—, 물론 요는커녕 이불도 없지요."

"기본적으로 따뜻하니까 괜찮겠지만 약간 더 추웠다면 좀 그렇겠군요."

"그런데 같은 오키나와라도 이곳은 북쪽 끝이라서 북지나 쪽에서 찬바람이 불어오기 때문에 겨울에는 상당히 춥습니다."

"그럼 무얼 덮고 잡니까?"

"저겁니다."

그건 외국 쌀봉지나 누더기를 잇댄데다 반들반들해져서 옷감의 결조차 보이지 않을 만큼 낡아빠진 무명 솜옷이었다. 집어드니 욱하는 악취가 코를 찌른다. 침구 겸 의복이라면 이것뿐이라는 말을 듣고서, 나는 더 물어야 할 말을 잃었다.

이것은 이헤야(伊平屋) 섬*을 시찰한 니이즈마와 촌장이 주고받은 말을 니이즈마가 서술한 것이다. 시찰하러 온 자가 현지의 정보제공자에게 질문하고 설명을 듣는다고 하는 구도는, 도리이 류조의 오키나와 조사 때부터 계속되어 온 오키나와에 관한 서술의 기본적 대화라고 할 수 있다.(6장 참조) 하지만 니이즈마와 촌장 사이의 구도가 보여주는 특징은, 서술자와 정보제공자의 단순한 관계를 넘어서서, 구제받아야 할 대상을 탐색하려는 시선, 그리고 현지인의 설명(목소리)에 귀를 기울이고 구체적 사실을 제시하고자 하는 태도다. 이 두 가지 특징에 의해서 제시된 구체적 사실들은 구제받아야 할 오키나와를 제유적으로 표현해 나가게 된다.

우선 지적해야 할 것은, 이 구제받아야 할 오키나와를 탐색하려는 시선은 종래의 오키나와 이미지에 대한 비판적 담론으로서 등장한다는 점이다. 예컨대 니이즈마는 시찰한 후 "오키나와 현 사람들은 게으름뱅이다, 끈기가 없다"[39] "오키나와인에게는 저축심이 없다"고[40] 하는 종래의 '오해'를, 시찰에서 발견한 사실과 통계적 수치를 가지고 뒤엎으려 한다. 이런 비판적 담론에는 종래의 왜곡된 오키나와 이미지를 비판하고 진정 구제받아야 할 '순박'한[41] 오키나와 이미지를 발견하려는 시선이 존재한다. 그것은 레이 초우(Rey Chow)가 말한 비평가의 시선, 곧 왜곡된 이미지를 비판하는 반(反)제국주의 비평가의 시선이기도 하다. 그리고 거기에는 진정한 진실을 알고자 하는 욕망, 다시 말해서 '속지 않는' 존재가 되고 싶은 욕망이 있다.[42]

이런 욕망을 니이즈마의 서술에서 찾아낼 때, 현지의 목소리를 알아듣는 니이즈마의 자기연출에 내포된 익살스러움이라고나 해야 할 자기기만이 부각된다. 촌장이 가리키는 '요와 이불'이나 '침대' 같은 실제적

---

* 오키나와 본도 북부의 모토부(本部)로부터 북방 50km 떨어져 있는 섬. 산지가 80%인데도 현내 유수의 쌀 생산지다.

물질은 그의 문장에서는 모두 구제받아야 할 진짜 오키나와를 가리키는 징후로서 서술되는 것이다. 니이즈마는 한 초등학생에게 「어제 하루」라는 작문을 쓰게 해서 "나는 어제 아침 일찍 일어나 우물로 가서 세수를 하고 ……돌아와서 풀을 베고 저녁밥을 먹은 뒤에 자습하고 잤습니다"라는 기록을, 구제받아야 할 '눈물겨운' 아이들을 가리키는 징후로서 서술하기도 했다.[43]

지금 여기서 니이즈마의 익살스러움을 거론하는 까닭은, 촌장이나 아이들이 제시한 사실의 배후에 다른 의도가 존재한다는 것을 말하고 싶어서가 아니다. 의견의 차이나 소통불능(discommunication)이라는 것이 문제가 되지는 않는다. 중요한 것은 그의 익살스러움이 백일하에 드러난다고 하는 것이, 속지 않는 존재가 되고 싶다는 니이즈마의 욕망을 배신하는 것으로 이어진다고 하는 점이다. 바로 그렇기 때문에 이 비판적 담론에서 발견되는 식민자의 욕망이 배신당하지 않으려면, 다시 말해서 익살스러움이 드러나지 않기 위해서는, 현지의 목소리는 항상 진정한 목소리가 아니면 안되고 거짓말은 결코 용납될 수 없는 것이다.

따라서 언제나 생생한 진실의 목소리를 내는 현지를 원하는 시선은, 거짓말을 사전에 감시해서 간파하려는 경찰의 시선이기도 하다. 또 그것은 속지 않는 존재로서의 자기를 지키려는 보신술이기도 할 터이다. 신청이 계속 신청일 수 있으려면 항상 사실확인적 담론이 제시되어야 하며, 사실확인적 담론이 있는 곳에는 이런 보신에 근거한 예방적인 법, 즉 '사실대로 말해'라는 공갈의 법이 존재하는 것이다.[44] 뒤집어서 말하자면, 신청을 성립시키는 사실확인적 담론이란, 지금까지의 거짓된 오키나와 이미지를 비판하고 진실을 찾아내는 조사자로서, 또한 진술하는 목소리에 내포된 거짓된 몸짓을 적발하는 경찰로서, 신청을 알아듣는 자를 끊임없이 설정해 나가는 행위수행성을 갖는 것이다. 그리고 오해를 무릅쓰고 부언한다면, 아무리 자신은 구제의 법과 무관하다고 생각하려 해도, 사실을 서술한다고 하는 것 자체가 이런 신청을 둘러싼 법과 결코 무관할 수 없는 것이다. 연구자라고 하는 위치 같은 것은 아무런 전제 없이 존재할 수가 없다.

3. 지속되는 위기

오키나와 구제론 가운데, 오키나와에 사는 지식인이나 정치가들도 신청을 알아듣는 자로서 시찰을 하고 각종 서술을 남기고 있다. 거기에는 출신지가 오키나와든 아니든 앞서 말한 바와 같은 식민자의 욕망이 존재하며, 신청을 알아듣는 가운데 이들은 식민자가 되는 것이다. 그러나 이런 신청을 알아듣는 자와 겹쳐지면서, 신청자로서 자칭하며 나서는 사람들도 존재했다. 구제해야 할 오키나와라는 이름을 자칭한다고 하는 것은 대체 어떤 사태인 것일까? 그것은 이하 후유(伊波普猷)와 연관되는 논점이기도 하다. 민중의 신청을 알아듣는다는 것, 그리고 스스로도 신청자로서 자칭하는 것은 이하 후유 속에 혼재되어 있는 것이다.

1924년에 이하가 잡지 『오키나와 교육』(136호)에 발표한 「류큐 민족의 정신분석」이란 글은 종래의 이하 후유 연구에서도 종종 소철지옥, 오키나와 구제론과 관련해서 언급된 바 있다.[45] 예컨대 이 논문의 의의를 가장 먼저 지적한 히야네 데루오는, 이하가 "인간의 사회의식을 결정하는 물리적·경제적 기반(하부구조)에 주목하여 그 기반 위에 수립된 정치적·경제적 제도의 개혁을 빼고서는 오키나와의 구제란 있을 수 없다고 하는 인식의 전환"을 이루었다고 했고,[46] 이런 히야네의 이해는 아라키 모리아키나 가노 마사나오에게도 계승되고 있다.

확실히 "이제 와서 보면 민족위생운동도 느슨하고 계몽운동도 미적지근하며 경제적 구제만이 우리에게 남은 유일한 수단이다"라고 하는 이하의 문장에서[47] 소철지옥에 직면하여 '물리적·경제적 기반'을 주목하고 경제적 구제를 요구하는 이하 후유가 떠오르게 마련이다. 많은 사람들이 거기서 마르크스주의의 영향을 상정하려 한다.

이하의 소철지옥에 대한 이 경제사적 이해는 역사연구자 자신의 소철지옥 이해와 합치되기 때문에 받아들이기 쉬운 사고방식일 것이다. 그러나 앞서 말한 바와 같이, 위기를 경제적 위기로 설정하고 물리적 요구를 내건 구제의 법을 원한다고 하는, 위기와 법의 구분이야말로 위기의 징후인 것이다. 구제의 법의 외부에 물질화된 위기를 설정하는 것, 또는 구제를 원하는 민중의 목소리나 위기를 극복하려는 총자본의 의지를 법의 외부에 미리 상정하는 것은 거부하지 않으면 안된다. 그렇다면 이 이하의 '경제적 구제'는 어떻게 생각하면 좋은 것일까?

「류큐 민족의 정신분석」과 같은 해에 역시 『오키나와 교육』(137호)에 이하는 「세키호(寂泡) 군을 위하여」라는 에세이를 게재했다. 이 글에서 이하는 "개성을 표현할 자기 자신의 언어를 갖고 있지 못하다"라고 서술했다.[48] 6장에서도 지적했듯이, 이하에게 있어서 '개성'이라는 말은 오키나와를 타이완의 '생번'이나 '아이누'와 구별하고 제국의 '대국민'으로 자리매김해 나가기 위한 핵심 용어다. 즉 그것은 제국 속의 '류큐인'이라는 주체를 의미하는 말이며, 『고류큐』로 대표되는 이하의 역사관의 근간을 이루는 것이다. 그리고 이하는 그 '개성'을 전(前)담론적인 영역으로 이행시킨 것이다. 또한 그것은 이하가 말하는 '경제적 구제'와 결부시켜 말한다면, '개성'의 역사 대신에 구제의 법에 있어서 과거의 판례집이라는 계산서 다발로서 역사가 등장하는 것이기도 할 터이다. 그러나 이 계산서 다발이라는 무책임한 역사에 감춰진 난제야말로 발견되지 않으면 안되는 것이다.

여기서 이런 말로 되지 없는 영역을 어떻게 명명할 것인가는 문제가 아니다. 중요한 것은 이하가 「류큐 민족의 정신분석」에서 수다스러울 정도로 '경제적 구제'를 요구하는 것이 '개성'이라는 주체가 침묵의 영역으로 소실되는 것과 동시에 이루어지고 있다고 하는 점이다. 이 다변과 침묵은 종래 지적되어 온 것처럼 '오키나와 그 자체에 대한 일종의 절망'[49]이나 '절망의 깊음'[50] 같은 것이 아니다. 이런 이해는, 말하고 싶어도 말할 수 없는 민중상(像)이라는 것을 이하의 침묵과 중복시키고 있다. 소실된 영역을 휴머니즘적 민중상으로 메울 것이 아니라 바로 그 사정(射程)거리와 실제의 힘에 대해서 사고하지 않으면 안되는 것이다.

이하에게 있어서 '개성'의 소실은 분명히 앞서 언급한 오키나와와 구제론에서의 식민지도 국내도 어느 쪽도 아니라고 하는 공백으로서의 오키나와라는 데 대응하고 있을 것이다. 그리고 반복하건대 그 공백이야말로 위기인 것이다. '개성'은 말할 수 없다고 굳이 선언한 이하는 위기를 구제받아야 할 오키나와로서 봉합해 간 게 아니라, 위기를 위기인 채로 침묵으로서 갖고 들어온 것이다. '개성'의 소실과 '경제적 구제'는 통시적 인과율로 정리되는 것이 아니라, 구제를 원하는 이하의 말에 망령처럼 들씌워진 침묵으로서, 다시 말해 이월된 위기로서 이해해야만 한다. 그리고 그 침묵은 구제의 법의 외부를 상상하고 감지하는 신경계로서 계속 존재하게 된다.[51] 논해야 할 것은 바로 이 신경계의 실제의 힘, 바로 그것이다.

'개성'이 침묵으로 소실되는 것은 '개성'에서 다 표현하지 못했던 영역이 일거에 팽창하게 되는 것이기도 했다. 다른 글에서도 논했듯이, '개성'이라는 용어는 오키나와를 식민지로부터 분리시켜 '대국민'으로 집어넣으려 한 이하의 분류기법에 근거한 것이다.[52] 당연히 이 '개성'에는 분류불능성이라고 하는 난제가 처음부터 존재하고 있었지만, 그 '개성'의 소실은 오키나와가 폭력적으로 영토화된 토지임을 상기시키고 또 그 영토확장의 폭력이 새로이 작동할지 모른다는 예감을 갖게 하는 것으로 이어진다. 이하가 이제껏 관계를 끊고 벗어나고자 했던 '생번'이나 '아이누'에게 공감을 표명하기 시작한 것은 바로 그 [예감의] 발로였다. 이런 의미에서도 이하의 서술은 철두철미하게 식민주의의 서술인 것이다. 자신은 영토확장의 폭력에 의해서 이미 살해당한 자일지 모르고 설령 살아남아 있다 하더라도 여전히 살해될지 모를 위기에 노출되어 있다고 하는 폭력의 예감. '개성'의 소실은 바로 이런 폭력의 예감이 이하의 내부에서 일거에 팽창하는 사태인 것이다.

그러나 더 고찰해야 할 것이 있다. 영토확장적 폭력과 관련한 분류기법, 곧 식민지냐 국내냐 하는 분류기법과는 다른 사태가 '소철지옥'에서부터 오키나와 현 진흥계획의 제정과정에서 등장하고 있었다는 점이다. 풀란차스는 영토 획득의 노골적인 폭력과, 법과 관련된 폭력을 구별하고(심지어 양자를 시계열적으로 표현하기도 한다) 후자에 대해서 "국가는 규범을 정하고 법률을 선언하며, 그럼으로써 명령·금지·부인의 최초의 장(場)을 창출하고, 이리하여 폭력의 대상과 적용의 지형을 설정한다"고 말한다.[53] 즉 여전히 작동하는 영토확장의 폭력뿐만 아니라 구제의 법이 등장함으로써 생기는 '폭력의 대상과 적용의 지형'이야말로 구제의 법의 등장과 관련해서 논의하지 않으면 안되는 것이다. 그것은 국내냐 식민지냐 하는 분류기법을 갖고서는 도저히 피할 수 없는 폭력이며, 이런 폭력의 등장이야말로 위기가 계속 위기로 지속되는 증거인 것이다.

오키나와 현 진흥계획이 제정되는 가운데 오키나와 현 의회에서는 "이 대계획, 대방침에 대해 조금이라도 방해를 하는 자는 어떤 자라도, 아무리 강력한 대회사라 할지라도 현민인 우리 모두의 적입니다"[54]라는 발언이 나온다. 즉 구제의 법에 신청한다고 하는 것은, 구제받아야 할 오키나와에 적합하지 않은 징후를 '적'으로 간주해 나가는 것, 다시 말해서 구제의 법에 부적합한 비합법의 영역을 '우리의 적'으로 간주해 나가는 것으로 이어지고 있다. 그리고 이 '우리'가 처음에 언급했던 국익과 결합될 때, 신청을 알아듣는 자는 글자 그대로 경찰관이 된다. 신청이라는 법의 외부를 위장하면서 신청을 신청으로 만드는 은폐된 법에 의해서 사회를 정의해 나가는 이런 경찰적 폭력이야말로 구제의 법과 관련해서 새롭게 등장하게 되는 폭력이다.

마지막으로 구제의 법과 관련된 아사(餓死)의 문제를 언급해야만 하겠다. 앞서 말했듯이 구제의 법이 등장하는 가운데 위기의 징후인 공백은 구제해야 할 사실에 의해서 채워져 갔다. 그리고 이 사실 확인적 담론은 구제의 법에 근거를 부여하고 신청을 알아듣는 자의 욕망을 방어한다고 하는 수행적 의미를 갖고 있었다. 하지만 이처럼 사실을 둘러싼 수행적 의미를 전제로 하면서 어떤 사람이 신청자로 자칭하며 구제를 요구할 때, 거기에는 법의 근거로서의 생활이나 생산력이라는 말에 의해 물질화된 구제 대상이라는 문제에 그치지 않은 육체적(physical)인 문제가 존재한다.[55] 그것은 신청을 듣는 자의 욕망과는 다른, 말하자면 신청자를 자칭할 수밖에 없는 근거라고나 해야 할 영역이며, 생존이라는 것과 관련되는 문제이다. 살아남기 위해 신청을 하는 것이고, 신청할 때 제시되는 물질화된 구제는 법의 근거인 동시에 육체적 생존을 위한 필요한 물질이기도 한 것이다. 이하 후유는 '소철지옥'을 '외딴 섬의 고난'(孤島苦)이라고 표현했지만, 그것은 구제의 법의 근거인 동시에 생존과도 밀접한 '고난'인 것이다. 또 구제 신청을 거부하는 것은 구제 신청에서 요구되는 물질화된 오키나와 이미지를 거부하는 것이지, 구제가 없더라도 연명할 수 있는 조건과는 아무 관계도 없다. 법적 구제의 외부에는 아사가 있으며, 구제의 법은 이 기아를 부하(負荷)로 계산해서 조작 가능한 대상으로 재설정하는 것이다.

그리고 이 육체적 문제는 고향을 떠난 이들이 조우하는 초과착취의 문제이기도 하다. 이 문제는 다른 글로 미뤄야겠으나,[56] 오키나와 농촌이 산업예비군의 외연적 확대로서 자본주의에 접합되는 가운데서 아사라는 것은 노동력의 낭비이자 초과착취를 의미한다. 또 구제란 바로 이런 초과착취를 전제로 한 재생산의 유지다. 그러므로 고향을 떠난 이들의 경험은 매우 중요해진다. 그들에게 있어서 구제받아야 할 출신지는, 불식해야만 하는 초과착취의 원인이지만, 동시에 구제의 외부에서 계속 낭비되는 노동력으로서의 신체를 찾아낼 창구도 될 것이다. 남양군도에서 노동하는 오키나와 출신자들에게 명명된 '저팬 카나카'라는 이름은 이런 양의적 가능성을 여실히 보여준다.

영토확장의 폭력으로 살해된 자, '우리의 적'으로서 살해된 이, 노동력으로서 낭비되다 아사한 사람이 자기 자신이었을지도, 미래의 자신일지도 모른다고 하는 위기가 여전히 계속되고 있음을 구제의 법을 신청한다는 데에서 상상한다는 것. 이하 후유의 침묵이 지닌 실제의 힘은 제국과 자본주의에 관련된 이 폭력의 예감으로서 발견되어야만 할 것이다.[57] 또 이러한 폭력의 예감이야말로 법에 있어서의 연극성을 창출한다. 그리고 이런 연극성에는 역시 저항이라는 표현이 어울린다.

지은이 주

지은이의 말

(1) B. Anderson, "The New World Disorder," *New Left Review* 193, 1992.1

1장 전장을 사고하는 것

(1) Robert F. Murphy, *The Body Silent*, H. Holt, 1987; 辻信一 譯, 『ボディ・サイレント』, 新宿書房, 1992, pp. 220〜21.

(2) A. Giddens, *The Nation-State and Violence*, Polity, 1985.〔진덕규 옮김, 『민족국가와 폭력』, 삼지원, 1991〕

(3) B. Anderson, *Imagined Communities*, Verso, 1991(revised edition).〔최석영 옮김, 『민족의식의 역사인류학』, 서경문화사, 1995; 초판(1983)은 윤형숙 옮김, 『민족주의의 기원과 전파』, 나남, 1991〕

(4) 金城實, 「土着の文化は解放の武器たりうるか」, 全國解放教育研究會, 『にんげん』, 明治圖書出版, 1975, pp. 116〜17.

(5) 鶴見俊輔·池田浩士, 「食べる場からの戰爭と反戰」, 『インパクション』 72, 1991, pp. 13〜14.

(6) '히메유리'를 둘러싼 오키나와 전투 이야기에 대해서는 2장에서도 거론할 吉田司, 『ひめゆり忠臣藏』(太田出版, 1993) 참조.

(7) Homi K. Bhabha, *The Location of Culture*, Routledge, 1994. 특히 8장 「(국민의)산종(散種)」(DissemiNation: Time, Narrative and the Margins of the Modern Nation) 참조.

(8) 같은 책, 2장 「질문하는 정체성」(Interrogating Identity: Frantz Fanon and the Postcolonial Prerogative).

(9) F. Fanon, *Peau Noire, Masques Blancs*, Seuil, 1952; 海老坂武·加藤晴久 譯, 『黑い皮膚·白い假面』, みすず書房, 1970, pp. 78〜79.〔김남주 옮김, 『자기 땅에서 유배당한 자들』, 청사, 1978; 이석호 옮김, 『검은 피부, 하얀 가면』, 인간사랑, 1998.〕

(10) 金城和彦, 『愛と鮮血の記錄』, 全貌社, 1966, p. 366.

(11) 사카이는 다양한 관계성이 종적(種的) 동일성으로 회수된다는 관점에서 일본어라는 언어공동체의 성립을 문제시하고 있다. 이런 종적 동일성이 다양한 관계성의 우선 논리가 되는 데서 생겨나는 배타성이야말로 근대 국민국가가 지닌 타자에 대한 폭력성으로서 고찰되어야 할 것이다. 酒井直樹, 「死産される日本語·日本人」, 『思想』 845, 1994.

(12) 山之內靖, 「戰爭動員體制の比較史的考察」, 『世界』 531, 1988.

(13) 大河內一男, 「勞働政策における戰時と平時」, 『著作集 2』, 勞働旬報社, 1949 참조.

(14) 다카하시 사부로(高橋三郎)는 '전기물'이 자기 확인의 작업으로서 지니는 의미를 고찰하고 있다. 高橋三郎, 『'戰記もの'を讀む』, アカデミア出版, 1988.

(15) 曾野綾子, 『ある神話の背景: 沖繩·渡嘉敷島の集團自決』, 角川文庫, 1977. 집단자결을 둘러싼 교과서 재판에서 소노 아야코가 한 증언도 참조. 재판 기록은 安仁屋政昭, 『裁かれた沖繩戰』(晩聲社, 1989)에 수록되어 있다.

(16) 鶴見俊輔, 「軍人の轉向」, 『共同硏究 轉向』(下), 平凡社, 1962, p. 214.

(17) 같은 책, p. 214.

(18) Robert F. Murphy, 앞의 책, p. 143.

(19) 같은 책, p. 147.

(20) Homi K. Bhabha, 앞의 책, p. 224.

(21) 같은 책; pp. 175, 223.

2장 전장 동원

(1) 須崎愼一, 「翼贊體制論」, 鹿野政直·由井正臣 編, 『近代日本の統合と抵抗 4』, 日本評論社, 1982.

(2) 大城將保, 「戰時下の沖繩縣政」, 『沖繩史料編集所紀要』 2, 1977, p. 120.

(3) 沖繩縣, 『沖繩縣史 7』, 1974, pp. 387~400.

(4) 沖繩縣, 『沖繩縣史 10』, 1975, p. 1003.

(5) 이민의 계층성과 학력에 대해서는 向井淸史, 『沖繩近代經濟史』, 日本經濟評論社, 1988, pp. 115~16. 참조. '사이판에서는 학력이 없더라도' 돈을 모을 수 있다는 증언도 있다. 浦添市, 『浦添市史 第5卷 資料編 4』, 1984, p. 417.

(6) 예컨대 高嶋伸欣, 「皇民化敎育と沖繩戰」, 藤原彰 編, 『沖繩戰と天皇制』, 立風書房, 1987.

(7) 大城將保, 앞의 글.

(8) 『道府縣國民精神總動員實施狀況』(文部省, 1939)의 첨부표에서 계산.

(9) 풍속개량운동에 관해서는 沖繩縣, 『沖繩縣史 1』, 1977, pp. 581~86 참조. 생활개선에서 문제가 된 항목들 중에는 전후까지 이어진 것들이 많다. 이 사실은 1972년 '조국 복귀'에 관해서 중요한 논점을 제시할 터이다.

(10) 外間守善, 『日本語の世界 9』, 中央公論社, 1981, p. 338.

(11) 田中克彦, 『ことばと國家』, 岩波書店, 1981, p. 120.

(12) 『標準語勵行縣民要項』(沖繩縣, 1939)에는 "공사(公私) 생활에서 철저한 실행을 꾀하고 나아가 가정생활로도 침투시킬 것"이라고 하여 면밀한 추진방법을 지시했으며, 거기서 "남녀 청년단체 등의 각종 단체와 일반사회의 밀접한 연대"를 방법으로 거론하고 있다. 那覇市, 『那覇市史 資料編 2 中-3』, 1970, p. 427.

(13) 특히 교사의 역할은 컸다고 생각된다. 현 익찬회 실천부장이었던 구루마 야스오(來間泰邑) 씨가 나중에 말한 바에 따르면 시정촌에 설치된 익찬회 추진원은 "학교 교사가 많았다"고 한다. 那覇市企劃部 市史編集室, 『沖繩の慟哭 1 戰時編』, 1981, p. 39.

(14) 나는 예전에 같은 문제를 '자아상실로 향하는 동향성(同鄕性)'으로 고찰한 적이 있는데, 이 책에서도 오래된 공동체적 전통과 개인주의적 근대라는 이분법이 아니라, 근대 속의 전통(공동성)의 발명(홉스봄)에 관한 문제로서 생활개선운동을 고찰한다. 冨山一郞, 『近代日本社會と '沖繩人'』, 日本經濟評論社, 1990; E. J. Hobsbawm and T. Ranger, eds., *The Invention of Tradition*, Cambridge, 1983. 〔최석영 옮김, 『전통의 날조와 창조』, 서경문화사, 1995〕

(15) 표준어 교육의 실시를 우려한 어떤 교사는 표준어 장려운동 가운데 오키나와어를 쓰는 자가 '도덕적 범죄자'로 취급당하고 있다고 표현한다. 那覇市, 앞의 책, p. 430.

(16) 예컨대 『戰時下に於ける縣民生活の刷新向上に關する具體的方策』(沖繩縣, 1940)에는 표준어 장려에 관해서 "지도계급이 자신의 책임을 자각하고 솔선해서 표준어를 실행하는 모범을 보일 것"이라고 되어 있다. 外間守善, 앞의 책, p. 332. 마찬가지 주장은 그 밖에도 주(12)의 『標準語勵行縣民要項』이나 『琉球新報』(1939년 10월 3일자)의 「언제나 또박또박 표준어」(いつもはきはき標準語)라는 기사에서도 발견된다.

(17) 일탈이라는 범주를 중시해서 감시를 이해한 것으로는 기든스의 앞의 책 참조. 덧붙이자면, 기든스가 보기에 감시는 시민사회로의 참가를 보장하는 것이며 일탈은 전체주의 지배의 기축(基軸)이라고도 논의되고 있다. "전체주

의 지배로의 위험성은 모든 근대국가에 존재한다"(A. Giddens, 앞의 책, p. 310)는 것이다. 다만 감시기구인 국가장치와 도덕의 관계에 대해서는 검토해야 할 여지가 많다.

(18) M. Foucault, *L'usage des plaisirs*, Gallimard, 1984; 田村俶 譯, 『快樂の活用: 性の歴史 2』, 新潮社, 1986, p. 38.〔문경자·신은영 옮김, 『성의 역사 2: 쾌락의 활용』, 나남, 1990〕

(19) '오키나와 방언논쟁'에 관한 사료는 那霸市, 앞의 책에 수록되어 있다.

(20) 柳宗悅, 「沖繩人に訴ふるの書」, 『月刊民藝』 1940년 3월호. 이데카와 나오키는 야나기의 민예이론에 인간생활이 빠져 있음을 예리하게 비판한다. 出川直樹, 『民藝』, 新潮社, 1988.

(21) 예컨대 縣學務部, 「縣民に訴ふ 民藝運動に迷うな」, 『沖繩日報』 1940년 1월 11일자; 吉田嗣延, 「柳に與ふ」, 『沖繩日報』 1940년 1월 16일자; 龜谷哲, 「移民縣として話廳教育を起こせ(一), (完)」, 『沖繩文化』 2권 3호, 4호, 1941 등 참조. 주의해야 할 점은 오키나와어의 불식이 실제로 유출하는 사람들만의 문제는 아니었다는 점이다. "본토에 가면 비웃음을 살 거요"라는 공갈은 실제로 유출되지 않더라도 효력을 갖는 것이다.

(22) 清水幾太郎, 「政策强化の現象」, 『東京朝日』 1940년 3월 27일자.

(23) 예컨대 兼城靜, 「標準語の立場」, 『沖繩日報』 1940년 1월 21일자, 國吉眞義, 「今日の問題」(下), 『沖繩日報』 1940년 1월 26일자, 大宣味梅子, 「お偉い方々へ」, 『沖繩日報』 1940년 1월 13일자.

(24) 예컨대 「縣民よ台灣に負けるな!」, 『沖繩日報』 1940년 1월 22일자.

(25) 鶴見俊輔, 『戰時期日本の精神史』, 岩波書店, 1982, pp. 50~51.〔강정중 옮김, 『일본 제국주의 정신사, 1931~1945』, 한벗, 1982〕쓰루미의 지적에 관해서는 히로타 테루유키가 시사점이 풍부한 고찰을 전개한 바 있다. 廣田照幸, 「戰時期庶民の心情と論理」, 筒井清忠 編, 『'近代日本'の歷史社會學』, 木鐸社, 1990.

(26) 「問題の推移」, 『月刊民藝』 1940년 3월호.

(27) 柳宗悅, 「敢えて沖繩縣學務部に答ふの書」, 『琉球新報』 1940년 1월 14일자.

(28) 柳宗悅, 「沖繩語の問題」, 『東京朝日』 1940년 6월 1일자.

(29) 이런 오키나와에서의 자본주의 전개의 구조에 관해서는 冨山一郎, 앞의 책과 向井淸史, 앞의 책 참조. 오사카에서의 생활개선운동에 관한 이하의 서술은 冨山一郎, 앞의 책에 의거한다.

(30) 여기서 노동력은 생산과정의 기술적 범주가 아니라 사회적 범주다. 무엇을 노동이라고 보고 무엇을 노동능력이라 볼 것인가는, 기술적으로 결정되는

것이 아니라 해당 사회의 이해구조에 의해서 결정된다는 것을 전제로 한다. 중요한 것은 자신이 노동능력을 갖고 있다는 것을 어떤 이해구조로 증명하는가 하는 점이다. 冨山一郎, 앞의 책, pp.14~19 참조.

(31) 松江春次, 『南洋開拓拾年誌』, 南洋興發, 1932, p.3.

(32) 같은 책, p.13.

(33) 上原轍三郎, 『植民地として觀たる南洋群島の研究』, 南洋文化協會, 1940, p.52.

(34) 좀더 정확하게는 농업 노동자와 소작인 사이에 '준(準)경작자'라고 불리는 형태도 있었다. 같은 책, pp.52~53.

(35) Mark R. Peattie, *Nanyo: The Rise and Fall of the Japanese in Micronesia, 1885-1945*, University of Hawaii Press, 1988, p.160.

(36) 冨山一郎, 앞의 책, pp.78~82.

(37) 같은 책; 日本砂糖協會, 『砂糖年鑑』 참조.

(38) 松江春次, 앞의 책, pp.102, 141.

(39) 上原轍三郎, 앞의 책, pp.62~63.

(40) 「豆新聞」, 南洋協會南洋群島支部, 『南洋群島』 1-5, 1935; 鹿兒島大學水産學部, 『沖繩漁業史料集』, 1985, p.70; 松江春次, 앞의 책, p.181 참조.

(41) 浦添市, 앞의 책, p.421.

(42) 같은 책, pp.439~40.

(43) 矢內原忠雄, 『南洋群島の研究』, 岩波書店, 1935, p.113.

(44) 같은 책, p.442.

(45) 같은 책, pp.114~15.

(46) 타이완인과 조선인은 남양흥발의 전신인 니시무라 식산(西村殖産) 시절에 인부로서 도입되었던 것 같다.

(47) Peattie, 앞의 책, pp.111~12.

(48) 赤嶺秀光, 「南洋移民とは何だったのか」, 『新沖繩文學』 84, 1990, p.81.

(49) 梅棹忠夫, 「紀行」, 今西錦司 編, 『ポナペ島』, 彰考書院, 1944, pp.487~88.

(50) 尹健次, 「植民地日本人の精神構造」, 『思想』 778, 1989〔정도영 옮김, 『현대일본의 역사의식』, 한길사, 1990에 수록〕; 姜尙中, 「昭和の終焉と現代日本の'心象地理=歷史'」, 『思想』 786, 1989〔姜尙中, 『ふたつの戰後と日本: アジアから問う戰後50年』, 三一書房, 1995에 수록〕; 姜尙中, 「'日本的オリエンタリズム'の現在」, 『世界』 1987년 2월호 참조.

(51) 淺井辰郞, 「日本人」, 今西錦司 編, 앞의 책, p.394.

(52) 이런 담론은 남양군도에서의 구체적인 식민지 지배의 현장에서 그 의미를

확인해 들어가야 할 것이다. 아사이는 "남양군도에 의해 얻은 일본인의 남진 체험과 의지는 내지에서 생각하는 것보다 의외로 크고 또 실질적이어서 대동아전쟁을 치르고 있는 지금 커다란 의의를 가질 것이 분명하다"고 했는데(淺井辰郎, 앞의 글, p. 352), 그가 말한 '실질적 체험'으로부터 식민지 지배에서 '일본인'의 '자질'을 연출하는 작업에는 유례없이 광범위한 '과학'들이 동원되었고 그것은 '대동아공영권'을 구축한다는 작업 일정 가운데 한층 가속도가 붙고 있었던 것이다.

(53) 矢內原忠雄, 「南方勞働政策の基調」, 『社會政策時報』 260, 1942, pp. 156~57.

(54) 淸野謙次, 「南方民族の素質と習性・日本人の熱帶馴化能力」, 『社會政策時報』 260, 1942, p. 125.

(55) 「豆新聞」, 南洋協會南洋群島支部, 『南洋群島』 1-8, 1935.

(56) 服部俊一・垣原誠也, 「南方發展と沖繩」, 南支南洋經濟硏究所, 『南支南洋硏究』 35, 1941, pp. 31~32.

(57) 「南洋ニュース」, 南洋協會南洋群島支部, 『南洋群島』 7-7, 1941.

(58) 安里延, 『沖繩海洋發展史』, 三省堂, 1941. 아사토 스스무는 다른 글에서 이렇게 말하고 있다. "메이지 유신 때의 폐번치현(廢藩置縣)에 의해 남방으로의 발전이 다시 활성화되어 중세 정신을 부활시키려 하기에 이르렀습니다. 그리고 대동아전쟁에 의해서 동아 민족들이 일본을 중심으로 제휴·융화해 공존공영의 이상향을 실현하여 유럽인 도래 이전의 동양이 되었다고 할 만한 상황에 이른 것은 선조의 위업에 부응한 것이라고 하지 않을 수 없습니다." 安里延, 『沖繩縣人南方發達史要綱』(南洋資料 106), 南洋經濟硏究所出版部, 1942.

(59) Hobsbawm 외 편, 앞의 책.

(60) 太田昌秀, 『沖繩のこころ』, 岩波書店, 1972, p. 106.

(61) 上原轍三郎, 앞의 책, p. 59.

(62) 浦添市, 앞의 책, pp. 439~40.

(63) Peattie, 앞의 책, p. 222.

(64) I. Wallerstein, *The Modern World-System*, Academic Press, 1974; 川北稔 譯, 『近代世界システム I』, 岩波書店, 1981, p. 163.〔나종일 외 옮김, 『근대세계체제 1』, 까치, 1999〕 참조.

(65) Giddens, 앞의 책. 폭력과 국가장치라는 문제에 관해서는 앞으로 더 논의를 세밀화시킬 필요가 있다. 기든스의 이해가 근대국가 내부의 폭력적 대립과 탄압의 문제를 간과하고 있다는 비판에 대해서는 마틴 쇼의 고찰을 참

조. Martin Shaw, "War and the nation-state in social theory," D. Held and J. B. Thompson, eds., *Social Theory of Modern Societies*, Cambridge, 1989.

(66) M. Shaw, "The rise and fall of the military-democratic state," C. Creighton and M. Shaw, eds., *The Sociology of War and Peace*, Macmillan, 1989.

(67) 오시로 마사야스(大城將保)가 쓴 일련의 논고를 참조할 것. 예컨대 「戰時下の沖繩縣政」, 『沖繩史料編集所紀要』 2, 1977.

(68) 이들 사료에 관해서는 石原昌家, 「沖繩戰の全體像解明に關する硏究 1 資料編 1」, 『沖繩大學國際大學文學部紀要』 11-1, 1983 참조.

(69) 玉木眞哲, 「戰時防諜のかなた」, 地方史硏究協議會 編, 『琉球·沖繩』, 雄山閣, 1987; 纐纈厚, 「沖繩戰における秘密戰」, 藤原彰 編, 『沖繩戰と天皇制』, 立風書房, 1987 참조.

(70) 본문에 소개한 沖繩連隊區司令部, 「沖繩縣の歷史的關係及び人情風俗」 외에 「防衛隊指導計劃」(「國頭支隊關係資料」, 本部町, 『本部町史 資料編』, 1979, pp. 986~87)에 따르면 "구니가미(國頭) 지구의 재향군인을 규합해 전력(戰力)으로 만들어 향토방위를 위한 황민개병(皇民皆兵)의 중핵으로 봉공(奉公)하게끔 한다"고 되어 있다.

(71) 방첩은 군에서도 매우 중시되고 있었다. 예컨대 「國頭支隊秘密戰大綱」(1945년 3월 1일)에는 "방첩 근무 방침: 1. 방첩은 본래 적의 첩보·선전·모략을 방지·파괴하는 것이지만, 이 섬처럼 민도(民度)가 낮고 섬이라는 환경 아래서는 오히려 소극적인 대책, 즉 군사를 비롯하여 국내 정책들의 누설을 방지하는 데 중점을 두어……"라고 되어 있다(「國頭支隊關係資料」, 本部町, 앞의 책, p. 1037). 그 밖에 警察部 特別高等警察課, 「事務引繼書類」(沖繩史料編集所 編, 『沖繩縣史料 近代 1』, 1978), p. 602, 그리고 陸上自衛隊幹部學校, 『沖繩作戰における沖繩島民の行動に關する史實資料』, 1960, pp. 27~28도 참조.

(72) 福地曠昭, 『村と戰爭』, 1975, p. 63.

(73) 「國頭支隊關係資料」, 本部町, 앞의 책에 수록된 「國頭支隊特務機關編成表」(pp. 1071~76)에 의거했다.

(74) 주민에게도 전쟁책임이 있다고 주장하려는 것이 아니다. 주체성의 문제와 책임의 문제는 의미가 다르며, 일반 주민이 전쟁에 주체적으로 참가한다는 문제를 곧바로 전쟁책임론과 연결시켜서는 안된다. 오히려 지도자처럼 민중도 전쟁에 참가하여 둘 사이에 이렇다 할 차이가 확인되지 않더라도, 전

쟁책임에서는 결정적인 차이가 있는 것이다. 아이히만 재판에 관한 한나 아렌트의 다음과 같은 주장을 참조하기 바란다. "당신 자신(아이히만―인용자)도 그 주요한 정치적 목표가 전대미문의 죄를 수행하는 것이 되고만 국가의 주민은 모두 현실적으로 똑같이 죄가 있다고 주장한 것이 아니라, 잠재적으로 똑같이 죄가 있다고 주장했을 뿐이다. 그리고 어떤 우연한 안팎의 사정에 촉발되어 당신이 범죄자가 되고 말았다 할지라도, 당신이 한 일의 현실성과 다른 사람들이 했을지도 모를 일의 잠재성 사이에는 결정적인 차이가 있다". H. Arendt, *Eichmann in Jerusalem*, The Viking Press, 1963; 大久保和郎 譯, 『イェルサレムのアイヒマン』, みすず書房, 1969, p. 214.

(75) 浦添市, 『浦添市史 第5卷 資料編 4』, 1984, p.35.

(76) 沖繩縣勞働組合協議會, 『日本軍を告發する』, 1972, p.69.

(77) 福地曠昭, 『防衛隊』, 沖繩時事出版, 1985, p.99.

(78) 마찬가지로 류큐 가요가 오키나와 전투를 계기로 부활했다고 하는 나카호도 마사노리의 지적도 있다. 仲程昌德, 『沖繩の戰記』(朝日選書 208), 朝日新聞社, 1982, pp.97~98. 오해가 없도록 덧붙이자면, 전장에 이르기까지 오키나와어가 전혀 쓰이지 않았다고 주장하는 것은 아니다. 문제는 전장에서 쓰였다는 것의 의미이며, 바로 거기에 이 장의 문제의식이 있다.

(79) 我部政男, 「占領初期の沖繩における政軍關係」, 『年報政治學』, 1989 참조.

(80) 沖繩縣, 『沖繩縣史 10』, 1975, p.714.

(81) 琉球政府, 『沖繩縣史 9』, 1971, p.792.

(82) 渡邊憲央, 『逃げる兵』, マルジュ社, 1979, pp.66, 193.

(83) 요시미 요시아키는 패전 직후 민중의 감정 가운데 하나로 '속았다'론이 있다고 보고, 이를 중시한다. 요시미도 정확히 지적하고 있듯이 '속았다'론에서 중요한 것은 그 감정이 전쟁에 협력했음을 전제로 한 감정이며 '전쟁 협력에 대한 회한'이라는 점이다. 吉見義明, 「占領期日本の民衆意識」, 『思想』 881, 1992.

(84) 富永茂樹, 「後悔と近代世界」, 作田啓一·富永茂樹 編, 『自尊と懷疑』, 筑摩書房, 1984. 그 밖에도 과거지향적 심리에 대해서는 細辻惠子, 「ノスタルジーの諸層」(作田啓一·富永茂樹 編, 위의 책에 수록)과 프레드 데이비스의 다음 저작이 참고가 된다. Fred Davis, *Yearning for Yesterday: A Sociology of Nostalgia*, The Free Press, 1979; 間場壽一·荻野美穗·細辻惠子 譯, 『ノスタルジアの社會學』, 世界思想社, 1990. 또 역사에서 '원한'의 중요성에 관해서는 瀧澤秀樹, 「怨と恨」(『歷史學硏究』 574, 1987) 참조.

(85) B. Anderson, 앞의 책, pp. 22~36.

(86) Homi K. Bhabha, 앞의 책, 8장.

(87) 吉浜智改, 『日記 久米島戰爭記』(1945년 3월 23일~11월 30일). 오키나와 현립 도서관에 사본이 있다.

(88) 琉球政府, 앞의 책, p. 831.

(89) 山之內靖, 앞의 글.

(90) 천황제는 사적 욕망을 실현하기 위해 익숙해질 수밖에 없는 거대한 형식·문법으로서 존재하고 있을 뿐 아니라, 전장이라는 근대의 균열로부터 경험으로서 발견되어야 할 과거의 기억을 관리하고 '원한'을 무력화시켜 새로운 공동성의 등장을 저지함으로써 '죽은 자까지도 위험하게 만드는'(벤야민) 것이다. 과거의 기억을 둘러싼 새로운 공동성이라는 사상에는 천황제의 해체라는 실천이 수반되어야 한다.

3장 전장의 기억

(1) B. Anderson, *Imagined Communities*, Verso, 1991(revised edition), pp. 9~10.

(2) 같은 책, p. 198.

(3) 같은 책, p. 198.

(4) E. Renan, *Qu'est-ce qu'une nation?*, 1887; 鵜飼哲 譯, 「國民とは何か?」, 『批評空間』No. 9, 1993, p. 40. 〔신행선 옮김, 『민족이란 무엇인가』, 책세상, 2002〕

(5) B. Anderson, 앞의 책, pp. 199~203.

(6) 酒井直樹, 「文化的差異の分析論と日本という內部性」, 『情況』1992년 12월.

(7) E. Laclau and C. Mouffe, *Hegemony and Socialist Strategy: Toward a Radical Democratic Politics*, Verso, 1985. 〔김성기 외 옮김, 『사회변혁과 헤게모니』, 터, 1990〕

(8) F. Fanon, *Les Demnes de la Terre*, Maspero, 1961; 鈴木道彦·浦野衣子 譯, 『地に呪われたる者』, みすず書房, 1969, pp. 117~42. 〔박종렬 옮김, 『대지의 저주받은 자들』, 광민사, 1979〕

(9) Homi K. Bhabha, *The Location of Culture*, Routledge, 1994, pp. 152~53.

(10) 安田武, 『戰爭體驗』, 未來社, 1963, p. 9.

(11) 橋川文三, 『歷史と體驗』, 春秋社, 1964, p. 242.

(12) E. ユンガー, 田尻三千夫 譯, 「總動員」, 『現代思想』1981년 1월, p. 174.

(13) 安田武, 앞의 책, pp.26~27.

(14) 같은 문제를 '이야기의 위험성'이라고 말한 적이 있다. 富山一郎, 「記憶の政治學」, 日本アジア・アフリカ作家會議, 『aala』 95, 1994, p.8.

(15) 安田武, 앞의 책, p.234.

(16) B. Anderson, 앞의 책, p.204.

(17) 安田武, 앞의 책, p.30.

(18) 같은 책, p.138.

(19) 橋川文三, 앞의 책, p.293.

(20) 安田武, 앞의 책, p.234.

(21) 橋川文三, 앞의 책, p.222. 시모타 글의 원래 출전은 霜多正次, 「沖繩と民族意識の問題」, 『文學』 1959년 8월.

(22) 전국 사법부 직원 노동조합 후쿠오카(福岡) 지부 작, 아라키 사카에(荒木榮) 작곡, 「오키나와를 반환하라」.

(23) '역사지도'에 대해서는 앤더슨 참조. B. Anderson, 앞의 책, pp.174~75.

(24) 金城和彦, 『愛と鮮血の記錄: 殉國沖繩學徒隊』, 全貌社, 1966, p.366.

(25) 吉田司, 『ひめゆり忠臣藏』, 太田出版, 1993, p.146.

(26) 같은 책, p.116.

(27) 데루야의 생활사는 그의 회상록인 『鎭魂譜』(照屋忠英遺德顯彰碑期成會 編, 1978)에 수록된 증언 등을 참조해서 구성한 것이다.

(28) 富山一郎, 『近代日本社會と '沖繩人' : '日本人'になるということ』, 日本經濟評論社, 1990, pp.220~21 참조.

(29) 예컨대 『知事事務引繼書類』에 수록된 오키나와 현 경찰부 특별고등경찰과의 「사무 인계 서류」에는 전쟁 발발하여 이민들이 송금을 할 수 없어 학업이 중지되는 사태가 발생했다고 나와 있다. 沖繩資料編集所, 『沖繩縣資料 近代 1』, 1978, p.611.

(30) 『鎭魂譜』, pp.83~84.

(31) 같은 책, p.139.

(32) 같은 책, p.80.

(33) 같은 책, p.156.

(34) 같은 책, p.171.

(35) 같은 책, pp.100~01.

(36) 이 책은 처음에 『沖繩海洋發展史』라는 제목으로 1941년에 출판되었다가 나중에 책제목이 『日本南方發展史』로 바뀌어 출간되었다.

(37) 『鎭魂譜』, p.157.

(38) 新川明, 「'非國民'の思想と論理」, 『沖繩の思想』, 木耳社, 1970. 『沖繩文學全集 18』, 國書刊行會, 1992에 수록되어 있다(『全集』, p. 76).

(39) 沖繩縣, 『沖繩縣史 10』, 1975, p. 1107 참조.

4장 기억의 정치학

(1) Homi K. Bhabha, *The Location of Culture*, Routledge, 1994, p. 63. 인용문은 田中聰志 譯, 「ファノンを想起すること」, 『imago(イマーゴ)』 3-7에서 인용한 것이다.

(2) 太田好信, 「文化の客體化」, 『民族學硏究』 57-4, 1993.

(3) 原一男・疾走プロダクション 編, 『ゆきゆきて神軍 : 製作ノート＋採錄シナリオ』, 話の特集, 1987.

(4) Homi K. Bhabha, 앞의 책, p. 88.

(5) F. Fanon, *Les Demnes de la Terre*, Maspero, 1961; 鈴木道彦・浦野衣子 譯, 『地に呪われたる者』, みすず書房, 1969, p. 143.

(6) F. Fanon, *Peau Noire, Masques Blancs*, Seuil, 1952; 海老坂武・加藤晴久 譯, 『黒い皮膚・白い假面』, みすず書房, 1970, p. 78.

(7) 같은 책, p. 79.

(8) 같은 책, p. 79.

5장 폭력의 서술 : 프란츠 파농

(1) 鹿野政直, 『沖繩の淵』, 岩波書店, 1993.

(2) 伊波普猷, 「琉球史の趨勢」, 『古琉球』, 沖繩公論社, 1911, pp. 101~02.

(3) 이런 이하의 역사의 거부는, 종래의 이하 후유 논의에서 쟁점이 되어 온, '소철 지옥시기'에 있어서 이하의 궤도수정과 연관이 있다. 冨山一郎, 「書評 鹿野政直 『沖繩の淵』」, 『歷史學硏究』 659, 1994 참조.

(4) 이와 같은 이하의 우려는 1945년의 오키나와 전투로 현실화되었다. 오키나와 역사에서 오키나와 전투란 바로 역사의 임계영역이다. 이 책의 제1부 참조.

(5) B. Anderson, *Imagined Communities*, Verso, 1991(revised edition), pp. 9~10.

(6) E. Renan, *Qu'est-ce qu'une nation?*, 1887, 鵜飼哲 譯, 「國民とは何か?」, 『批評空間』 No. 9, 1993, p. 40.

(7) F. Fanon, *Peau Noire, Masques Blancs*, Seuil, 1952, 海老坂武・加藤晴久 譯, 『黒い皮膚・白い假面』, みすず書房, 1970, p. 142.

(8) F. Fanon, *Les Demnes de la Terre*, Maspero, 1961, 鈴木道彦·浦野衣子 譯, 『地に呪われたる者』, みすず書房, 1969, p.22.

(9) Homi K. Bhabha, *The Location of Culture*, Routledge, 1994. 특히 2, 4, 9장 참조.

(10) 사키야마 마사키의 "식민주의는 아직도 흉폭한 망령으로 배회하고 있는 것이다"라는 현상 인식은 이 글에서도 공유되고 있다. 崎山政毅, 「暴力の重ね書きを再讀する：『地に呪われたる者』のファノンの新たな可能性に向けて」, 『現代思想』23-6, 1995, p.104.

(11) H. K. Bhabha, 위의 책, p.41.

(12) F. Fanon, *Les Demnes de la Terre*, Maspero, 1961, 鈴木道彦·浦野衣子 譯, 『地に呪われたる者』, みすず書房, 1969, p.25.

(13) 계속되는 파농의 서술, 특히 『대지의 저주받은 자들』에서의 폭력론의 현재적 의의에 대해서는 崎山政毅, 위의 글; 이 책의 4장, 그리고 鵜飼哲·冨山一郎·崎山政毅, 「沈默を語ることに向けて：'語り'の戰略配置」, 『aala』 97, 1994년 4월 참조. 특히 폭력을 단순화하지 않고 계속되는 해방투쟁 속에서 동요하면서 정의되어 나가는 것으로서, 파농의 폭력론을 고찰한 사키야마의 논고는 중요하다.

(14) Henry Louis Gates, Jr., "Critical Fanonism," *Critical Inquiry* 17, 1991.

(15) H. L. Gates, 위의 글, p.462.

(16) 비슷한 비판은 로버트 영도 하고 있다. Robert Young, *White Mythologies*, Routledge, 1990, p.210.

(17) H. L. Gates, 위의 글, p.470.

(18) 문학이론이나 정신분석학으로 파농을 해소시키는 것을 비판하는 게이츠의 논의 자체가 지나치게 이론적이라는 루이스 고든의 주장은 일단 정곡을 찌른다. 무엇보다도 게이츠가 일반이론의 소멸을 다양한 서술이라는 일반론으로 해소하고 있는 듯 보인다는 점이 문제다. Lewis R. Gordon, *Fanon and the Crisis of European Man*, Routledge, 1995, p.102. 게이츠에 대한 비판으로는 그 밖에도 Cedric Robinson, "The Appropriation of Frantz Fanon," *Race and Class* 35-1, 1993이 있다.

(19) 앞서 거론한 고든의 연구 이외에 다음과 같은 책들이 대표적이다. Peter Geismar, *Fanon: Revolutionary as Prophet*, Grove Press, 1969; Renate Zahar, *Frantz Fanon: Colonialism and Alienation, Concerning Frantz Fanon's Political Theory*, Monthly Review

Press, 1970〔최정섭 옮김, 『프란츠 파농 연구』, 한마당, 1981 ; 김형섭 옮김, 『프란츠 파농』, 종로서적, 1982〕; David Caute, *Frantz Fanon*, Viking Press, 1970; Jack Woddis, *New Theories of Revolution: A Commentary on the Views of Frantz Fanon, Régis Debray and Herbert Marcuse*, International Publishers, 1972; Irene Gendzier, *Frantz Fanon: A Critical Study*, Pantheon, 1973; Richard C. Onwuanibe, *A Critique of Revolutionary Humanism: Frantz Fanon*, Warren H. Green, Inc., 1983; Hussein Abdilahi Bulhan, *Frantz Fanon and the Psychology of Oppression*, Plenum Press, 1985; L. Adele Jinadu, *Fanon: In Search of the African Revolution*, Routledge and KPI, 1986; Lou Turner and John Alan, *Frantz Fanon, Soweto and American Black Thought*, A News and Letters Publication, 1986.〔최근의 연구로는 T. Denean Sharpley-Whiting, *Frantz Fanon: Conflicts and Feminisms*, Rowman&Littlefield, 1997; David MacEy, *Frantz Fanon: A Life*, Granta Books, 2000; Patrick Ehlen, *Frantz Fanon: A Spiritual Biography*, Crossroad, 2000(곽명단 옮김, 『나는 내가 아니다: 프란츠 파농 평전』, 우물이 있는 집, 2001); Lewis R. Gordon et al., eds., *Frantz Fanon: A Critical Reader*, Blackwell, 1996; Nigel C. Gibson, ed., *Rethinking Fanon: The Continuing Dialogue*, Humanity Books, 1999; Anthony Alessandrini, ed., *Frantz Fanon: Critical Perspectives*, Routledge, 1999 등이 있다.〕

(20) J. Michael Dash, "Introduction," Édouard Glissant, *Caribbean Discourse*, University Press of Virginia, 1989, pp. xix~xv.

(21) Paul Gilroy, *The Black Atlantic*, Harvard University Press, 1993, pp. 221~23.

(22) Édouard Glissant, *Le discours Antillais*, Seuil, 1981, trans. J. Michael Dash, *Caribbean Discourse*, University Press of Virginia, 1989.

(23) É. Glissant, *Caribbean Discourse*, pp. 18~22.

(24) 같은 책, p. 25.

(25) 같은 책, pp. 25~26.

(26) 같은 책, p. 248.

(27) P. Gilroy, 위의 책, pp. 75~76.

(28) 예를 들어 길로이는 이렇게 말한다. "우리는 예컨대 하버마스에 의해 채용된 근대 합리성의 정의가 완전한 반(反)담론 또는 전(前)담론인 자유롭고

미학적인 동인을 배제하고 있지 않은지 여부를 묻지 않으면 안된다." 같은 책, p.71.

(29) 같은 책, p.76.

(30) É. Glissant, 위의 책, p.26.

(31) Silvia Wynter, "Beyond the Word of Man: Glissant and the New Discourse of the Antilles," *World Literature Today* 63-4, 1989, p. 639.

(32) Elias Canetti, *Masse et puissance*, Gallimard, 1960, 岩田行一 譯, 『群衆と權力』, 法政大學出版局, 1975.〔반성완 옮김, 『군중과 권력』, 한길사, 1982. 카네티는 이른바 '군중 상징'으로서 불, 바다, 비, 강, 숲, 바람, 돌더미 등의 자연물을 열거하고 이를 여러 국민의 상징으로 설명한다. 한글판, pp. 87~106, pp.191~205 참조〕

(33) É. Glissant, 위의 책, pp.63~64.

(34) 같은 책, pp.65~66.

(35) Michel Foucault, *Language, Counter-memory, Practice*, Cornell University Press, 1977, p.146.

(36) 같은 책, p.148.

(37) É. Glissant, 위의 책, p.65.

(38) M. Foucault, 위의 책, pp.148~49.

(39) É. Glissant, 위의 책, pp.66~67.

(40) F. Fanon, 『地に呪われたる者』, pp.23~24.

(41) F. Fanon, 『黒い皮膚・白い假面』, p.77. 고든은 이 부분에서 존재론에 대한 파농의 거부와 실존주의 사이의 복잡한 관계를 본다. Lewis R. Gordon, 위의 책, p.10.

(42) F. Fanon, 『黒い皮膚・白い假面』, p.81.

(43) 같은 책, pp.92~93.

(44) 같은 책, p.96.

(45) 같은 책, p.136.

(46) 이 장의 주에서 파농은 흑인의 자살문제에 대해 언급하면서 "검둥이는 자살하지 않는다"라는 '정설'이 내포한 문제성을 고찰하려 한다. 이 논점은 파농의 폭력론으로 계승되는 것이다. 또 흑인의 자살에 관해서 길로이 역시 궁지에 몰린 노예의 '집단자결'을 거론하면서 죽음을 받아들이는 것이 식민지 지배에서 갖는 의미에 대해 언급하고 있다. 이 죽음의 문제는 이 글의 4절에서 거론할 테지만, 결론부터 말한다면 그것은 결코 결의(決意)의 문제가 아

니다. Paul Gilroy, 위의 책, p. 222.

(47) F. Fanon, 『地に呪われたる者』, p. 143.

(48) 같은 책, p. 143.

(49) Michael T. Taussig, *The Nervous System*, Routledge, 1992, p. 51. 인용 부분은 Hernán Vidal, *Dar la vida por la vida: La Agrupacíon Chilena de Familiares de Detenidos y Desaparecidos*, Minneapolis: Institute for the Study of Ideologies and Literature, 1982, p. 132.

(50) 같은 책, p. 27.

(51) Michael T. Taussig, *Shamanism, Colonialism, and the Wild Man: A Study in Terror and Healing*, University of Chicago Press, 1987, pp. 370~92. 타우식은 여기서 '기억의 생산과 재생산의 역사적 양식들'이라는 표현을 사용한다. 그 표현에는 기억의 생산양식에 있어서 서술하는 자와 서술되는 자의 투쟁관계가 함의되어 있다.

(52) F. Fanon, 『地に呪われたる者』, pp. 36~37.

(53) Hussein Abdilahi Bulhan, *Frantz Fanon and the Psychology of Oppression*, Plenum Press, 1985, p. 121.

(54) 마커스는 이 죽음에 대한 공포를 분수령으로 해서 작동하기 시작하는 역학 속에서 강간을 논의하고자 한다. 단, 마커스의 논고에는 반격의 필요성을 결의주의적(決意主義的)으로 주장하는 경향이 있다. Sharon Marcus, "Fighting Bodies, Fighting Words: A Theory and Politics of Rape Prevention," Judith Butler and Joan W. Scott, eds., *Feminists Theorize the Political*, Routledge, 1992.

(55) 파농과 불한에게 공통적으로 나타나는, 죽음에 대한 공포를 문제시할 때 보이는 결의주의도, 역시 폭력에 직면한 사고의 긴축일 것이다.

(56) H. A. Bulhan, 위의 책, p. 121. 조금 당돌하긴 하지만, 1975년 6월 25일, 황태자[현 아키히토 천황]의 오키나와 방문에 항의하여 가데나(嘉手納) 기지 정문에서 분신자살한 후나모토 슈지(船本洲治)의 사상을 상기할 필요가 있다. 후나모토는 말한다. "'광기'란 현상을 타파하려는 폭력성이며 '발광'이란 현상을 타파하려는 폭력적인 행동이다. 현상의 질서 아래 패배한 '광기'는 정신병원이나 형무소 둘 중 하나로 격리된다." 船本洲治遺稿集, 『黙って野たれ死ぬな』, れんが書房新社, 1985, p. 38.

(57) F. Fanon, 『地に呪われたる者』, pp. 155~56.

(58) L. R. Gordon, 위의 책, p. 81.

(59) F. Fanon, 『地に呪われたる者』, p. 193.

(60) 이 반복은 펜토탈(Pentothal, 마취약의 일종) 정맥 주사를 맞고 심문을 당한 사람이 걸리는 '언어상동증'(言語常同症, verbal stereotypy)['상동증'은 무의미한 행위를 계속 반복하는 병리 현상]에서 가장 분명하게 나타난다. 같은 책, pp. 164~65.

(61) 같은 책, p. 163.

(62) Gilles Deleuze and Félix Guattari, *L'ANTI-ŒDIPE: Capitalisme et schizophrénie*, Minuit, 1972, 市倉宏祐 譯, 『アンチ・オイディプス』, 河出書房新社, 1986, p. 122.[최명관 옮김, 『앙띠 오이디푸스』, 민음사, 1994]

(63) F. Fanon, 『地に呪われたる者』, p. 145.

(64) F. Fanon, *La Sociologie d'une Révolution*, Maspero, 1959, 宮ケ谷德三・花輪莞爾・海老坂武 譯, 『革命の社會學』, みすず書房, 1969, p. 5.[성찬성 옮김, 『혁명의 사회학』, 한마당, 1981]

(65) 崎山政毅, 「暴力の重ね書きを再讀する」, 『現代思想』 26-3, 1995.

(66) 또 이런 파농의 기본적 사고는, 알제리인의 '나태' '범죄충동'을 개인의 자질로 분석한 정신의학의 이른바 '알제리 학파'에 대해 파농이 비판을 가하고 있는 데에서도 분명히 알 수 있다. F. Fanon, 『地に呪われたる者』, pp. 170~80. 그 밖에 Hussein A. Bulhan, 위의 책, pp. 219~25도 참조.

(67) Octave Mannoni, *Psychologie de la colonisation*, Seuil, 1950, trans. Pamela Powesland, *Prospero and Caliban: The Psychology of Colonization*, Methuen, 1956.

(68) O. Mannoni, *Prospero and Caliban: The Psychology of Colonization*, p. 86.

(69) F. Fanon, 『黑い皮膚・白い假面』, pp. 72~73.

(70) 같은 책, p. 69.

(71) 이 문제에 관해서는 冨山一郎, 「熱帶科學と植民地主義」, 酒井直樹 外 編, 『ナショナリティの脱構築』, 柏書房, 1996 참조.

(72) F. Fanon, *Pour la Révolution Africaine*, Maspero, 1964, 佐々木武・北山晴一・中野日出夫 譯, 『アフリカ革命に向けて』, みすず書房, 1969, p. 37.

(73) F. Fanon, 『黑い皮膚・白い假面』, p. 71.

(74) O. Mannoni, 위의 책, p. 65.

(75) F. Fanon, 『黑い皮膚・白い假面』, p. 73.

(76) F. Fanon and Asselah, "Le Phénomène de l'agitation en milieu psychiatrique: Considérations générales-signification psychopathologique," *Maroc Médical*, 1957.

(77) 같은 글, p. 24. H. A. Bulhan, 위의 책, p. 241.

(78) H. A. Bulhan, 같은 책, pp. 241~42.

(79) F. Fanon and L. Levy, "A propos d'un cas de spasme de torsion," *La Tunisie Médicale* 36-9, 1958; F. Fanon and L. Levy, "Premiers essais de mé probamate injectable dans les états hypocondriaque," *La Tunisie Médicale* 37-10, 1959; F. Fanon and C. Geromini, "L'Hospitalisation de jour en psychiatrie, valeur et limites I. Introduction générale; II. Considérations doctrinales(Part II with C. Geromini)," *La Tunisie Médicale* 37-10, 1959.

(80) F. Fanon and C. Geromini, "L'Hospitalisation de jour en psychiatrie, valeur et limites I," pp. 719~21; H. A. Bulhan, 위의 책, p. 248.

(81) F. Fanon, 『アフリカ革命に向けて』, p. 11.

(82) F. Fanon and C. Geromini, 위의 글, p. 715; H. A. Bulhan, 위의 책, p. 247.

(83) M. T. Taussig, *The Nervous System*, p. 104.

6장 '류큐인' 이라는 주체: 이하 후유

(1) 『古琉球』, 沖繩公論社, 1911, p. 113.

(2) 이 논문은 처음 『琉球見聞記』(1914)의 서문으로 실렸다가 『고류큐』에 수록된 뒤, 「류큐인의 해방」이라는 제목으로 『古琉球の政治』(鄉土研究社, 1926)에 실렸다.

(3) 「琉球人の解放」, 『伊波普猷全集 1卷』(『全集 1』로 줄임), 平凡社, p. 493 참조. 『全集』은 1974~76년에 발간되었다.〔이하는 이렇게 말한다. "나는 류큐 처분은 일종의 노예해방이라고 생각한다. 냉철하게 생각하는 사람이라면 누구라도 '그렇고 말고' 하며 고개를 끄덕일 게 분명하다. 하지만 300년간 암흑같이 비참한 생활에 길들여진 류큐인은 이 노예해방이라는 서치라이트를 유달리 눈부시게 느꼈다. 그리고 이 새로운 광명을 기피하고 종래의 암흑을 사모할 뿐이었다. 나는 요즘 미국 흑인의 지도자 부커 워싱턴의 저서를 읽고 이와 비슷한 사실이 있음을 알았다. 미국에서 노예해방이 실시되었을 때 모처럼 자유의 몸이 되었음에도 자각 없는 노예는 장차 자기 생활이 어찌될지 두려워서 울부짖었다는 것이다"(강조는 이하). '워싱턴의 저서'란 그의 자서전(*Up from Slavery: An Autobiography*, Doubleday, 1901)을 가리킨다.〕

(4) 佐々木笑受郎, 「琉球士族の企謀と沖繩」, 『大阪毎日新聞』 1897년 9월 14일~10월 7일. 『那覇市史資料編 二中-四』(那覇市, 1971)에 수록됨.

(5)「佐々木笑受郎翁に日淸戰役前後の沖繩の話を聽く」,『沖繩日報』1934년 7월 22일부터 8회에 걸쳐 연재.『全集 10』, pp. 393~94.

(6)『那覇市史資料編 二中─四』, p. 664.

(7) 위와 같음, p. 665.

(8) 이하가 이 서술을 읽었다고 하는 것은 伊波普猷,「中學校時代の思出」(『琉球古今記』, 刀江書院, 1926),『全集 7』, p. 370과「田島先生の舊稿琉球語研究資料を出版するにあたって」(伊波普猷 編,『琉球文學研究』, 靑山書店, 1924),『全集 10』, p. 307 참조.

(9) 사사키의 이 기사에 대해서는 모리 요시오(森宣雄)씨로부터 가르침을 받았다.

(10) Anthony Giddens, *The Nation-State and Violence*, Polity Press, 1985.

(11) 사사키의 청일전쟁 전후의 활동과 당시 오키나와 사회의 상황에 대해서는 森宣雄,『琉球倂合過程』(류큐 대학 대학원 법학연구과 법학 전공 석사논문, 1995), pp. 313~32 참조. 이 논문의 인용을 허락해 준 모리 씨에게 감사드린다.

(12)「佐々木笑受郎翁に日淸戰役前後の沖繩の話を聽く」,『全集 10』, pp. 392.

(13) 伊波普猷,『古琉球』, p. 96.

(14) Octave Mannoni, *Psychologie de la Colonisation*, Seuil, 1950, trans. Pamela Powesland, *Prospero and Caliban: The Psychology of Colonization*, Methuen, 1956.

(15) Frantz Fanon, *Peau Noire, Masques Blancs*, Seuil, 1952, 海老坂武·加藤晴久 譯,『黑い皮膚·白い假面』, みすず書房, 1970, p. 69.

(16) O. Mannoni, 위의 책, p. 32.

(17) 같은 책, p. 117.

(18) Hussein Abdilahi Bulhan, *Frantz Fanon and the Psychology of Oppression*, Plenum Press, 1985, pp. 112~13.

(19) O. Mannoni, 위의 책, p. 65.

(20) 이와 같은 문제계는 파농에게 있어서는 식민주의에서의 '사물화'(objectification)로서 언급되고 있다. "'녀석들에 대해서는 잘 알고 있어', '개들은 원래 그런 놈들이야'라는 상투어는 이 사물화가 최고로 성공을 거둔 사례를 표시한다. 즉 녀석들을 정의(定義)하는 몸짓이나 사고를, 나는 알고 있다는 것이다./……이리되면 어떤 문화의 대결도 존재할 수 없게 된다."(강조는인용자) Frantz Fanon, *Pour la revolution Africaine*,

Maspero, 1964, 佐々木武・北山晴一・中野日出夫 譯, 『アフリカ革命に向けて』, みすず書房, 1969, pp. 36~37. 이 점과 관련해서 冨山一郎, 「動員される身體: 暴力と快樂」, 小岸昭・池田浩士・鵜飼哲・和田忠彦 編, 『ファシズムの想像力』, 人文書院, 1997, pp. 167~69 참조.

(21) 冨山一郎, 「國民の誕生と'日本人種'」, 『思想』 845, 1994.

(22) 이해불능이라는 문제에 대해서는 사카이 나오키(酒井直樹)의 '번역'에 대한 논고에서 많은 시사를 받았다. 이해불능이라는 사태야말로 사카이가 자크 랑시에르(Jacques Rancière)를 인용하면서 말하듯이, '비집성적(非集成的) 또는 혼성적인 공동체'의 기점으로서 문제화되어야만 하는 것이다. 酒井直樹, 『日本思想という問題: 飜譯と主體』(岩波書店, 1997) 〔김경원 옮김, 이산, 근간〕 중 특히 1장과 5장 참조. 사카이의 논의에 굳이 덧붙여 둔다면, 이해불능이라는 사태는 바로 폭력이라는 힘이 현재화(顯在化)되는 영역이기도 하다는 점일 것이다. 이 점에 관해서는 崎山政毅, 「諧謔の武裝/混成の蜂起」, 『現代思想』 24-11, 1996를 꼭 참조하기 바란다. 이 글에서 말하는 폭력이란 주체의 외부에 존재하며 주체에 의해서 소유되는 수단이 아니라, 주체의 내부에서 생성되어 주체 자신을 변형시켜 나가는 힘이다. 그러므로 여기서는 '류큐인'이라는 주체를 변형시켜 나가는 힘이긴 하지만 텍스트에서는 결코 직접적으로 언급되지 않으며, 그렇다고 해서 텍스트의 외부에 존재하고 있는 것도 아닌 모멘트로서, 이하의 서술에서 폭력의 예감이라는 문제를 설정했던 것이다. 이것은 내가 5장에서 파농의 서술을 고찰했을 때의 문제설정과도 중복된다.

(23) F. Fanon, 『アフリカ革命に向けて』, pp. 37, 45.

(24) 이 점에 대해서는 여명기 인도네시아 내셔널리즘의 상징으로 칭송받고 있는 카르티니(R. A. Kartini) 〔인도네시아 독립운동과 여성해방의 상징인 자바 여성. 1879~1904. 네덜란드 식민통치기에 자바 귀족의 딸로 태어나 네덜란드인 학교를 다니며 서양 사상을 접했고, 출산합병증으로 사망한 뒤에 출간된 서간집 『암흑에서 광명으로』(Door duisternis tot licht, 1911)로 유명해졌다. 그녀의 생일이 인도네시아의 국경일로 제정되기도 했다.〕에 대한 시라이시 다카시(白石隆)와 쓰치야 겐지(土屋健治)의 논의에서 시사를 받았다. 자신의 내부성을 타자의 언어인 네덜란드어로 표출했던 카르티니에 대해서, 시라이시는 이해불능의 '수수께끼'로서, 또 질서를 뒤흔드는 으스스한 존재로서의 '그들'의 시선이 카르티니에 의해서 식민자 네덜란드인인 '우리'에게 독해가 능한 존재로 번역되었음을 문제삼고 있다. 그리고 카르티니가 실현한 이 독해(=이해)가능성은 동시에 근대의 감시와 처벌이라는 시스템과 이를 보완

하는 '자기 규제'(self-policing)를 네덜란드의 식민지 지배에 초래하고 나아가서 그것은 독립 후의 인도네시아로도 계승되었던 것이다. 그것은 앤더슨(B. Anderson)이 말한 '암흑기'로부터 '광명기'로의 전환이기도 했다. 이런 카르티니의 논의는 인도네시아에서 자바학의 형성에 대해서도 고찰할 수 있다. 그리고 이 논점은 '류큐인'을 구성하고 오키나와학을 만들어낸 이하 후유에 대해서도 논의할 수 있을 것이다. 시라이시의 논의는 쓰치야 겐지의 카르티니에 대한 고찰을 검토하는 형태로 이루어지고 있는데, 쓰치야의 서술 자체는 번역되면서도 번역할 수 없는 영역을 카르티니에게서 발견하고자 한 것이며, 그것은 쓰치야의 '풍경'이라는 설정과도 연관되어 있다. 이 글에서도 이하 후유에게서 이 '카르티니의 풍경'이라는 영역을 부상시켜 보고자 하는 것이다. 白石隆, 「インドネシアの近代における 'わたし' : カルティ二のikとスワルディのsaya」, 『東南アジア研究』 34-1, 1996; 土屋健治, 『カルティ二の風景』, めこん, 1991; Benedict Anderson, *Language and Power*, Cornell University Press, 1990. 네덜란드의 자바학에 대해서는 土屋健治, 「19世紀ジャワ文化論序說: ジャワ學とロンゴワルシトの時代」, 土屋健治·白石隆 編, 『東南アジアの政治と文化』, 東京大學出版會, 1984; John Pemberton, *On the Subject of "Java,"* Cornell University Press, 1994 참조.

(25) 「沖繩人の皮膚の色に就いて」, 『東京人類學會雜誌』 223號, 1904; 「오키나와 제도에 거주한 선주인민에 대하여」, 『太陽』 11卷 1號, 1905; 「八重山の石器時代の住民に就いて」, 『太陽』 11卷 5號, 1905.

(26) 도리이는 '오키나와인'이라는 말을 쓴다. 이하 역시 '류큐인', '류큐민족', '류큐인종', '오키나와인'이라는 말을 사용하고 있다. 그 각각에 말의 울림 상 어떤 차이가 있는지는 앞으로 검토해야 할 테지만, 이 글의 초점은 1920년대 중반에 일어난 이하의 서술 변화이기 때문에, 표기에 있어서는 이 말들을 모두 '류큐인'으로 일괄하고 '류큐인'에서 '남도인'으로의 궤도수정이라는 문제로서 설정한다.

(27) 鳥居龍藏, 「臺灣生蕃地探檢者の最も要す可き智識」, 『太陽』 3卷 15號, 1897, 『鳥居龍藏全集 11卷』(이하 『鳥居全集 11』로 줄임), 朝日新聞社, 1976, p.408.

(28) 잘 알려져 있듯이 도리이의 조사대상지역은 그 뒤에 한반도, 중국으로 확대되어 나가는데, 이런 전개는 도리이에게 있어서 '동양인종학', '동양민족학'의 제창으로 이어진다. 1913년 『東亞之光』(8卷 11號, 『鳥居全集 1』, p.482)에서 도리이는 "일본은 이제 지난날의 일본이 아니며, 이미 학술상 가장 흥미로운 식민지 제민족을 갖고 있을뿐더러 우리 제국의 주변이 여러 지방들

과 접근해 왔다"고 하여, 제국의 영토에 거주하는 사람들이 바로 조사대상임을 명언하고 있다. 도리이는 거기서 구미 인류학의 아시아 연구를 "읽을 만한 것이 과연 있을까?"라고 한 뒤, '우리 동양인의 눈'에 의한 '동양인종학' '동양민족학'을 제창하고 있다. 자신이 구미의 조사대상이 되는 가운데 학문을 수립했던 일본의 인류학이었으나, 도리이에게 있어서 그것은 명백히 제국의 인류학으로서 등장한다. 冨山一郎, 「國民の誕生と'日本人種'」, pp. 40~43 참조.

(29) 伊能嘉矩, 「余の赤志を陳べて先達の君子に訴ふ」, 森口雄稔 編, 『伊能嘉矩の 臺灣踏査日記』, 臺北: 臺灣風物雜誌社, 1992, p. 305.

(30) 「八重山の石器時代の住民に就いて」, 『太陽』11卷 5號, 1905, p. 173. 석기를 둘러싼 타이완과 오키나와의 관계를 연구할 필요성은 그 밖에 鳥居龍藏, 「臺 灣に於ける有史以前の遺跡」(『地學雜誌』9輯 107卷, 1897, 『鳥居全集 11』, p. 402) 참조.

(31) 오키나와에서의 곡옥에 대해서는 鳥居龍藏, 「琉球諸島女子現用のはけだま 及び同地方堀出の曲玉」(『東京人類學會雜誌』9卷 96號, 1894)에서 거론되고 있다. 그러나 한편으로「東部臺灣諸蕃族に就いて」(『地學雜誌』9輯 104・ 5卷, 1897, 『鳥居全集 11』, pp. 493~95)에서는 목걸이를 ①자연물, ②'약 간의 인공물', ③곡옥 등 세 유형을 발전단계적으로 분류하고, ①과 ②유형 으로 미국 토인, 오스트레일리아 토인, 브라질 토인, 야에야마, 미야코, 남양 제도, 생번을 분류하고 있다.

(32) 「臺灣蕃地探檢談」, 『地學雜誌』13輯 46-8卷, 1901, 『鳥居全集 11』, p. 424.

(33) 鳥居龍藏, 『有史以前の日本』, 磯部甲陽堂, 1925, 『鳥居全集 1』, p. 225. 『鳥居 全集』에는 고쳐쓴 글만 수록되어 있다. 하지만 이하가 『고류큐』를 쓸 때 인 용하고 있는 글은 도리이가 고쳐쓰기 전의 것이 분명하다.

(34) 長谷部言人, 「莊丁の身長より見たる日本人の分布」, 『東北醫學雜誌』2卷 1號, 1917; 村松瞭, 「琉球人の頭形に就いて」, 『東洋學藝雜誌』36卷 457號, 1919; 須田(大島)昭義, 「奄美大島における人類學的調査」, 『人類學雜誌』43卷 8號, 1928; 須田昭義, 「琉球列島民の身體計測」, 『人類學雜誌』55卷 2號, 1940; 金關丈夫, 「琉球人の人類學的研究」, 『人類學雜誌』45卷 第5付錄, 1930 등.

(35) 이미 언급한 논문들 이외에 鳥居龍藏, 「臺灣人類學調査略報告」, 『東京人類學 會雜誌』144號, 1898; 「臺灣各蕃族の頭形論」, 『東京人類學會雜誌』282~85 號, 1909; 「臺灣基隆の平埔蕃の體格」, 『東京人類學會雜誌』, 153號, 1898; 「有黥蕃の測定」, 『地學雜誌』9輯 107卷, 1897; 「黥面蕃女子の頭形」, 『東京人 類學會雜誌』184號, 1901; 「紅頭嶼土人の頭形」, 『東京人類學會雜誌』182號,

1901; 「紅頭嶼土人の身長と指極」, 『東京人類學會雜誌』 189號, 1901; 「紅頭嶼通信」, 『地學雜誌』 10輯 109號, 1898; 「蕃薯寮萬斗社生蕃ノ身體測定」, 『東京人類學會雜誌』 146號, 1898; 『人類學寫眞集臺灣紅頭嶼之部』, 東京帝國大學, 1899 등.

(36) 鳥居龍藏, 「臺灣中央山脈の横斷」, 『太陽』 7卷 9·10·12·13號, 1901, 『鳥居全集 11』, p. 442. 鳥居龍藏, 「鳥居龍藏氏よりの通信」, 『東京人類學會雜誌』 141號, 1897, 『鳥居全集 11』, p. 405.

(37) 鳥居龍藏, 「紅頭嶼通信」, 『地學雜誌』 10輯 109號, 1898, 『鳥居全集 11』, p. 594.

(38) 유비의 기법을 둘러싼 도리이와 이하의 갭은 이미 논한 바 있다. 冨山一郎, 「國民の誕生と'日本人種'」, pp. 48~50.

(39) 伊波普猷, 『古琉球』, p. 100.

(40) 같은 책, p. 100.

(41) 같은 책, p. 101.

(42) 차이가 개념적 차이로서 등장하는 가운데 "차이는 인접한 여러 유사한 종(種)으로부터 이들을 포섭하는 하나의 유(類)의 동일성으로 이행하는 것을 가능케 한다." Gilles Deleuze, *Différence et Répétition*, Presses Universitaires de France, 1968, 財津理 譯, 『差異と反復』, 河出書房新社, 1992, p. 67.

(43) 伊波普猷, 「古琉球の政教一致を論じて經世家の宗教に對する態度に及ぶ(10)」, 『沖繩毎日新聞』 1912년 3월 30일.

(44) 伊波普猷, 『古琉球の政治』, 鄉土研究社, 1922, 『全集 1』, p. 489.

(45) 이 대목을 자치론으로서 고찰한 글로는 比屋根照夫, 『近代沖繩の精神史』(社會評論社, 1996)에 수록된 「伊波普猷の自治思想」(3부 2장), 「地域的'個性'の發展と構想」(3부 3장) 참조.

(46) 平野義太郎·清野謙次, 『太平洋の民族=政治學』, 日本評論社, 1942, p. 234.

(47) 鹿野政直, 『沖繩の淵』, 岩波書店, 1993, 序 p. x.

(48) 『고류큐』에 수록된 「류큐사의 추세」에는 시마즈(島津)에게 지배당한 류큐와 식민지 조선을 동일시하고 있는 부분이 있다(伊波普猷, 『古琉球』, p. 89). 이 부분은 이하가 조선에서의 식민지 지배를 비판하고 있는지 그 여부를 놓고 논의가 있지만(鹿野政直, 위의 책, p. 96 참조), 중요한 것은 이하에게 있어서 조선은 people이 아니라 nation으로서 인식되고 있다는 점이다.

(49) 伊波普猷, 『古琉球』, p. 105.

(50) 같은 책, p. 90.

(51) 같은 책, p.50.

(52) '소철지옥'이 일본 자본주의에서 차지하는 의미에 대해서는 일단 向井淸史, 『沖繩近代經濟史』(日本經濟評論社, 1988)와 富山一郎, 『近代日本社會と沖繩人』(日本經濟評論社, 1990) 참조.

(53) 이 궤도수정을 주제로서 처음 거론한 사람은 히야네 데루오(比屋根照夫)다. 히야네는 이를 자기변혁을 축으로 한 계몽에서 사회변혁으로 나아간 전개과정이라고 보았다(比屋根照夫, 「啓蒙者伊波普猷の肖像: 大正末期の思想の轉換」, 外間守善 編, 『伊波普猷 人と思想』, 平凡社, 1976; 나중에 比屋根照夫, 『近代日本と伊波普猷』, 三一書房, 1981에 수록). 그리고 이런 히야네의 주장을 이어받아 아라키 모리아키(安良城盛昭)는 이를 좀더 구체적인 이하의 역사관의 전개과정으로서 파악하여 토지제도나 아이누관, 류큐 처분관 등의 쟁점들을 논의하고 있다(安良城盛昭, 『新沖繩史論』, 沖繩タイムス社, 1980, pp.187 ~97). 가노 마사나오(鹿野政直)는 이와 같은 두 사람의 주장에 수긍하면서도, 이하의 궤도수정을 '외딴 섬의 고난(孤島苦)'과 '남도(南島)'의 두 측면에서 고찰하려 했다(鹿野政直, 위의 책). 이 글 역시 이 가노의 논의로부터 빛을 많이 졌다. 富山一郎, 「書評: 鹿野政直『沖繩の淵』」, 『歷史學硏究』 659, 1994 참조.

(54) 「沖繩人の皮膚の色に就いて」, 『東京人類學會雜誌』 223號, 1904, 『鳥居全集 4』, p.616.

(55) 鳥居龍藏, 「八重山の石器時代の住民に就いて」, 『太陽』 11卷 5號, 1905, p.170.

(56) 伊波普猷, 「寂泡君の爲に」, 『沖繩敎育』 137號, 1924, 『全集 10』, p.314.

(57) 제임스 클리퍼드는, 정보제공자는 인류학적 발화를 지탱하는 동시에 파괴하여 새로운 다중적 발화를 창출하는 기점이 된다고 생각한다. 즉 "전통적 민족지(民族誌)에서는 한 가지 목소리에 대해 넓은 영역에 걸친 권위적 역할을 부여한 반면 그밖의 목소리들에 대해서는 인용이나 바꿔말하기/딴말하기를 위한 정보원으로서의 '정보제공자' 역할을 부여함으로써, 다중 음성을 억압하면서 오케스트라처럼 편성해 왔다"(아래 일본어판, p.26). 그러나 정보제공자야말로 바로 자신이 문화를 표상한다고 주장하는 '단일음적 권위'(monophonic authority)로서의 인류학에서 무엇이 이해불능인지를 가장 먼저 통찰하는 존재다. 다만 그것은 '단일음적 권위' 아래서 스스로를 이해하고 있던 정보제공자에게 있어서, 이제 자기 자신이 표현할 수 없다는, 말할 수 없다는 사태로서 우선 등장하는 것이다. James Clifford and George E. Marcus, eds., *Writing Culture: The Poetics and Politics of*

Ethnography, University of California Press, 1986, 春日直樹·足羽與之
子·橋本和也·多和田祐司·西川麥子·和邇悅子 譯, 『文化を書く』, 紀伊國屋
書店, 1996, pp. 25~28.〔이기우 옮김, 『문화를 쓴다: 민족지의 시학과 정치
학』, 한국문화사, 2000〕又 James Clifford, *The Predicament of Culture*,
Harvard University Press, 1988, pp. 49~51도 참조.

(58) 伊波普猷, 「寂泡君の爲に」, 『全集 10』, p. 315.

(59) 역사에 대한 절망은 이 시기 그의 다른 서술들 가운데서도 자주 발견된다.
예컨대 伊波普猷, 「琉球民族の精神分析: 縣民性の新解釋」(『沖繩敎育』 136
號, 1924, 『全集 11』)을 보라.

(60) 伊波普猷, 「苦の島」, 『太陽』 32卷 8號, 1926, 『全集 1』, p. 284.

(61) 같은 글, p. 273.

(62) 같은 글, p. 284.

(63) 伊波普猷, 『琉球古今記』, 刀江書院, 1926, 『全集 7』, pp. 67~68.

(64) 鹿野政直, 앞의 책, pp. 210~11.

(65) 같은 책, pp. 211~35.

(66) 「『隋書』に現れたる琉球(上·下)」, 『沖繩敎育』 157·158, 1926과 「『隋書』の
琉球に就いての疑問」, 『東洋學報』 16-2, 1927.

(67) 논쟁의 경위에 대해서는 『全集 2』의 해제(外間守善·比嘉實) pp. 577~79
참조.〔『『수서』에 나타난 류큐」는 1926년 9월 오키나와 교육부에서 한 강연의 내
용을 『오키나와 타임스』에 연재(7회)한 것이었다. 당시의 정설은 '유구=타이
완'설이었다. 루트비히 리스의 『타이완사』(台湾島史)나 타이완 연구의 권위자 이
노 가노리(伊能嘉矩)의 주장 등이 그러했다. 이에 반해 이하는 '유구=류큐'설을
취했는데, 아라이 하쿠세키(新井白石)의 『남도지』(南島志)나 시데하라 히로시
(幣原坦)의 연구로 자기 주장을 뒷받침했다. 히가시온나의 반론은 10월 「수서의
유구는 과연 오키나와인가」라는 제목으로 『오키나와 타임스』에 연재(3회)되었
다. 종래의 정설에 따른 것이다. 이하는 1927년 4월 같은 신문에 이 반론에 답한
글 「다시 수서의 유구에 대하여: 비설(卑說)의 수정」을 연재(12회)하는데, 여기
서는 자기 주장을 일부 수정했다. 즉 『수서』의 유구가 타이완이 아니라 류큐라고
했던 것을, 타이완과 류큐 둘 다를 가리킨다고 한 것이다. 수나라의 1차 원정대
가 방문한 곳은 타이완, 2차 원정대가 정벌한 곳이 오키나와라는 주장이다. 5월
히가시온나가 『오키나와 타임스』에 재차 반론을 제기한 뒤, 6월 마지키나 안코
(眞境名安興)가 「『수서』 유구전 논쟁에 대하여」를 연재(10회)하여 두 사람의 고
증을 재검토하면서 (이하의 견해처럼) 수서의 유구가 오키나와와 타이완을 포
함하는 개념임을 시사하고 문제의 해결은 후세에 맡긴다고 주장했다. 이하는 6

월말 「히가시온나 간준 씨에게」라는 글을 기고해 문제를 중앙 학계로 넘기자고
제안함으로써 9개월에 걸친 지상논쟁은 매듭이 지어졌다.〕

(68) 東恩納寬惇, 「隋書の流求は果たして沖縄なりや」, 『沖縄タイムス』 1926년 10
월 5일～7일, 『東恩納寬惇全集 1卷』, 琉球新報社, 1978, p.263.

(69) 東恩納寬惇, 「伊波君の修正說を疑う」, 『沖縄タイムス』 1927년 날짜 미상, 『東
恩納寬惇全集 1』, p.273.

(70) 伊波普猷, 「『隋書』の流求に就いての疑問」, 『東洋學報』 16-2, 1927, 『全集
2』, p.538.

(71) 같은 글, p.539.

(72) 伊波普猷, 『沖縄よ何處へ』, 世界社, 1928, 『全集 2』, pp.451～52. 마기리 제
도에 대한 이하의 평가에 대해서는 安良城盛昭, 위의 책, p.193 참조.

(73) 伊波普猷, 『沖縄女性史』, 小澤書店, 1919, 『全集 7』, p.49.

(74) 伊波普猷, 「ヤガマヤとモーアソビ」, 『民俗學』 2卷 1號, 1930, 『全集 5』, p.
172.

(75) 伊波普猷, 「南島の自然と人」, 『太陽』 32卷 8號, 1926, 『全集 2』, p.172; 「琉
球の女歌人 '恩納なべ'」, 『短歌至上主義』 3卷 11號, 4卷 1～2號, 1935～
1936, 『全集 9』, pp.144～45; 「琉球古代の裸舞」, 『三田文學』 1卷 5號,
1926, 『全集 7』, p.250 등.

(76) 伊波普猷, 「琉球婦人の顱」, 『日本地理風俗大系』 12卷, 新光社, 1930, 『全集
9』, p.403.

(77) 伊波普猷, 「日本文學の傍系としての琉球文學」, 『日本文學講座』 10, 11卷, 新
潮社, 1927, 『全集 9』, pp.3～7.

(78) 「あまみや考」, 『日本文化の南漸』, 樂浪書院, 1939.

(79) 金關丈夫, 「琉球人の人類學的研究」, p.660.

(80) 같은 글, p.661.

(81) 伊波普猷, 「あまみや考」, 『日本文化の南漸』, 樂浪書院, 1939, 『全集 5』, p.
590. 여기서는 가나세키 다케오(金關丈夫)의 연구 말고도 기리하라 신이치
(桐原眞一)의 혈청 연구, 다나베 히사오(田邊尙雄)의 음악 연구에서도 같은
언급을 하고 있다.

(82) 伊波普猷, 「日本文學の傍系としての琉球文學」, 『全集 9』, p.49.

(83) James Clifford, 앞의 책, p.163.

(84) 『山之口貘全集』 第1卷, 思潮社, 1975

(85) 예컨대 오타 마사히데는 "우리 오키나와인의 심리의 주름살 속에 둥지를 틀
고 있는 복잡한―열등감과 자조(自嘲)가 뒤섞인―의식"(아래 책, p.329)을

단적으로 소리 높여 노래한 것이 이「회화」라고 한다. 또 나카호도 마사노리 (仲程昌德)도 태어나고 자란 곳이 오키나와라고 표명하지 못한 채 막다른 길로 내몰려가는 과정으로서 이 시를 이해하고 있다. 大田昌秀, 『沖繩の民衆意識』, 新泉社, 1976; 仲程昌德, 『山之口貘』, 法政大學出版局, 1983.

(86) 川滿信一, 『沖繩·根からの問い』, 泰流社, 1978, pp. 59~60.

(87) 야마노구치 바쿠의 「회화」를 매우 민감하게 받아들인 세키 히로노부는 거기서 비수(匕首)를 발견한다. 그리고 "하지만 바쿠씨가 '이건 비수야' 하는 식으로 말해버리면 그건 비수도 저항도 규탄도 될 수 없으므로 침묵하고 있을 뿐인 것"이라고 말한다. 關廣延, 『沖繩人の幻想』, 三一書房, 1990, p. 139.

(88) 이 이중성은 두보이스(W. E. B. Du Bois)가 말하는 이중의식(double consciousness)의 문제이기도 하다. 길로이의 말처럼 두보이스의 이중의식은 블랙 아메리칸이라는 특이한 위치를 보여주는 동시에, 식민주의의 종언에도 불구하고 근대에서 줄곧 소외당해온 모든 사람들에게서 검토되어야 할 것이다(Paul Gilroy, *The Black Atlantic: Modernity and Double Consciousness*, Harvard University Press, 1993, p. 126). 이 점과 관련해서는 오키나와에서의 이중의식을 논한 오타 요시노부의 논고를 참조하기 바란다(太田好信, 「沖繩という位置」, 『インパクション』103, 1997). 또 오카모토 게이토쿠도 야마노구치 바쿠의 「회화」, 「존재」 등의 시를 거론하면서 동일한 문제계를 탁월하게 형상화해내고 있다(岡本惠德, 「水平軸の發想」, 『沖繩の思想』[わが沖繩 第6卷], 木耳社, 1970, 나중에 『沖繩文學全集 18卷』, 國書刊行會, 1992에 수록). 그런데 이런 이중성은 예컨대 파농이 '자연'이라는 영역과 관련해서 식민자가 극히 당연한 풍경으로 구성해서 바라보는 자연이 동시에 '적의를 품은 자연'이기도 하다고 하면서 그 속에서 상황을 타개할 힘을 발견해 내고자 한 것과 무관하지 않다. 또 역시 파농이 흑인이라는 신체에 계속 들러붙는 외부의 시선으로부터 몸을 빼내고자 하여 '그것은 있다'라는, 지각도 표상도 되지 않는 신체성을 확인하는 것과도 무관하지 않다. 파농에 의거해서 굳이 주석을 단다면, '아넷타이'/'아열대'의 이중성은 자기의식이나 정체성의 문제로 축소시켜 논의할 것이 아니라, 파농 자신의 서술이 보여주듯이, 폭력(=힘)을 발견하는 기점으로서 사고되어야만 할 것이다. 이 글에서 폭력의 예감에 그처럼 집착하는 까닭도 여기에 있다. F. Fanon, *Les Demnes de la Terre*, Maspero, 1961, 鈴木道彦·浦野衣子 譯, 『地に呪われたる者』, みすず書房, 1969, p. 143; F. Fanon, 『黑い皮膚·白い假面』, p. 92; 이 책의 5장, 3절(적의를 품은 자연 또는 사악한 바람) 참조.

(89) 冨山一郎, 앞의 책과 이 책의 제1부 참조.

7장 폭력의 예감

(1) 줄곧 마음에 걸리는 사건이 있다. 1987년이라고 하니까 지금부터 10년도 지난 일인데, 얼어붙은 삿포로(札幌)에서 한 여성이 굶어죽었다. 이 사건은 당시에 신문이나 주간지, 텔레비전 등 미디어에서 몇번이나 거론되었고, 또 그녀가 이른바 '모자 가정'의 어머니였다는 사실 때문에, 복지정책과 관련된 사회문제로서도 화제가 되었다. 문제는 왜 그녀가 아동수당이나 아동부양 수당을 받지 못했는가 하는 것이었는데, 밝혀진 것은 그녀가 수당을 신청하지 않았다는 것이다. '관청은 무서워요'—이것이 그녀가 아사 직전에 남긴 마지막 말이었다. 이 사건을 거론하는 까닭은 이 사건을 사례로 복지사무소나 당시의 언론보도를 문제삼자는 게 아니다. 이 사건과 관련해서 고찰해야만 한다고 계속 생각해왔던 것은, 아사한 그녀의 이 '관청은 무서워요'라는 말에서 최대한의 상상력을 발휘하면서, 법적 구제를 받는다는 것을 어떻게 문제삼으면 좋을까 라는 것이다. 關千枝子, 『この國は恐ろしい國』, 農山漁村文化協會, 1988 참조.

(2) 安里哲志, 「基地とオキナワ」, 『琉球新報』 1999년 5월 12일.

(3) 安里哲志, 같은 글.

(4) 스에히로 아키라는 개발주의(developmentalism)를 식민정책, 탈식민화의 과정에서 등장하는 개발계획, 또는 일본 근대사에서의 산업정책까지 포함하는 핵심용어로 사용하고 있는데, 거기서의 요점은 시장의 실패, 불완전성이라는 점, 그리고 개발과 관련한 목표를 수행하는 주체라는 점이다. 스에히로는 이 주체를 기본적으로 국가나 민족에서 찾고 있는데, 그것은 내 주장의 요점이기도 하다. 末廣昭, 「開發主義とは何か」, 東京大學社會科學硏究所 編, 『開發主義』, 東京大學出版會, 1998. 冨山一郎, 「開發言說についてのノート」, 『開發言說と農村開發』(文部省科學硏究費補助金研究成果報告書·代表 足立明), 1999도 참조.

(5) 島田晴雄, 「沖繩 草の根の聲を聞け」, 『中央公論』 1997년 5월호.

(6) Clifford Geertz, *Works and Lives: The Anthropologist as Author*, Stanford University Press, 1988, 森泉弘次 譯, 『文化の讀み方/書き方』, 岩波書店, 1996, p.22.

(7) John L. Austin, 坂本百大 譯, 『言語と行爲』, 大修館書店, 1978, p.7.

(8) Judith Butler, *Gender Trouble: Feminism and the Subversion of Identity*, Routledge, 1990, 竹村和子 譯, 『ジェンダー·トラブル』, 靑土社,

1999, p. 21.

(9) Nicos Poulantzas, *L'etat, le pouvoir, le socialisme*, Presses Universitaires de France, 1978, 田中正人·柳內隆 譯, 『國家·權力·社會主義』, ユニテ, 1984, p. 88.[박병영 옮김, 『국가, 권력, 사회주의』, 백의, 1994]

(10) N. Poulantzas, 위의 책, p. 90.

(11) 같은 책, p. 80.

(12) 같은 책, p. 88.

(13) 그것은 발터 벤야민이 경찰폭력을 '유령'이라고 표현한 것과 관계가 있다. 국가는 법을 선언하고 국가의 폭력은 법의 물질성을 형성하지만, 국가와 국가폭력은 법의 내부에서는 유령적 존재로밖에는 파악되지 않기 때문이다. Walter Benjamin, 野村修 譯,「暴力批判論」,『ヴァルター・ベンヤミン著作集 1』, 晶文社, 1969, p. 21. 이 점에 관해서는 이마무라 히토시의 글에서 시사를 받았다. 今村仁司,「暴力と崇高」, 田中雅一 編,『暴力の文化人類學』, 京都大學學術出版會, 1998, p. 325.

(14) Karl Marx, 長谷部文雄 譯,『資本論』, 青木書店, 1954, p. 144.

(15) 向井淸史,『沖繩近代經濟史』, 日本經濟評論社, 1988, pp. 1~8.

(16) 산업예비군의 외연적 창출에 관해서는 모리타 기리로의 논의를 참조했다. 森田桐郎,『世界經濟論の構圖』, 有斐閣, 1997, pp. 225~27.

(17) 冨山一郎,『近代日本社會と'沖繩人'』, 日本經濟評論社, 1990.

(18) Ernesto Laclau and Chantal Mouffe, *Hegemony and Socialist Strategy: Towards a Radical Democratic Politics*, trans. Winston Moore and Paul Cammack, Verso, 1985, 山崎カヲル·石澤武 譯,『ポスト·マルクス主義と政治: 根源的民主主義のために』, 大村書店, 1992, p. 22.[김성기 외 옮김, 『사회변혁과 헤게모니』, 터, 1990]

(19) E. Laclau and C. Mouffe, 위의 책, p. 24.

(20) 湧上聾人 編,『沖繩救濟論集』, 改造之沖繩社, 1929; 新城朝功,『瀕死の琉球』, 越山堂, 1925; 田村浩,『沖繩經濟事情』, 南島社, 1925; 親泊康永,『沖繩よ立ち上がれ』, 新興社, 1933.

(21) 沖繩縣,『沖繩縣史 3』, 1973, pp. 719~34.

(22) 琉球政府,『沖繩縣史 資料編 5』, 1969, p. 667.

(23) 예컨대 오타 조후는 "홋카이도 같은 곳은 개척사(開拓使) 시절부터 당시 국력에 어울리지 않는다고 생각될 정도로 많은 투자를 해서 점차 현재와 같은 기초가 쌓였던 것이다. 가까이는 타이완 같은 곳도 영유 이래 제당업에 투입된 자금만 쳐도 결코 적지 않다. 그런데 본 현은 어떤가"라고 말했다. 太

田朝敷, 『沖繩縣政五十年』, 國民敎育社, 1932, p. 257.

(24) 沖繩縣沖繩史料編集所, 『沖繩縣史料 近代 2』, 1979, p. 389.

(25) 沖繩縣沖繩史料編集所, 위의 책, p. 398.

(26) 松岡正男, 「赤裸々に視た琉球の現狀」, 湧上聾人 編, 『沖繩救濟論集』, 改造之沖繩社, 1929, p. 115.

(27) 「第一回沖繩縣振興計劃調査會議事速記錄」, 1932, 琉球政府, 앞의 책, pp. 621~22.

(28) 琉球政府, 『沖繩縣史 資料編 5』, 1969, p. 622.

(29) 琉球政府, 위의 책, pp. 622~23.

(30) 같은 책, p. 668.

(31) 沖繩縣沖繩史料編集所, 앞의 책, p. 412.

(32) E. Laclau and C. Mouffe, 앞의 책, pp. 141~42.

(33) 琉球政府, 앞의 책, p. 668.

(34) D. Cornell, "Time, Deconstruction, and the Challenge to Legal Positivism: The Call for Judical Responsibility," Jerry Leonard, ed., *Legal Studies as Cultural Studies*, State University of New York Press, 1995.

(35) 松岡正男, 앞의 글.

(36) 琉球政府, 앞의 책, pp. 603~04.

(37) 이 위기는 주디스 버틀러가 '착란적'(subversive)이라고 부른 정치이기도 하다. Judith Butler, 앞의 책, p. 171.

(38) 新妻莞, 「琉球を訪ねて」, 湧上聾人 編, 『沖繩救濟論集』, 改造之沖繩社, 1929, pp. 44~45.

(39) 新妻莞, 위의 글, p. 10.

(40) 같은 글, p. 33.

(41) 같은 글, p. 47.

(42) Rey Chow, *Writing Diaspora: Tactics of Intervention in Contemporary Cultural Studies*, Indiana University Press, 1993, 本橋哲也 譯, 『ディアスポラの知識人』, 靑土社, 1998, p. 92.〔장수현 옮김, 이산, 근간〕

(43) 新妻莞, 앞의 글, p. 49.

(44) 식민주의가 전개되는 가운데 식민자의 욕망은 끊임없이 위기에 직면한다. 그리고 문제는 이런 위기가 어떻게 지연되고 회피되며 호도되는가 하는 점이다. 이 문제는 앞서 논한 바 있는 프란츠 파농과 옥타브 마노니의 결정적

차이와도 관련된다.

(45) 比屋根照夫, 『近代日本と伊波普猷』, 三一書房, 1981; 安良城盛昭, 『新·沖縄史論』, 沖縄タイムス社, 1980; 鹿野政直, 『沖縄の淵』, 岩波書店, 1993.

(46) 比屋根照夫, 『近代日本と伊波普猷』, p. 135.

(47) 伊波普猷, 『全集 11』, p. 299.

(48) 伊波普猷, 『全集 10』, p. 314.

(49) 鹿野政直, 『沖縄の淵』, p. 168.

(50) 鹿野政直, 같은 책, p. 162.

(51) '신경계'라는 말은 다음 글에서도 사용한 바 있다. 冨山一郎, 「赤い土地と夢の痕跡」, 複數文化研究會 編, 『〈複數文化〉のために』, 人文書院, 1998.

(52) 분류라고 하는 기법으로 주체를 발견하고자 하는 이하의 전략은 인류학적 표상이 고스란히 영토적 표상과 결합되고 있었던 데에 기인한다. 이 점에 관해서는 冨山一郎, 「國民の誕生と'日本人種'」, 『思想』 845, 1994 참조.

(53) N. Poulantzas, 앞의 책, p. 80.

(54) 上里忠勝 발언, 『第47回通常縣會議事錄』, 沖縄縣沖縄史料編集所, 앞의 책, p. 737.

(55) 이 육체적 문제에 관해서는 펭 치아의 주디스 버틀러 비판으로부터 시사를 많이 받았다. Pheng Cheah, "Mattering," *Diacritics* 26-1, 1996 참조. 이 논문을 알려주신 요코타-무라카미(Gerry Yokota-Murakami) 씨에게 감사드린다. 펭 치아가 사용하고 있는 '육체적'(physical)이라는 말 자체는 오해를 불러일으키기 쉬운 만큼 앞으로 검토의 여지가 있을 테지만, 여기서는 일단 이 말을 사용해 둔다. 다만 이름을 부여하는 것보다 그 효과를 고찰하고 서술하는 것이 중요하다고 생각한다.

(56) 이 문제는 이하가 고향을 떠난 이들을 언급하면서 노동력, 노동자라는 말을 사용하기 시작한 것과 함께 논의될 필요가 있을 것이다. 이 점에 관해서는 冨山一郎, 「ユートピアの海」, 春日直樹 編, 『オセアニア·オリエンタリズム』, 世界思想社, 1999 참조.

(57) 冨山一郎, 「帝國から」, 『現代思想』 28-7, 2000 참조.

옮긴이 주

지은이의 말

1) 오문환 옮김, 「종족주의와 원격지 내셔널리즘의 출현」, 『대화』 2, 1994. 7.

1장 전장을 사고하는 것

1) 쓰루미 슌스케(鶴見俊輔): 사상가, 평론가. 1922년생. 하버드 대학 철학과를 졸업했다. 전전 일본의 국제파 자유주의 정치가 쓰루미 유스케(祐輔, 1885~1973)의 장남으로 누이 가즈코(和子, 1918~), 남동생 요시유키(良行, 1926~)와 함께 잡지 『사상의 과학』 및 동 연구회를 주도했다. 국내에 소개된 저서로는 『일본 제국주의 정신사, 1931~1945』(강정중 옮김, 한벗, 1982)와 『전후 일본의 대중문화, 1945~1980』(김문환 옮김, 소화, 1996)이 있다.

2) 히메유리(ひめゆり): 오키나와 전투에 동원되었던 오키나와 현립 제1고등여학교와 현립 사범학교 여자부의 합동 종군간호부대를 가리키는 명칭. 두 학교의 상징이 각각 용녀(龍女, 오토히메[乙姫], 우라시마 타로[浦島太郎] 설화에 등장하는 용궁의 미녀)와 흰 백합(시라유리, 白百合)이었기 때문에 붙여진 명칭이다. 두 학교 동창회지의 이름도 『히메』와 『유리』다. 1945년 3월 말부터 정식 입대한 히메유리 부대는 전투 와중에 비참한 최후를 맞았고, 특히 육군병원 제3외과 동굴에서 미군의 가스탄 공격으로 40명이 몰살당함으로써 오키나와 전투의 비극을 상징하는 존재로 기억되고 있다. 학도병 동원을 규정한 「의용병역법」이 공포된 것은 1945년 6월 말이므로 당시 남자 10개교, 여자 8개교의 2,200여 명의 오키나와 학생들은 아무런 법적 근거도 없이 동원되어 반수 이상 희생된 셈이다. 패전 후 이토만(絲滿) 시 이하라(伊原)의 제3외과 자리에 학생과 교사 194명의 명복을 비는 히메유리의 탑이 세워졌고 평화기념자료관도 건립되었다.

3) 오코우치 가즈오(大河内—男): 사회정책학자. 1905~1984. 이른바 '오코우치 이론'이라 불리는 독자적 이론체계를 수립했다. 사회정책을 분배정책이 아닌 생산정책으로 본 데에 이론적 특징이 있다. 패전 후 도쿄 대학 사회과학연구소에서 일본 노사관계의 실태를 조사했고 일본노동운동사 3부작을 저술하기도 했

다. 1963년 도쿄 대학 총장으로 선출되었다가 1968년 대학분쟁 와중에 사임한 뒤에도 사회보장제도 심의회 회장 등 활발한 사회활동을 했다.

4) 에른스트 윙어(Ernst Jünger): 독일의 소설가. 1895~1998. 제1차 세계대전 당시 야전장교로 참전해 최고훈장을 받기도 한 그는 그 경험을 『강철 폭풍 속에서』(1920)로 작품화했다. 친나치적 경향을 보이던 그는 이후 '전향'하여 나치 권력을 비판하며 일종의 '국내 망명' 상태로 저항을 펼쳤는데, 『대리석 단애(斷崖) 위에』(1939)는 상징적 수법의 반파시즘 문학으로 손꼽히기도 한다. 토마스 만, 헤르만 헤세와 함께, 발군의 언어적 재능을 갖춘 독일 문학의 거장으로 평가받고 있다.

5) 소노 아야코(曾野綾子): 소설가. 1931년생. 소설가 미우라 슈몬(三浦朱門)과 결혼한 직후인 23살 때 「먼 곳에서 온 손님들」로 아쿠다가와(芥川) 상 후보에 올라 주목을 받았다. 수필집 『누구를 위해 사랑하는가』(1970)는 밀리언셀러가 되기도 했다. 가톨릭 신자로 종교적 색채가 짙은 작품이 많으며 대표작은 국내에 대부분 소개되어 있다. 정치적으로 보수파 내셔널리스트인 그녀는 1988년 이에나가 사부로(家永三郎)의 교과서 소송에서 정부측 증인으로 출석해 오키나와 전투에서의 죽음을 오키나와인 "스스로 선택한 장거(壯擧)"라고 주장했다.

6) 요시다 미쓰루(吉田滿): 작가. 1923~1979. 도쿄 대학 법학부 졸업. 학도병으로서 1944년 12월 해군 소위로 임관해 전함 야마토호의 오키나와 돌입작전(1945년 4월)에 종군, 기적적으로 생환한 체험을 『전함 야마토의 최후』, 『우스부치(臼渕) 대위의 경우』 등의 전기문학으로 형상화했다. 생환한 뒤 니혼(日本)은 행에 입사해 아오모리(青森) 지점장 등을 지냈다.

2장 전장 동원

1) 남양흥발(南洋興發): 제1차 세계대전 이후 일본의 위임통치 시기에 사이판에 설립된 미크로네시아 최대의 기업. 핵심산업은 제당업. 제1차 세계대전 후 공황으로 사이판과 테니안의 제당회사 니시무라 척식(西村拓殖)과 남양식산(殖産)이 도산한 뒤 일본 정부의 재정지원을 받아 1921년에 설립되었다. 1930년대에 남양청 세입의 60% 이상을 차지했으며 1942년 남양무역을 합병하여 사원수 5만, 계열사 20개를 거느리는 거대 콘체른으로 팽창, '바다의 만철(滿鐵)'이라고도 불렸다.

2) 유타 사냥: 유타(ユタ)란 오키나와의 민간신앙에서 영적인 능력을 가진 일종의 무당을 가리킨다. 류큐 왕국 시대에 공적인 제사의 주재자인 신녀(神女), 즉 노로 또는 쓰카사와는 구별되는 민간의 무당으로 대부분 여성이다. 유타는 오키나와의 '문명화'를 저해하는 '전근대적'인 존재로 지목되었다. 1913년 나하(那

覇)에서의 화재사건 때 나카치 가마도(仲地カマド) 등의 유타들이 민심을 현혹
시킨다는 이유로 검거되었는데, 나카치가 소송을 제기함으로써 이른바 '유타
재판'이 열린 적도 있다. '유타 사냥'은 그 연장선상에서 아시아태평양전쟁 직전
에 현 경찰 당국이 강행한 금지령을 말한다.

3) 소철(蘇鐵)지옥: 제1차 세계대전 이후 공황시기에 오키나와 경제사회의 황폐화
를 상징하는 용어. 19세기 말 일본으로 강제 편입된 이래 생산기반의 취약성과
과중한 국세 수탈로 만성적 경제난에 빠져 있었던 오키나와는 기간산업인 제당
업이 1920년대 들어 설탕의 국제적 가격폭락으로 인해 붕괴됨으로써 공황상태
에 빠졌다. 특히 농촌 주민들은 식량난 때문에 야생 유독 식물인 소철을 캐먹어
야 했는데 이때 조리를 잘못해서 일가족이 몰살되는 참상이 빚어지기도 했다.

4) 야나기 무네요시(柳宗悅): 사상가, 미술평론가. 1889~1961. 도쿄 대학 문학부
출신으로, 이상주의를 표방한 동인지 『시라카바』(白樺)의 최연소 창립 동인이
었다. '민예'(民藝)라는 용어를 만들고 일본민예관을 설립해 관장으로 취임했으
며 민예운동의 이론과 실천에 힘썼다. 백자의 미를 격찬하고 광화문 철거에 반
대했으며 서울에 조선민족미술관을 건립하기도 했다. 그 오리엔탈리즘적 시선
에도 불구하고 식민지 조선을 이해하려고 한 극소수의 지식인 가운데 한 사람
으로 평가받는다. 『조선과 그 예술』(신구문화사, 1994), 『조선을 생각한다』(학
고재, 1996) 등이 소개되어 있다.

5) 시미즈 이쿠타로(淸水幾太郞): 언론인, 사회학자. 1907~1988. 요미우리 신문 논
설위원을 거쳐 가쿠슈인(學習院) 대학 교수를 역임했다. 일본 사회학계의 장로
격인 인물로서 후기에는 '일본적인 것'에 천착하는 내셔널리즘으로 기울었다.
『유언비어의 사회학』(이효성 옮김, 청람문화사, 1977)이 소개되어 있다.

6) 남양군도를 점령한 일본은 임시 방어부대를 두고 군정을 시행하다가 1920년
위임통치령으로 접수한 뒤 식민지 행정기구로서 남양청을 설치하고 민정으로
이양했다. 코로르 섬의 본청(本廳) 산하에 사이판, 팔라우, 야프, 트럭, 포나페,
얄루트의 6개 지청(支廳)을 두었다. 남양청 장관은 칙임관(勅任官)으로 내각 총
리대신의 감독을 받았으나 1929년에 척무성(拓務省), 1942년에 대동아성(大東
亞省)으로 이관되었다.

7) 시가 시게타카(志賀重昻): 지리학자, 평론가. 1863~1927. 홋카이도(北海道) 대
학의 전신인 삿포로(札幌) 농업학교를 졸업하고 해군 연습함에 승선해 태평양
을 시찰한 뒤 저술한 책이 『남양시사』(1887)다. 미야케 세쓰레이(三宅雪嶺) 등
과 문화단체 세이쿄샤(政敎社)를 결성, 메이지 정부의 서구화 정책을 비판하며
'국수보존'(國粹保存)을 주장했고 『일본풍경론』(1894)이라는 베스트셀러를 남
겼다.

8) 다구치 우키치(田口卯吉): 경제학자. 1855~1905. 대장성(大藏省) 번역국과 지폐료(紙幣寮)에서 근무하다 1879년『도쿄경제잡지』를 창간했다. 자유주의 경제론의 입장에서 메이지 정부의 보호무역론을 비판했으며, 역사에 조예가 깊어『일본개화소사(小史)』(1877)와『국사대계』(1901) 등을 저술하기도 했다.

9) 남양척식(南洋拓殖): 전략물자 생산에 필요한 남양군도의 자원을 개발하기 위해 설립된 국책회사. 본점은 코로르에 두었고, 앙가우르, 파이스 등지의 인광 채굴, 팔라우, 포나페 등지의 농장과 수산업을 직영하면서 남양흥발과 함께 남양청의 재정을 뒷받침했다.

10) 이마니시 긴지(今西錦司): 인류학자. 1902~1992. 이른바 교토(京都) 학파의 대표적 인물로 영장류 연구의 독보적인 존재. 그의 학술조사는 포나페(1941), 대흥안령(42), 몽골(44), 카라코룸(55), 아프리카(58) 등지로 이어졌다.

11) 우메사오 다다오(梅棹忠夫): 민족학자. 1920년생. 교토 대학 이마니시 팀에 참가, 몽골 등 유목민을 중심으로 한 현지조사에 기초해 '문명의 생태사관'이라는 비교문명론을 제창했다. 일본 국립 민족학 박물관 초대 관장.

12) 모험왕 단키치(冒險ダン吉): 만화가 시마다 게이조(島田啓三, 1900~1973)가 잡지『소년구락부』(少年倶樂部)에 연재한(1933~1939) 인기 만화. 배를 타고 낚시를 하다 잠든 사이에 열대의 '야만인' 섬으로 표류하게 된 소년 단키치가 영리한 생쥐 가리(カリ公)의 도움으로 섬의 왕이 된다는 내용의 소년 모험 만화.『모험왕 단키치』를 비롯한 일본의 '남양 문학'에 대해서는 윤상인, 「메이지 시대 일본의 해양 모험소설의 수용과 변용: 〈야만적 타자〉의 발견과 제국주의 이데올로기의 확산」,『비교문학』25(2000) 참조.

13) 야나이하라 다다오(矢內原忠雄): 경제학자. 1893~1961. 도쿄 대학을 졸업하고 1920년부터 경제학부 교수로 재직했다. 일본 무교회파의 거두 우치무라 간조(內村鑑三) 문하의 그리스도 교도이기도 했던 그는, 도쿄 대학의 식민정책학 강좌를 담당하면서『식민과 식민정책』,『제국주의하의 타이완』,『제국주의하의 인도』,『만주 문제』,『남양군도의 연구』등 실증적 연구성과를 발표했다. 1937년 군부의 정책을 비판했다는 이유로 사직을 강요당해 전도생활에 주력하다가, 1945년 도쿄 대학으로 복귀해 사회과학연구소를 창립하고 초대소장을 지냈으며 1951년에는 도쿄 대학 총장이 되었다.

14)『사회정책시보』: 쌀소동 이후 노동운동의 고양에 대응하여 조직된 노사협조단체 '교초카이'(協調會, 1919~1946)의 기관지. 교초카이는 재단법인이지만 실질적으로는 내무성(나중에는 후생성) 관할하의 반관반민 조직이었다. 1920년 9월 창간되어 1946년 7월까지 발간된 잡지로서 전전 시기 일본의 사회행정을 파악하는 데 불가결한 자료다.

15) 태평양협회: 1938년에 설립된 조사연구기관. 동아연구소, 남양협회, 민족연구
소 등과 함께 일본 국내에서 태평양 지역에 관한 서구 문헌의 번역과 논문집
간행을 주도했다. 강좌파(講座派) 마르크스주의자에서 전향한 히라노 요시타
로(平野義太郎)가 조사국 국장과 민족부 부장을 겸임했다.

16) 기요노 겐지(淸野謙次): 병리학자, 인류학자. 1885~1955. 일본 각지의 조개무
덤에서 발굴한 인골을 통계적으로 분석해 일본원인(原人)설을 주장했다. 히라
노 요시타로와 함께 태평양협회의 조사활동을 주도했다.

17) 후쿠치 히로아키(福地曠昭): 오키나와 출신의 노동운동가, 교육자. 1931년생.
1968년 류큐 정부 최초의 공선 행정주석 야라 초뵤(屋良朝苗, 1902~1997)
현정부를 탄생시킨 조직가로 유명하다. 조국복귀협의회 간부로 복귀운동을
주도했고 이후로는 교육운동과 평화운동을 벌였다. 저서로『오키나와 여공애
사(女工哀史)』가 있다.

18) '균질적이고 공허한 시간': 발터 벤야민(Walter Benjamin), 반성완 편역,『발
터 벤야민의 문예이론』, 민음사, 1983, 346~47쪽 참조.

19) 야스다 다케시(安田武): 평론가. 1922~1986. 1943년 조치(上智) 대학 재학 중
학도병으로 참전, 1947년에 북한에서 귀환했다. 1953년 학도 출진(出陣) 10
주년을 맞아 아사히 신문의 독자 투고란('聲')에 기고한 「학도 부전(不戰)의
서약」으로 사회적 반향을 불러일으키며 전중파 세대의 대표적 논객으로 활동
했다.

20) 하시카와 분조(橋川文三): 정치학자. 1922~1983. 도쿄 대학 정치학과 졸업. 전
공은 일본정치사상사. 처녀작『일본 낭만파 비판서설』(1960)로 유명하며, 전
쟁 체험의 의미를 탐색하는 작업에 몰두했다.

3장 전장의 기억

1) 쥘 미슐레(Jules Michelet): 프랑스의 역사가. 1798~1874. 프랑스 혁명의 격동
기에 고학으로 문학박사 학위를 받고 파리대학과 콜레주 드 프랑스 교수를 역
임했다. 나폴레옹 3세의 쿠데타 때 파리에서 추방되었다. 주요 저작으로『프랑
스사(중세)』,『프랑스 혁명사』,『19세기사』등이 있으며, 반동세력에 저항한 민
중적 입장의 진보적 역사가로 평가받는다. 전기호 옮김,『민중』, 율성사, 1979
참조.

2) 시모타 세이지(霜多正次): 오키나와 출신의 소설가. 1913년생. 도쿄 대학 영문과
졸업. 1940년부터 징병되어 귀국한 뒤 신일본문학회에서 문학활동을 시작했
다. 1956~1957년에『신일본문학』에 연재한 장편소설 「오키나와 섬」은 사실적
수법으로 미 군정하의 오키나와를 묘사하여 마이니치 출판문화상을 받았다.

3) 요시다 쓰카사(吉田司): 논픽션 작가. 1945년생. 와세다 대학 중퇴. 대학 재학중 오가와(小川〔紳介 신스케〕) 프로덕션 창립에 관여하고 나리타 공항 반대투쟁을 담은 다큐멘터리 「산리즈카(三里塚)의 여름」(1968)의 제작에도 참여했다. 1970년부터 미나마타(水俣)로 이주하여 일본 공해 문제의 원점인 미나마타병 환자들과 생활하면서 그 일상을 기록해 『밑바닥 투쟁기』(下下戰記)로 발표, 오야 소이치(大宅壯一) 논픽션상을 수상했다(1988). 『히메유리 추신쿠라』(1993) 는 전후 일본사회의 '반전평화' 신화 속에 우상화된 히메유리 이야기를 해체한 논픽션으로서 취재원의 삭제 요구로 두 차례의 개정을 거치기도 했다.

4) 지바나 쇼이치(知花昌一): 오키나와 출신의 반전평화운동가. 1948년생. 류큐 대학 자치회장으로 대학 존속 투쟁과 복귀운동을 주도했다. 졸업 후 가데나(嘉手納) 공군기지가 있는 고향 요미탄촌(讀谷村)에서 슈퍼마켓을 경영하며 촌 상공회의 진흥운동과 반전평화운동에서 주도적인 역할을 했다. 1980년대 들어 촌내 지비치리 가마의 이른바 '집단자결' 조사에 주력했고, 오키나와에서 전국체전이 열린 1987년 촌내 소프트볼 경기장에 게양된 히노마루(일장기)를 소각한 사건으로 유명하다. 노마 필드 지음, 박이엽 옮김, 『죽어가는 천황의 나라에서』 (창작과비평사, 1995) 참조.

4장 기억의 정치학

1) 다이쿠 데쓰히로(大工哲弘): 오키나와 출신의 민요 가수. 1948년생. 특히 야에야마 민요의 제일인자다. 다른 음악 장르와 함께 공연하는 등 적극적인 활동을 펴면서 오키나와 뮤지션들의 옴니버스 앨범을 제작하기도 했다.

2) 오키나와의 선구적 언론인이자 정치가인 오타 조후(太田朝敷, 1865~1938)가 일본으로의 철저한 동화를 주장하면서 한 말. 그는 류큐 신보 사장과 슈리 시장을 역임하며 오키나와의 '문명개화'를 적극적으로 추진하여 '오키나와의 후쿠자와 유키치(福澤諭吉)'라고도 불렸다.

3) 오키나와를 군사기지로 만들기 위해 미국은 오키나와와 일본 '본토' 사이의 역사적 관계를 정책적으로 이용했다. 이미 오키나와 전투 이전에 작성된 미군의 『민사(民事) 핸드북』은 '오키나와인'의 피차별의식을 정치적으로 활용할 것을 명시한 바 있다. 1946년 오키나와 점령 통치가 해군에서 육군으로 이관되면서 종래의 Okinawa Base Command를 Ryukyu Command로 변경한 것은 '비(非)일본화'의 상징적 조치였다. 점령군 사령관 맥아더는 1947년 기자회견에서 "류큐는 우리의 자연 국경이다. 오키나와인이 일본인이 아닌 이상, 미국의 오키나와 점령에 대해 일본인이 반대하는 일은 없을 것"이라고 발언하기도 했다. 점령 초기에 미군은 오키나와의 '전통문화'를 '보호·진흥'하는 정책을 추진했는

데, 그것은 오키나와와 일본이 문화적으로 이질적임을 강조하여 오키나와 분리를 정당화하는 동시에 자신이 일본에 의해 파괴당해 온 오키나와 문화의 수호자임을 과시하기 위해서였다.

5장 폭력의 서술: 프란츠 파농

1) '비상사태': 벤야민은 「역사철학 테제 8」에서 이렇게 말했다. "억눌린 자들의 전통이 우리들에게 가르치고 있는 교훈은, 우리들이 오늘날 그 속에서 살고 있는 '비상사태'라는 것이 예외가 아니라 상례라는 점이다. 우리는 이런 인식에 상응하는 역사의 개념에 도달하지 않으면 안된다. 그렇게 되면 진정한 비상사태를 도래시키는 것이 우리의 임무라는 사실이 명약관화해질 것이고, 또 이를 통해 파시즘에 대한 투쟁에서 우리가 갖는 입장도 개선될 것이다." 반성완 편역, 『발터 벤야민의 문예이론』, 민음사, 1983, 347쪽.

2) 에메 세제르(Aimé Césaire): 아프리카의 시인, 극작가. 프랑스에서 교육받고 레오폴드 셍고르(Leopold Senghor)와 함께 네그리튀드 운동을 주도했다. 대표작은 『귀향수첩』, 『목 잘린 태양』, 『콩고에서의 한 철』 등.

3) 에두아르 글리상(Édouard Glissant): 시인이자 소설가. 1928년생. 식민지인의 정신적 각성에 주안점을 둔 서사시적 작품들을 남겼다. 대표작으로 소설 『균열』(La Lézarde, 1958)과 희곡 『투셍 씨』(Monsieur Toussaint, 1961) 등이 있다.

4) 윌리엄 두보이스(William E. B. Du Bois): 미국 흑인운동의 지도자. 1868~1963. 하버드 대학 졸업 후 펜실베이니아 대학 등에서 교편을 잡았다. 1900년 범아프리카 회의에서 "20세기의 문제는 피부색의 경계선(color line) 문제"라고 부르짖은 그는, 평론집 『흑인의 혼』(The Souls of Black Folk, McClurg, 1903)을 통해 당시 흑인운동 주류의 지도자 부커 워싱턴(6장 옮긴이 주 2) 참조)을 타협주의자라고 비판하면서 지도자 육성과 흑인의 주체성을 강조하는 강경노선을 취했다. 1909년 전미(全美)흑인지위향상협회(NAACP) 창설에 참여하여 기관지 『위기』(Crisis)의 편집장을 맡았다. 말년에 공산당에 입당하기도 한 그는 결국 미국 시민권을 버리고 아프리카로 이주하여, 가나에서 사망했다.

5) 시릴 제임스(Cyril L. R. James): 트리니다드 토바고 출신의 마르크스주의 사상가. 1901~1989. 코민테른에 실망한 뒤 범아프리카주의에 입각해 해방운동을 전개했다. 전통 풍자가요 칼립소 등 카리브 민중문화의 소개에 힘쓰는 한편, 정체성의 골격을 '흑인성'에서 '앤틸리스성'이나 '크리올성'으로 전환시키려 했다. 주저 『흑인 자코뱅 당원』은 아이티 혁명(1791~1804)에 관한 것이다.

6) '저강도 분쟁'(Low intensive conflict): 폴 마틴 외, 임재경 옮김, 『저강도 전쟁: 미

국의 새로운 제3세계 전략』, 민중사, 1987.

7) 오이디푸스 개념이 들어설 수 없는 한계영역: 파농은『검은 피부, 하얀 가면』에서 "우리는 마르티니크에 동성애가 분명히 존재한다는 것을 확인하지 못했다. 그 것은 앤틸리스에는 오이디푸스가 없다는 데에서 나온 결과로 보아야 한다"고 하여 오이디푸스 콤플렉스를 부정했다. 식민지에서는 식민지 지배자가 아버지 로 군림하기 때문이라는 분석이었다.

8) 멜루자 사건: 알제리 민족당 무장세력간의 심각한 내분이 있은 뒤, 알제리의 멜 루자 지역에 위치한 베니 일레만 마을에서 FLN 군사지도자 아미루슈의 명령으 로 자행된 학살이다. 이 마을은 반대파인 벨루니스를 추종하는 세력의 근거지 중 하나였다. 벨루니스는 이 사건 이후 프랑스로 투항했다. 당시 FLN 대변인이 었던 파농은 학살 장본인이 왜곡한 정보를 가지고 이 학살이 프랑스군의 소행 이라고 발표했다.

9) 람단 아반 암살사건: 1957년 12월에 살해된 람단 아반은 알제리 인민당에 가입 해 군사조직 OS에 관여했다는 이유로 5년간 복역을 한 뒤 출감 직후 FLN에 합 류했던 파농의 절친한 친구였다. 업무수행차 모로코로 간 아반을 지도부의 일 원인 부수프 등이 후미진 농장에서 살해했고, 기관지『엘 무자히드』에 그의 죽 음을 '전사'라고 공식 발표했다.

6장 '류큐인'이라는 주체: 이하 후유

1) 시마즈(島津)의 압정(壓政): 류큐 왕국은 도쿠가와 막부 수립 직후인 1609년에 사쓰마(薩摩) 번의 군사 침공을 받아 막번체제(幕藩體制)로 편입된다. 시마즈 는 당시 3천 명의 군사력을 파견했던 사쓰마 번의 번주(藩主)를 가리킨다. 사쓰 마 번은 막부로부터 아마미 제도(奄美諸島)를 직할령으로 할양받고 류큐에 대 한 인사권·무역권 등의 지배권을 부여받았다.

2) 부커 워싱턴(Booker T. Washington): 미국의 흑인운동 지도자. 1856~1915. 흑 인들에게 정치적 평등이나 공민권 획득은 일단 접어두고 실제적으로 유용한 인 재로서 백인 주류사회에 받아들여질 수 있는 것이 중요하다고 주장하여, 인종 격리를 인정할 정도로 백인사회에 친화적인 인종협조주의를 표방했다. 자신이 1881년에 교장으로 선출된 앨러배머의 터스키기 초등학교를 미국 흑인교육의 메카로 만들기도 했으며(현재는 4년제 대학), 1900년에는 전미 흑인상업연맹 (NNBL)을 창설해 기술·근면·기업정신을 강조했다. 두보이스 등에 의해 타협 적이라고 비판받기도 했다.

3) 공동회(公同會) 운동: 청일전쟁에서 청국이 패하여 청국의 힘을 빌린 류큐 왕국 부활이 불가능해진 상황에서 류큐의 구 사족 7만여 명(이 숫자는 당시 오키나와

의 성인남자 전체에 육박함)의 서명으로 특별제도를 시행하라고 중앙정부에 청원한 운동. 내용은 류큐 처분시 도쿄로 끌려간 류큐 왕국의 마지막 왕 쇼타이(尚泰)를 현지사로 앉히고 의회를 설치해 아일랜드처럼 본토와는 별개의 특별제도를 시행하자는 것이었다. 청원취지서에는 류큐왕을 필두로 '순수한 제국신민'이 되리라고 표방했지만, 실제로는 류큐왕을 옹립해 류큐의 자치를 지향한 일종의 자치권 획득운동이었다.

4) 하라 다카시(原敬): 정치가. 1856~1921. 1892년부터 외상 무쓰 무네미쓰(陸奧宗光) 휘하에서 통상국장 등을 역임하다 무쓰 사후인 1897년 오사카 마이니치신문사 사장이 되었다. 1900년 이토 히로부미(伊藤博文)의 입헌정우회 창당에 참여한 이후 탁월한 정치수완을 보여 1918년 쌀 소동 직후 수상에 취임하여, 최초의 '평민 재상'이 되었다. 3·1운동 탄압, 사회운동 억압 등 대내외적 강경정책을 추진하다가 암살당했다.

5) 제일고등학교(第一高等學校): 메이지 시기에 설립된 3년제 관립 고등학교 중 가장 유명했던 도쿄(東京) 소재의 학교. 번호를 붙여 호칭했기 때문에 '넘버 스쿨'이라고도 불린 이 엘리트 양성 학교들 가운데 8개교가 유명했다. 제1(도쿄), 제2(센다이), 제3(교토), 제4(가나자와), 제5(구마모토), 제6(오카야마), 제7(가고시마), 제8(나고야) 고등학교가 그것이다. 나중에 도쿄 대학 교양부가 되었다.

6) 마쓰다 미치유키(松田道之): 메이지 초기의 내무성 관료. 1839~1882. 1875년 메이지 정부의 실세 오쿠보 도시미치(大久保利通)에 의해 내무 대승(大丞)직에 발탁되어 '류큐 처분'을 담당하게 된다. 발탁 직후인 1875년 7월 2개월간 류큐번을 방문해 메이지 정부의 제안을 전달하면서 담판을 벌였으나 설득하는 데 실패했다. 그 내용은 대외적으로 청국에 조공하는 것을 중단하고 청국 소재 류큐 공관을 철수할 것, 중국 역(曆) 대신 메이지 원호(元號)를 사용할 것, 일본군의 주둔을 승인할 것과, 대내적으로 종래의 형법 대신 일본 형법을 시행할 것, 내정개혁에 착수할 것, 문명화를 위해 도쿄로 유학생을 파견할 것, 그리고 천황에 대한 '사은'(謝恩)의 표시로 번왕(藩王)을 '상경'시킬 것 등이었다. 사법성의 프랑스인 고문 부아소나드(G. E. Boissonade)의 의견이 반영된 이 제안은 결국 류큐 측에게 종래의 지배체제를 포기하라고 요구한 것이었던 만큼 납득시킬수 없었던 것도 당연하다. 1879년 1월 재차 류큐로 가서 명령을 따르지 않을경우 '그에 상당하는 처분'이 있을 것이라고 협박했지만 이 역시 먹혀들지 않았다. '류큐 처분'(1879년 3~6월)은 이 두 차례의 협박이 있고 난 뒤 군대와 무장경찰을 앞세우고 이루어진 것이다. 마쓰다는 '류큐 처분'을 성사시킨 공로로 훈3등 서훈(敍勳)을 받고 같은 해 12월 도쿄부(府) 지사로 임명되었다가 재임 중

병사했다.

7) 구메촌(久米村): 류큐어로 '구닌다'라고 부르는 나하 시 소재의 지명. '구메 36성 (姓)'이라고 하여 류큐 왕국의 대(對) 중국 무역 초기에 오키나와로 이주해 온 중국인들의 집단 거주지가 형성된 곳이다. 사쓰마 번은 쇄국제하에서 중국과의 교역을 강화하기 위해 구메촌 활성화정책을 취했으나, 메이지 유신 이후 그 필 요성이 없어지자 구메촌의 위상은 격하되었다. '류큐 처분' 이후로는 청국으로 탈출하여 류큐를 일본으로부터 구원해 달라고 탄원서를 제출한 이른바 '탈청 인'(脫淸人)의 거점이기도 했다. 분도(分島) 안에 저항하여 자결한 린세이코(林 世功)도 구메촌 출신이다.

8) 1895년 10월부터 이듬해 3월까지 전개된 오키나와 심상중학교 파업을 가리킨 다. 본토 출신의 오키나와 차별론자인 고마다 교장은 1894년 "「국어」(=일본 어) 습득조차 힘든 학생들의 부담을 줄여 준다"는 명목 아래 정규 수업과목인 영어를 폐지하려 하여 학생들의 반감을 샀다. 교감 시모구니 료노스케(下國良 之助)의 설득에 의해 선택과목으로 남게 되지만, 이듬해 10월 학생들의 존경을 받던 시모구니 교감과 국어 교사 다지마 리사부로(田島利三郎)가 사직명령을 받자 반감이 폭발하여 동맹파업으로 발전했다. 이하 후유는 간나 겐와(漢那憲 和) 등 4명과 함께, 고등학교 무시험 입학의 특전을 거부하고 퇴학원까지 제출 하며 파업을 주도, 언론에 선언서를 발표하고 유세단을 조직해 여론의 지지를 획득함으로써, 고마다 교장의 해임을 이끌어냈다. 파업 종료 후 고마다는 타이 완 총독부로 전출되고 이하 등 주도 학생들은 복학되었다.

9) 도리이 류조(鳥居龍藏): 인류학자. 1870~1953. 소학교 중퇴 후 갓 창립된 도쿄 인류학회에 가입, 패총 조사 등에서 두각을 나타냈다. 일본 인류학의 개척자 쓰 보이 쇼고로(坪井正五郎, 1863~1913)에게 사사받고 1922년 도쿄 대학 교수 로 취임한 뒤 제국 일본의 팽창에 발맞추어 랴오둥 반도(1895), 타이완(1896 ~1900), 치시마(1899), 중국 서남부(1902), 만주(1905~1940), 조선(1911 ~16), 몽골(1906~1929), 시베리아(1921~1928) 등지를 답사, 방대한 보고 서를 남겨 일본 인류학의 대표적 인물로 알려졌다. 12권으로 된 『전집』이 있다.

10) 생번(生蕃): 타이완 선주민을 가리키는 말. 청나라는 타이완 선주민을 번(番) 이라 통칭했고 청조의 통치하에 있는 번을 숙번(熟番), 통치를 받지 않는 번을 생번(生蕃)으로 구별했다. 일제하에서 번(番)자는 '번'(蕃)자로 바뀌었지만 숙 번, 생번이라는 호칭 자체는 답습되었다. 1935년부터 타이완총독부는 공식문 서상으로 숙번을 '평포족'(平埔族), 생번을 '고사족'(高砂族)으로 표기하기로 결정했고, 이는 '고사족'이 '고산족'(高山族)으로 바뀌어 국민당 정권으로 이어 졌다. 평포족은 Ketangalan, Basai, Kavalan, Taokas, Papora, Babuza,

Pazeh, Thao, Hoanya, Siraya의 10개 민족집단(ethnic group), 고산족은 Atayal, Saisiyat, Banun, Tsou, Rukai, Paiwan, Puyuma, Ami, Yami의 9개 민족집단으로 분류된다. 최근 선주민들 스스로 '타이완 원주민족'이란 용어를 쓰기 시작했고 1994년부터 중화민국 헌법에는 '타이완 원주민'이라는 용어가 사용되고 있다.

11) 히라노 요시타로(平野義太郎): 마르크스주의 법학자. 1897~1980. 도쿄 대학 법학부 교수로서 치안유지법 반대투쟁에 참가했으나 1930년 '공산당 동조자' 사건으로 기소되어 파면된 후 노로 에이타로(野呂榮太郎) 등과 함께『일본 자본주의 발달사 강좌』를 공동 편집했다. 대표작『일본 자본주의사회의 기구(機構)』는 야마다 모리타로(山田盛太郎)의『일본 자본주의 분석』과 함께 '강좌파'의 바이블처럼 읽혔다. 1936년 '콤 아카데미' 사건 조작 등 계속되는 사상 탄압 아래서 국책기관인 태평양협회에 참가하여 대동아공영권론의 이데올로그로 '전향'했다.

12) 小熊英二,『〈日本人〉の境界』, 新曜社, 1998, 303쪽. 르봉에 관해서는 세르주 모스코비치, 이상률 옮김,『군중의 시대』(문예출판사, 1996)를 참조하라.

13) 히가시온나 간준(東恩納寬惇): 오키나와 출신의 역사가. 1882~1963. 도쿄 대학 사학과 졸업후 교사로 활동했고 대표작은『大日本地名辭書』의 류큐편 (1909)이다. 1933년 동남아시아와 인도를 방문한 뒤 아시아적 시야에서 오키나와학을 조망하기 시작했다. 이하 후유, 마지키나 안코(眞境名安興, 1875~1933)와 함께 '오키나와학의 트로이카[고산케(御三家)]'라고 불린다. 11권으로 된『전집』이 있다.

14) 히로쓰 가즈오(廣津和郞): 도쿄 출신의 소설가, 평론가. 1891~1968. 메이지 시기의 소설가 히로쓰 류로(廣津柳浪)의 차남. 와세다 대학 영문과 재학 중 동인지『기적』(奇蹟)을 창간했고, 체홉·톨스토이 등의 러시아 문학을 번역했다. 짧은 신문기자 체험을 바탕으로 한 소설『신경병 시대』(1918)로 데뷔, 평론집『작가의 감상』(1920)으로 평론가의 반열에 올랐다. 1920년대 중반 이후 작가를 둘러싼 시대의 동향에 민감하게 반응했는데, 특히 미군정하 국철(國鐵)의 노사대립 과정에서 발생한 의문의 열차 전복 사고인 '마쓰카와(松川) 사건' (1949) 때, 국철 노조 및 공산당의 계획적 범죄라는 검찰측 판결을 비판하며 피고 지원활동을 주도한 것으로 유명하다.('마쓰카와 재판,' 1954~1958)

「방황하는 류큐인」(さまよえる琉球人)은 히로쓰가 1926년『중앙공론』(中央公論)에 발표한 단편소설로서, 자기 하숙방에 드나드는 두 명의 '류큐인' 청년에게 사기·횡령을 당하는 주인공('나')의 양의적 반응(불쾌하면서도, 느슨한 자기 생활에 활력을 모색하게 만드는)을 그려내고 있다. 이 소설과 비슷한 경우로, 구시 후사코(久志富佐子)의 「쇠락하는 류큐 여자의 수기」(滅びゆく琉球女の 手記)가 있다. 1932년『여성공론』(婦人公論)에 발표된 구시의 소설은, 첩(妾) 인 주인공이 기업가로 출세한 숙부가 자기 출신을 숨기는 것을 보고 측은하게 느끼는 내용을 담고 있다. 히로쓰와 구시의 소설은 오키나와 현지의 청년동맹 과 도쿄 오키나와 현 학생회로부터 항의를 받아 필화사건에 휘말리기도 했다. 히로쓰의 소설제목은 리하르트 바그너의 오페라 「방황하는 네덜란드인」(Der fliegende Holländer)을 연상케 한다.

7장 폭력의 예감

1) 가리오아 기금: 에로아(EROA) 기금(Economic Rehabilitation in Occupied Areas Fund, 점령지 경제부흥기금)과 함께 가리오아·에로아 기금으로 통칭된 다. 제2차 세계대전 후 미국이 점령지에 제공한 기금으로서, 가리오아는 주로 질병과 기아를 막아 사회불안을 없앰으로써 점령지 행정을 원활하게 할 목적으 로 1947~1950년도 미국 정부 예산에서 지출되었다. 한편 에로아는 단순한 구 제가 아니라 경제 부흥과 강화를 목적으로 1949~1950년도 미국 정부 회계에 서 두 차례, 일본과 한국에게만 지출되었다.

2) 환유적(換喩的) 표현: 레토릭상으로 환유는 실제적인 인접성에, 제유는 개념적 대소관계에 의거한다. 전자가 민중의 실감을 반영하는 수평적 사고라면, 후자 는 부분과 전체(예컨대 개인과 국가·민족)의 관계를 들쑤시우는 수직적 사고다. 예 를 들어, 일장기를 환유로 사고하면 지바나 쇼이치가 나오지만, 제유로 사고하 면 (국기·국가법)이 나오는 것이다. 여기서 저자는 오키나와라는 장(arena)을 환유와 제유의 투쟁으로 고찰하고 있다.

3) 오토포이에시스(autopoiesis, 자기생산): 원래 생물학자 마투라나와 발레라가 생명 시스템의 특징으로 이론화한 개념. 루만의 사회시스템론에도 적용되고 있 다. 위르겐 하버마스와 쌍벽을 이루는 독일의 사회학자 루만(1927~1998)에 관해서는 발터 리제 쉐퍼, 이남복 옮김, 『니클라스 루만의 사회사상』, 백의, 2002 참조.

4) 데리다와 코넬의 법 이해에 관해서는 김정오, 「법에 있어서의 포스트모더니즘」, 『법학연구』6, 연세대학교, 1996 참조.

지은이 논저목록

1. 저서
1990 『近代日本社會と「沖繩人」』, 日本經濟評論社.

2. 논문
1985 「戰前期沖繩における農村勞働力流出の分析」, 『農業經濟研究』56卷4號, 日本農業經濟學會.
1985 「〈沖繩差別〉と〈同鄕人的結合〉」, 『ソシオロジ』30卷2號, 社會學研究會.
1986 「『團體主義』について」, 『農業史研究會會報』現在名『農業史研究』19號, 農業史研究會.
1986 「『沖繩人』形成の一試論」, 『自然學研究』1號, 自然學研究會.
1987 「戰間期農業問題研究の成果と課題」, 『農業史研究會會報』現在名『農業史研究』20號, 農業史研究會.
1987 「戰前期沖繩出稼民の結社と『沖繩差別』」, 『歷史學研究』570號, 歷史學研究會.
1988 「戰後民主主義は虛妄か」, 『京都大學新聞』2000號, 京都大學新聞社.
1988 「沖繩近代經濟史と日本資本主義」, 『新しい歷史學のために』194號, 京都民科.
1989 「同鄕人團體の政治行動」, 『社會科學』43號, 同志社大學人文科學研究所.
1989 「戰前期における地域間勞働力移動と兼業化の構造」, 『農業史研究』22號, 農業史研究會.
1989 「1920年代における勞働市場の重層化と勞働力流出構造」, 三好正喜 編著 『近畿型農業と農民運動』, 校倉書房.
1990 「勞働の規律と『傳統的』なるもの」, 『新しい歷史學のために』198號, 京都民科.
1990 「大河內理論における存在論的『勞働力』概念について」, 荒木幹雄 編 『小農の史的分析』, 富民協會.
1990 新聞連載「沖繩差別とプロレタリア化(1-9)」, 『琉球新報』.
1991 「書評 長原豊『天皇制國家と農民』」, 『日本史研究』346號, 日本史研究會.
1991 「戰爭動員」, 『脈』44號, 脈發行所·那覇.
1992 「書評 彦坂諦『男性神話』」, 『平和研究』17號, 日本平和學會.
1992 「『日本人』になる」, 『解放社會學會』6號, 日本解放社會學會.
1992 「戰爭動員と戰場體驗」, 『日本史研究』355號, 日本史研究會.
1992 「沖繩差別とプロレタリア化」, 『新琉球史 近代·現代編』, 琉球新報社.

1993 「忘却の共同體と戦場の記憶」, 『寄せ場』6號, 日本寄せ場學會.

1993 「ミクロネシアの『日本人』」, 『歴史評論』513號, 校倉書房.

1993 「『皇民化』と移民」, 『新視點 日本の歴史 3巻』, 新人物往來社.

1994 「歌うこと 記憶すること 想起すること『OKINAWA JINTA』」, 『インパクション』89號, インパクト出版會.

1994 「國民の誕生と『日本人種』」, 『思想』No. 845, 岩波書店.

1994 「記憶の政治學」, 『aala』95號, 日本アジア・アフリカ作家會議.

1994 鼎談(松澤哲成・池田浩士・丹羽弘一)「『大東亞共榮圈』下における日本の勞働政策」, 『寄せ場』7號, 日本寄せ場學會.

1994 鼎談(鵜飼哲・崎山政毅)「沈默を語ることにむけて」, 『aala』97號, 日本アジア・アフリカ作家會議.

1994 鼎談(灘本昌久・朴一)「『差別』との向き合い方」, 『インパクション』86號, インパクト出版會.

1995 「戦場の記憶」, 『現代思想』vol. 23-02, 青土社.

1996 "Colonialism and the Sciences of the Tropical Zone," *positions*, 3-1, Duke University Press.

1996 「ナショナリズム・モダニズム・コロニアリズム」, 伊豫谷登士翁, 杉原達 編 『日本社會と移民』(講座 外國人定住問題 第1巻), 明石書店.

1996 「レイシズムとレイプ」, 『インパクション』No. 95, インパクト出版會.

1996 「對抗と遡行―フランツ・ファノンをめぐって」, 『思想』No. 866, 岩波書店.

1996 「島の闘爭」, 『STUDIO VOICE』Vol. 249.

1996 「『沖縄人』の生成」, 『圖書新聞』2312號.

1996 「書評 キム・チョンミ『故郷の世界史』」, 『インパクション』99號.

1996 「熱帯科學と植民地主義」, 伊豫谷登士翁, サカイナオキ, ブレッド・ド・バリー 編 『ナショナリティーの脱構築』, 柏書房.

1996 鼎談「ポストコロニアルの思想とは何か」(柄谷行人, 酒井直樹, チョン・ヨンヘ 等と), 『批評空間』2巻11號.

1996 鼎談(チョン・ヨンヘ・アリ・ラタンシー)「ポスト植民地時代のアイデンテイティ」, 『世界』624號.

1996 「測定という技法―人種から國民へ」, 『江戸の思想』4號, ぺりかん社.

1996 「暴動の系譜」, 『インパクション』99號.

1996 「暴力論再考」, 『月刊 フォーラム』.

1997 "Colonialism and the Sciences of the Tropical Zone," Tani E. Barlow(ed.) *Formations of Colonial Modernity in East Asia*, Duke University Press.

1997 『「開發」とオリエンタリズム』(共著), 文部省科學研究費補助金「重點領域研究」「總合的地域研究」成果報告シリーズ No. 28.

1997 「臺北, 8月 15日」, 『朝日新聞』.

1997 「動員される身體―暴力と快樂」, 小岸昭・池田浩士・鵜飼哲・和田忠彦 編

『ファシズムの想像力』, 人文書院.

1997 「'琉球人'という主體―伊波普猷における暴力の豫感」, 『思想』No. 878, 岩波書店.

1997 「發話にかかわる倫理的問題」, 『讀書人』2200號.

1997 「殺されたのは誰なのか」, 『讀書人』2209號.

1997 「生きる場から言葉をつむぐ」, 『讀書人』2216號.

1997 「生き續けるものとして」, 『讀書人』2192號.

1997 「書評 小熊英二『單一民族神話の起源』」, 『日本史研究』413號.

1997 「書評 新原道信『ホモ・モーベンス』」, 『圖書新聞』2349號.

1997 「書評 栗本英世『民族紛爭を生きる人々』」, 『ソシオロジ』41卷3號.

1997 「西表のお化け」, 『朝日新聞』.

1997 「殖民主義與熱帶科學」, 『臺灣社會研究』二八期(臺灣, 臺北).

1997 「新たな共同性に向けて」, 『讀書人』2213號.

1997 「永山則夫と死刑問題」, 『讀書人』2205號.

1997 「二つの沈默」, 『朝日新聞』.

1997 鼎談 (加納實紀代・宮城晴美)「沖繩の力―文化とジェンダーの間」, 『インパクション』103號.

1997 鼎談 (新崎盛暉 天野惠一と)「反安保・沖繩闘爭の現在的課題」, 『インパクション』103號.

1997 「政治の季節」, 『朝日新聞』.

1997 「沖繩とインドネシアをつなぐもの」, 『大航海』15號.

1997 「沖繩と自由主義史觀」, 『讀書人』2184號.

1997 「討論・暴力をめぐる現在の地平」(鵜飼哲・崎山政毅らとの對談), 『aala』101號.

1997 「痛みや悲しみの痕跡」, 『讀書人』2188號.

1997 「暴力論は不可缺である」, 『讀書人』2175號.

1997 「『嫌な感じ』がふくらむ」, 『讀書人』2179號.

1997 「和解しがたい龜裂について」, 『讀書人』2171號.

1997 「丸山國家論をめぐって」, 『讀書人』2167號.

1997 「橫行する『强者』の論理」, 『讀書人』2197號.

1998 「お國は？」, DeMusik Inter 編『音の力 沖繩 コザ沸騰編』, インパクト出版會.

1998 「書評 小森陽一・高橋哲哉 編著『ナショナルヒストリーを越えて』」, 『讀書人』2248號.

1998 「書評 池田浩士『海外進出文學_論序說』」, 『人環フォーラム』4號.

1998 「書評 平井正治『無緣聲聲』」, 『思想』883號.

1998 「植民地主義の歷史記述をめぐって」, 『本郷』No. 16.

1998 「赤い大地と夢の痕跡」, 複數文化研究會 編『〈複數文化〉のために』, 人文書院.

1998 鼎談 「文化人類學の可能性」(太田好信・淸水昭俊と), 『現代思想』vol. 26-7.

1998 「証言と出會う」,『インパクション』110號.

1998 「沖繩(ウチナ―)へのこだわり―大阪・大正區―」, 原尻英樹 編 『世界の民族―「民族」形成と近代―』, 放送大學教育振興會.

1998 "The Critical Limits of the National Community," *Social Science Japan Journal*, Oxford University Press, Vol. 1, No. 2.

1998 「いまだ語りえぬ沖繩」,『京都新聞』.

1999 「開發言說に關するノ―ト」,『開發言說と農村開發』(平成 8-10年度科學硏究補助金〈國際學術硏究 代表足立明〉硏究成果報告)

1999 「國民であること, 國民を選擇するということ 上, 下」,『琉球新報』.

1999 「ユ―トピアの海」, 春日直樹 編『オセアニア・オリエンタリズム』, 世界思想社.

1999 「非―歷史としての沖繩人」, 花田達朗・吉見俊哉・コリン・スパ―ク 編『カルチュラル・スタディ―ズとの對話』, 新曜社.

1999 「書評 田中雅一 編『暴力の文化人類學』」,『民博通信』No. 83.

1999 鼎談(伊藤公雄, 杉村昌明と)「民衆意識の保守化の構造を讀む」,『インパクション』116號.

1999 「『地域硏究』というアリ―ナ」,『地域硏究論集』Vol. 1, No. 3.

1999 「평화를 만든다는 것」,『당대비평』7호.

2000 「開發と名前」,『日本學報』19.

2000 「記憶に出會うということ」(森宣雄と共著),『インパクション』120號.

2000 對談「バトラ―がつなぐもの」(竹村和子氏と),『現代思想』vol. 28-14.

2000 「書評 岡眞理『記憶/物語』」,『People's Plan Forum』Vol. 3-3.

2000 書評論文「困難な私たち―J・バトラ―『ジェンダ―・トラブル』―」,『思想』No. 913.

2000 「書評 朴一『在日を生きる』」,『インパクション』118號.

2000 「植民地主義」,『世界(別冊)』675號.

2000 映畵評「H2」,『インパクション』122號.

2000 鼎談 「世界資本主義と帝國の記憶」(駒込武・森宣雄・丸川哲史・宗田昌人),『インパクション』120號.

2000 「証言」,『現代思想』2000年 2月 增刊號

2000 「帝國から」,『現代思想』vol. 28-7.

2000 「暴力の豫感―『沖繩』という名前を考えるための序論」, 吉見俊哉・栗原彬・小森陽一他 編『越境する知 II』, 東大出版會.

2000 Japan's militarization and Okinawa's bases: making peace, *Inter-Asia Cultural Studies*, Vol. 1 no. 2, Routledge.

2000 「テロルを思考すること」,『インパクション』119號.

옮긴이의 말

1903년 4월 오사카에서는 자본주의의 산업제전인 박람회가 개최되었다. 이 제5회 권업박람회에는 이른바 '인류관'이라는 것이 설치되어 일본 최초로 인종 전시가 행해졌다. 인류관의 발기인인 오사카 민간 유지들은 「개설 취지서」에서 "문명 각국의 박람회를 둘러봄에 인류관이 설치되지 않은 경우가 없으니" 문명국 일본에서도 당연히 인종 전시를 해야 하며, 이에 "내지(內地)에 가장 가까운 이인종(異人種)인 홋카이도 아이누, 타이완 생번, 류큐, 조선, 지나, 인도, 자바 등 일곱 종류의 토인"을 전시할 계획이라고 밝히고 있다.

이른바 '식민지관'은 1855년 만국박람회(파리) 때 최초로 등장했지만, 파리코뮌 이후의 경영위기 타개책에서 비롯된 동물원의 원주민 전시가 식민지관의 인종 전시로 형식을 바꾸어 제도화된 것은 프랑스혁명 백주년을 기념하기 위해 열린 1889년의 파리 만국박람회부터였다. 위압적인 에펠탑과 박제화된 식민지관의 수직적 위계는 문명과 야만의 '질서'를 공간화함으로써, 박람회가 제국주의의 권력장치이자 국민국가의 문화장치임을 여실히 보여주었다. 오사카 인류관은 이렇게 사회진화론과 인종주의가 결합된 인종분류의 시선, 곧 오리엔탈리즘의 폭력을 아시아로 번역해 들여온 소산이었다. 인류관 개설 때 인류학자 쓰보이 쇼고로(坪井正五郎)와 마쓰무라 아키라(松村瞭)가 협력한 것은 오리엔탈리즘의 번역과정을 상징한다.

그런데 이 '인류관 사건'에서 주목할 점은 폭력적 시선의 대상이 된 주체들의 면면과 그들의 반응이다. 「취지서」에는 청일전쟁으로 식민지화된 타이완의 고산족뿐 아니라 조선인과 중국인까지 포함되어 있고, 아이누와 '류큐인'마저도 '내지인'이 아닌 '토인'으로 분류되고 있는 것이다. 이미 징병제의 적용을 받아 '국민군'의 일원이 되어 있었음에도 불구하고 아이누와 류큐인은 아직 '비(非)국민'이었던 셈이다. 중국인 유학생들은 여러 회보를 통해 이 전시를 일본의 '폭거'라 규정하고 각종 성명서를 통해 항의했고, 그 결과 중국인과 조선인의 전시 계획은 철회되었다(아쉽게도 조선인의 반응에 대해서는 과문한 탓에 자료를 찾지 못했다). 오키나와에서도 『류큐신보』 등이 나서서 류큐인 전시에 항의했는데, 자신들을 타이완 생번이나 아이누와 동렬로 놓은 것은 '동포에 대한 모욕'이라고 규탄했다.

중국과 오키나와의 반응은 '일본'이라는 국민국가의 안과 밖이 문명과 야만으로 서열화된 근대의 시선을 똑같이 내면화하고 있었다는 점을 드러내주며, 이는 당시 중국인 유학생회 간사의 성명서 속에 다음과 같이 집약적으로 표출되어 있다. "인도와 류큐는 망국으로서 영국과 일본의 노예다. 조선은 우리의 옛 속국이었다가 지금은 러시아와 일본의 보호국으로 전락해 있다. 자바, 아이누, 타이완 생번 따위는 세계의 가장 천한 인종으로서 짐승에 가깝다. 우리 지나인이 아무리 천대받는다 한들 어찌 이들 여섯 종족과 같은 반열로 취급받을쏘냐!"(「嗚呼 支那人! 嗚呼 支那人!!」)

인종주의의 폭력은 근대, 자본주의, 제국주의, 식민주의의 역사와 함께 이미 '신체화'되어 있었던 것이다. 지은이가 「한국어판 서문」에서 인상적으로 언급하고 있듯이, 1923년 간토 대진재 당시의 학살은 이 평시의 폭력과 전시의 폭력 사이에 펼쳐진 '막간극'이었다. 히가 슌초의 체험은 조선인과 일본인을 분류하는 경계선상에서 오키나와인이 느낀 폭력의 예감을 생생하게 그려내고 있는데, 여기서 도미야마가 언급하지 않은 뒷이야기를 조금 부연할 필요가 있을 것 같다.

히가가 자신은 '조센진'이 아님을 호소할 때, 옆에 있던 친구는 이렇게 거든다. "무슨 말을 하는 거요. 청일·러일전쟁 때 공을 세운 오키나와인을 조센진과 똑같이 보다니!" 결국 그들은 '조센진'이 아님을 증명해 보이기 위해 부근의 파출소로 가게 되는데, 히가는 그곳에 오키나와 출신의 순경이 있음을 익히 알고 있었다. 하지만 당시 개조사(改造社)의 직원이었던 그는 파출소로 가는 도중에도 불안감을 떨치지 못한다. "아마 놈들도 우리가 조선인이 아니라는 건 알고 있었을 거야. 사회주의자라고 해서 위험시되고 있었던 게 분명해. 안심할 수 없지."

인종주의의 폭력은 명명을 요구한다. 오키나와인, 사회주의자, '후테이센진'(不逞鮮人) 같은 이름들. '장미의 이름'에 불과한 이들 꼬리표의 효과는 그러나 가히 절대적이다. 그 꼬리표가 오키나와 전투에서 '스파이'로 탈바꿈하여 생사여탈권을 휘두른 것은 이 책에서 극명하게 묘사된 바와 같다. 간토 대진재가 다수의 오키나와인 희생자를 낳았듯이, 오키나와에서도 히로시마·나가사키에서도 수많은 조선인들이 불귀의 객이 되었다. 이하 후유가 히가에게 말한 것처럼 "오키나와는 장남, 타이완은 차남, 조선은 삼남"이었는지 모른다. 간토 대진재에서 오키나와 전투로 나아간 일본근대사의 기억은 제주 4·3, 한국전쟁, 그리고 광주항쟁으로 이어진 한국근대사의 기억과 쌍생아인 것이다.

* * *

이 책의 주제는 폭력과 증언이다. 폭력은 역사를 요구하고 역사는 망각을 요구한다. 법의 집행이 판례를 필요로 하고 판례집은 특정 기억을 전유함으로써 만들어지듯이. 근대 국민국가의 폭력은 르낭처럼 망각으로 통합된 국민을 요구하며 미슐레처럼 죽은 자들마저도 무덤에서 쉬게 놓아두지 않는다. '국민의 역사'라는 '유일한 역사', 균질적 내셔널리즘의 탄생은 바로 그 귀결이었다. '전장'이란, 이 유일한 역사에 의해

'내부의 타자'가 말문이 막힌 채 방치되고 은폐되어 있는 현장, 대화가 소멸된 폭력의 현장이다. 그러나 전장은 국민을 도덕적 주체로 재구성해 군율을 지향케 하는 동시에 그 주체의 결정적 이탈까지도 잉태하고 있다. 전장은 국민국가의 감시와 폭력에 대한 저항의 담론을 창출하는 장이기도 하기 때문이다. 그러므로 전장을 기억하고 이야기한다는 실천은 곧 역사에 대한 기억의 투쟁이 된다. 그 실천이 곧 증언이다. 증언은 미슐레처럼 죽은 자를 '대변하는' 독백이 아니라, 죽은 자와 함께 일정한 시공간에서 '나누는' 대화이기 때문이다. 폭력은 끊임없이 새로운 폭력을 승인할 뿐더러 폭력의 흔적과 폭력의 현존재를 부인한다. 따라서 증언이라는 대화는 몇 겹으로 들씌워진 이 부인의 구도를 하나씩 벗겨 나가는 진중한 실천이 아니면 안된다. 요컨대 이 책은 증언에 의해 폭력을 해체하고자 하는 지적 실천의 산물이라고 할 수 있다.

발터 벤야민이 「폭력비판론」에서 조르주 소렐의 사상을 계승하여 폭력에 대한 근원적 사색을 전개했듯이, 도미야마는 이 책에서 벤야민의 역사철학과 폭력비판을 수용하면서 동아시아적 규모로 전개된 근대 일본의 폭력을 진지하게 내적으로 성찰해 나간다. 그 과정에서 호미 바바의 문화 개념이 비판적으로 재해석되고 프란츠 파농이 실천한 정치의 장이 재발견된다. 이 책이 역사학자의 글쓰기라기보다 사상가의 글쓰기처럼 느껴지는 까닭은, 어쩌면 학문의 경계를 자유로이 넘나드는 지적 탐구의 치열성 때문일지 모르겠다. 그것은 권말에 첨부한 논저목록에도 여실히 나타난다.(목록에 서평'까지' 포함시킨 것은 한국 지식사회에서 서평이라는 장르가 부당하게 홀대받고 있는 현실을 반성하는 뜻에서이다.) 그렇지만 이하 후유의 고뇌를 폭력의 예감이라는 시선으로 재구성해 내는 필치를 보면 역시 역사학이 저자의 본령임을 다시금 확인하게 된다.

저자는 그러나 이 책이 기억의 역사학이나 증언의 문화연구로 분류되는 것을 거부한다. 무엇보다 전장이 광기로 가득 찬 비정상적 공간이 아니라 진부한 일상 속에서 준비되고 있는 현장이라고 여기기 때문이다. 일상을 구성하는 규율화된 신체적 실천들을 해체하고 어떻게 언어 행위를 통해 폭력과의 대치 국면을 이끌어낼 수 있을지가 그의 관심사인 것이다. 같은 맥락에서 그는 이 책이 오키나와 또는 오키나와 전투에 관한 글로만 읽히는 데 대해서도 저어한다. 오키나와는, 오키나와 전투는 동아시아 도처에, 세계 각지에 있어 왔고 또 일어날 수 있기 때문이다. 여기서 오키나와는 대상으로서의 '지역'이 아니라 폭력의 표상인 것이다. 기억과 증언의 일상성과 보편성, 그것의 확보야말로 폭력과의 투쟁, 역사와의 투쟁에서 우리의 과제가 되어야 한다는 것이리라.

2000년 4월 도쿄 시내의 한 자위대 기지에서 부대 창설 기념행사가 개최되었다. 도(都)지사 자격으로 참관한 이시하라 신타로(石原愼太郞)는 「축사」에서 이렇게 말했다. "오늘날의 도쿄를 보면 불법입국한 다수의 삼국인(三國人), 외국인이 흉악한 범죄를 거듭하고 있습니다.…… 이 상황에서 큰 재해가 일어난다면 엄청난 소요사건까지도 상정될 수 있는 그런 형국입니다." 그 유명한, 문제의 '삼국인 발언'이다. 글로벌 시티 도쿄에서 '일어날지도 모를' 소요에 대비하여 자위대의 치안유지 활동을 당부한 발언 가운데 패전 직후 구식민지 조선인·타이완인·중국인을 총칭했던 '삼국인'이라는 용어가 다시금 불길한 그림자를 드리웠던 것이다. 그 연장선상에서 간토 대진재 발생일인 9월 1일 'Tokyo Rescue'라는 '방재 훈련'에 자위대가 투입되었다. 외국인혐오증(Xenophobia)의 기억과 군사의 경찰화라는 현실이 표면화된 사건이었다. 9·11 이후의 '대테러전쟁'에서 나타나듯 군사의 경찰화가 전 지구적으로 가속화되고 있는 가운데, 외국인혐오증의 레토릭을 구사하는 내셔널리즘 재구축의 시도, 소리 높여 외쳐대는 '국민의 역사'가 '기억의 내전'을 부채질하고 있는 셈이다.

이시하라 식으로 말해서 '오늘날의 오키나와를 보면 합법주둔한 다수의 외국인이 흉악한 범죄를 거듭하고' 있음에도 불구하고, '이시하라들'의 시선은 '잠재적 범죄자'로서의 '아시아인'만을 노려본다. 이를 일본사회에 내면화된 '탈아입구'(脫亞入歐) 지향의 발로라고 분석적으로 재단하기는 쉬운 일이다. 그러나 문제의 본질은 이시하라의 「축사」가 그 자체로서 동아시아에 작동시킨 엄청난 폭력일 것이다. '근대화'의 과정에서 '인류관 사건' 당시의 오사카 유지들처럼 수많은 이시하라들이 있었고 그 폭력의 예감에 전율한 무수한 '이하들'이 이에 맞섰다. 이들 사이에 전개된 역사와 기억의 투쟁, 폭력과 증언의 투쟁은 군사의 경찰화처럼 국민국가의 안과 밖을 구분할 수 없다. 잘 알려져 있지 않지만, 1982년 일본 검정교과서 왜곡 사건 때, 문부성이 오키나와 전투에서의 '일본군의 주민 학살'을 교과서에서 삭제한 적이 있었고, 1999년에는 '신(新) 오키나와현 평화기념 자료관'의 전시용 일본군 인형의 손에서 총을 제거하고 '학살'을 '희생'으로 '순화'하는 등 무려 230군데의 전시 내용 '개찬'(改竄)이 자행된 바 있다. 박정희 기념관이 개관한다면 또 어떠한 기억의 개찬이 등장할 것인가? 도미야마의 말대로 자기 옆에서 벌어지고 있는 폭력이 결코 남의 일이 될 수 없음을 늘 상기하는 것만이 폭력의 악순환을 멈추게 하는 첫걸음이 될 것이다. 그 발자국들 하나하나가 만들어낼 좁은 길을 연대(連帶)라 부르기로 하자. 이 책이 그런 연대의 가교가 될 수 있기를 바란다.

* * *

내가 도미야마의 글을 처음 접한 것은 『근대 일본사회와 '오키나와인'』(1990)이라는 책을 통해서였다. 만주국의 역사를 전공하는 사람으로서 나는 해방 후의 한국사회를 '(반도로) 후퇴한 만주국'이라 볼 수 있지 않을까 생각해 왔다. 전쟁의 폐허 위에 국가를 재건해야 했던 한국의 경험이, 만주사변 이후 제국 일본의 실험실이 된 근대 국가 만주국의 경험을 방불케 한다고 보았기 때문이다. 단순한 '만주 인맥'의 연관성을 넘어서 국가 건설의 과정과 그 산물이 '총력전' 사회로서의 질을 공유하고 있다고 보았던 것이다. 그런데 오키나와의 근대사를 일별하면서, 어쩌면 전후의 일본사회야말로 '(열도로) 퇴각한 만주국'일지 모른다는 생각이 들었다. 1936년 제국 일본은 만주국 남단의 요충지 뤼순·다롄이 위치한 이른바 '관동주'(關東州) 등지의 관할권을 '독립국가' 만주국 정부에게 반환하는 조치를 취했다. 이른바 '치외법권 철폐'다. 1972년 미국은 일본 남단에 자리잡은 '태평양의 요석(要石)' 오키나와에 대한 시정권을 일본 정부에 반환하는 조치를 취했다. 이 책에서도 언급하고 있는 이른바 '본토 반환' 또는 '조국 복귀'다. 그러나 이 법적 조치들은 근본적 변화와는 무관한 일종의 퍼포먼스였다. 1945년 전쟁의 종결은 동아시아가 일본의 '패권 없는 지배'(dominance without hegemony)에서 미국의 '패권(동의) 지배'로 이행한, 제국의 배턴 터치에 불과했던 게 아닐까? 1936년과 1972년의 같음과 다름은 과연 무엇일까? 지배의 이행이 동아시아에, 한국사회에 남긴 상흔은 또 무엇일까? 이런 자문 속에서 나는 도미야마의 책에 빠져들기 시작했던 것 같다. 식민주의의 흔적을 단순히 고발하고 규탄하는 대신 그것을 프롤레타리아화의 문제, 근대의 문제로 설정하고 그 속에서 빚어지는 정체성의 고뇌까지 사정거리에 넣은 도미야마의 냉철한 안목에 매료됐던 기억이 새롭다.

그 기억은 이른바 '괴선박' 사건과 신(新)가이드라인 입법으로 술렁이던 시기에 한국어로 발표된 도미야마의 글(「평화를 만든다는 것」, 『당대비평』 7, 1999)을 통해 다시 반추되었는데, 특히 '동아시아의 냉전과 국가폭력' 심포지엄과 관련해 일본의 전쟁책임을 논한 부분이 인상적이었다. 동아시아에 냉전이 구조화되는 가운데 타이완과 한국에서 2·28과 4·3으로 '해방'의 과제가 압살되는 과정과 '평화국가' 일본의 전후(戰後)가 서로 '공범' 관계에 있다는 것, 그러한 일본의 전후를 증언과의 대면에 의해 문제로 삼을 때 가장 중요한 일은 "감상의 눈물을 흘리거나 동정의 눈길을 보내는 대신 자기가 살아온 시간을 문제화함으로써 증언들과 만나는 것"이라고 지적한 부분이 특히 그러했다. 그런 맥락에서 도미야마는 제주 4·3의 '담론정치'를 해부한 김성례 씨의 사색*에 공감을 표명했던 것이다. 아무튼 그런 기억들 위에서 한국현대사 연구자인 후지이 다케시 씨로부터 이 책을 소개받았고 마침내 번역까지 하게 되었다. 그러나 당시 내게는 오키나와라는 지역이 문제였다.

그로부터 어느덧 두 해가 흘렀다. 작년 이맘때 내기로 했던 애초의 일정이 대폭 늦춰졌기 때문이다. 「한국어판 서문」이 작년 7월로 되어 있는 것도 그런 사정에서다. 본래는 『전장의 기억』만을 번역하기로 했다가 뒤늦게 '폭력의 예감'이라는 표제로 제2부의 논문 세 편을 추가하게 된 것은, 어쩌면 나의 오독에서 비롯했다고 하겠다. 나는 처음에 『전장의 기억』을 기본적으로 오키나와에 관한 책으로 받아들였던 것이다. 그러나 앞서 지적했듯이 도미야마에게 오키나와, 오키나와 전투란 폭력의 표상이고 그 사색의 본령도 근대의 폭력에 대한 근원적 질문에 있다는 것을 뒤늦게 깨닫고는, 이와 관련된 최근의 논고들을 「보론」 형식으로 덧붙이기로 했다. 그 결과 번역본은 『전장의 기억』이라는 제목을 유지하되 원서와는 달리 2부 구성을 갖추게 되었다. 그런데 공교롭게도 (아니, 나의 태만과 저자의 근면 탓이겠지만) 도미야마는 보름 전에 이 책 제2부의 글 두 편이 포함된 단행본 『폭력의 예감』(岩波書店)을 출간했다. 이리하여 본의 아니게 이 책은 도미야마의 책 1.5권을 소개하는 셈이 되어 버렸다. 번역의 오류를 날카롭게 지적해 준 후지이 다케시 씨와 『이하 후유 전집』을 열람하게 해준 김무진 선배님의 후의에 감사드린다. 그럼에도 생채기처럼 남아 있을 나의 오독에 대해서는 독자 여러분의 애정어린 질정을 바랄 뿐이다.

---

* 「근대성과 폭력: 제주 4·3의 담론정치」(『제주 4·3 연구』, 역사비평사, 1999); 「국가폭력과 여성체험: 제주 4·3을 중심으로」(『동아시아의 평화와 인권』, 역사비평사, 1999).

찾아보기